## 河北大学校史文化丛书编纂委员会

**主　　　任**：郭　健　　康　乐
**常务副主任**：杨立海
**副　主　任**：王培光　申世刚　李金善　陈红军　徐建民
　　　　　　　倪志宇　孟庆瑜　过常宝　巩志忠
**秘　书　长**：苏国伟

## 《河北大学图志——天津工商大学至津沽大学时期 (1921-1952)》编辑部

**主　编**：吕志毅
**副主编**：张秋山　张桂琴　刘少坤

河北大学校史文化丛书

# 河北大学图志
——天津工商大学至津沽大学时期（1921-1952）

河北大学校史文化丛书编纂委员会　编

人民出版社

中国著名建筑大师、天津工商学院张镈教授（中坐者），
1958年任人民大会堂总设计师，右一为周恩来总理，左一为万里。

袁家骝（校友）、吴健雄夫妇1973年初回国时与周恩来总理合影

本科大楼

(选自《天津工商学院一览》1937)

本科大楼正面

（选自《天津工商学院一览》1937）

本科大楼背面

（选自《天津工商学院一览》1937）

本科大楼侧面

（选自《天津工商学院一览》1937）

本科大楼中央采用法国蒙沙屋顶 标准大钟坐落顶端

（选自《天津工商学院一览》1937）

天津工商学院校牌

（选自《天津工商学院 1940 班毕业纪念册》）

天津工商大学大门

（选自《天津工商大学 1931 班毕业纪念册》）

面临马场道本院侧门门口

（选自《天津工商大学 1931 班毕业纪念册》）

工商学院女生部

（选自《天津工商学院女子文学系成立纪念专刊》1943）

女生部建筑侧面

（选自《天津工商学院女子文学系成立纪念专刊》1943）

女生部建筑侧面

（选自《天津工商学院女子文学系成立纪念专刊》1943）

私立津沽大学校门

(选自《津沽大学 1950 班毕业纪念册》)

大学会客厅

(选自《天津工商大学 1931 班毕业纪念册》)

南怀仁

（选自《天津工商学院一览》1941）

利玛窦

（选自《天津工商学院一览》1941）

校歌（1937）

（选自《天津工商学院1937班毕业纪念册》）

校歌（1943）

（选自《天津工商学院1943班毕业纪念册》）

校 徽

（选自《天津工商学院 1937 班毕业纪念册》）

校花玉簪

（选自《天津工商学院 1940 班毕业纪念册》）

校 旗

（选自《天津工商学院 1937 班毕业纪念册》）

校 训

（选自《天津工商学院 1940 班毕业纪念册》）

# 目 录

序 ································································································· 1
前 言 ····························································································· 1

一、中国北方第一所天主教大学——天津工商大学 ················· 1

二、大事记 ··················································································· 3

三、建校背景 ··············································································· 11

四、校史沿革 ··············································································· 18
 （一）于溥泽创建天津工商大学（1921.7—1925.7）············· 18
 （二）裴百纳任内的工商大学（1925.7—1931.5）················· 20
 （三）赵振声出任工商大学校长（1931.6—1933.7）············· 23
 （四）华南圭任内的工商学院（1933.8—1937.8）················· 27
 （五）刘斌代理工商学院院长（1937.9—1943.7）················· 32
 （六）刘迺仁出任工商学院院长兼院务长（1943.7—1948.10）······ 39
 （七）刘迺仁出任私立津沽大学校长（1948.10—1949.1）········ 48

· 1 ·

　　　　（八）卜相贤、王峻德先后代理私立津沽大学校长
　　　　　　　（1949.1.4—8；1949.6—1951.9）……………………………48
　　　　（九）津沽大学改为国立和张国藩出任校长
　　　　　　　（1951.9—1952.8）………………………………………………55
　　　　（十）1952年院系调整和天津师范学院的组建…………………………60

### 五、主要建筑……………………………………………………………………62

### 六、教学设施……………………………………………………………………74
　　（一）图书期刊……………………………………………………………74
　　（二）仪器设备……………………………………………………………79
　　（三）体育设施……………………………………………………………90

### 七、办学经费……………………………………………………………………92

### 八、办学特色……………………………………………………………………96
　　（一）课程设置……………………………………………………………96
　　（二）实验、实习、毕业设计……………………………………………101
　　（三）教材建设……………………………………………………………103
　　（四）考试制度……………………………………………………………104
　　（五）教师队伍……………………………………………………………106
　　（六）工作效率……………………………………………………………107

### 九、学生概况……………………………………………………………………108
　　（一）严密规范、自治自理——工商学生的来源及组织………………108
　　（二）丰富多彩、"成绩昭著"——工商学生的课余生活………………110

（三）工商管弦乐队及莫扎特音乐会——工商学生的
音乐成绩 ·············································································· 113
（四）"学理及经验并重"——工商学生的科技活动 ··············· 116
（五）"造就熟练现代专门技术、前程远大的青年"
——工商学生的就业状况 ·················································· 118
（六）工商特殊群体——公教学生生活 ······································ 120
附： ················································································································ 123

## 十、科学、宗教研究与学术交流　125
（一）科学与宗教研究 ···························································· 126
　　1. 自然科学研究 ································································ 126
　　2. 社会科学研究 ································································ 128
　　3. 宗教问题研究 ································································ 131
（二）学术交流 ·········································································· 134

## 十一、知名教授简介　136

## 十二、知名职员简介　193

## 十三、知名校友简介　197

## 十四、校友会　219

## 十五、革命组织和爱国革命斗争　226
（一）革命组织 ·········································································· 226
　　1. 早期共产党员和革命青年组织的建立 ······················ 226

2. 党支部的建立 ································································ 229
　　3."民青"组织 ···································································· 230
（二）爱国革命斗争 ································································ 230
　　1. 反帝爱国斗争 ································································ 230
　　2. 学生爱国民主运动 ·························································· 232

十六、北疆博物院 ······································································ 235
（一）桑志华与北疆博物院 ······················································ 235
　　1. 桑志华在中国的科学考察和研究 ······································ 236
　　2. 北疆博物院的创建与发展 ················································ 242
（二）德日进在中国的科学考察和研究 ····································· 249

附：附属中学 ············································································ 258
（一）工商大学预科、工商大学附中、津沽大学附中史略 ········· 258
（二）教学设施 ········································································ 263
（三）预科、附中招生、课程及考试 ········································ 264
（四）教学与管理特色 ····························································· 268
（五）教师队伍 ········································································ 272
（六）学生生活 ········································································ 280
　　1. 体育 ·············································································· 280
　　2. 文艺 ·············································································· 282
（七）附中革命组织和爱国革命斗争 ········································ 285
　　1. 革命组织 ······································································· 285
　　2. 爱国革命斗争 ································································ 289
（八）知名校友简介 ································································ 295

# 序

河北大学是教育部与河北省人民政府"部省合建"的重点综合性高校，也是河北省重点支持的国家一流大学建设层次高校。

学校始建于1921年，初名天津工商大学，校址位于天津市马场道141号。1933年，学校立案于教育部因不足大学之规模，遂改名天津工商学院，1948年学校具备3院10系之规模，更名为私立津沽大学。1951年，中央人民政府接收津沽大学并改为国立，由天津市人民政府领导，并将私立达仁学院并入津沽大学。1952年，中央人民政府对全国高校布局及院系进行调整，津沽大学的工学院、财经学院分别并入天津大学和南开大学，以津沽大学师范学院为基础，天津教师学院并入，在原址建成天津师范学院。1958年，河北天津师范学院的政治、外语、教育三系调入天津师范学院，天津师范学院扩建为天津师范大学，由河北省人民政府领导，其后被确定为全省5所重点大学之一。1960年，天津师范大学改建为综合性大学并定名河北大学。1970年，河北大学由天津迁至国家历史文化名城——河北省保定市。2000年，河北省技术监督学校并入河北大学。2005年，河北省职工医学院及其附属医院并入河北大学。

截止于2021年8月，河北大学占地总面积为1620213.45平方米，建筑总面积为1495263平方米，含五四路校区、七一路校区和裕华路校区等。设有一级学科博士点 17 个；一级学科硕士点 47 个，硕士专业学位授权类别 33 种；95 个本科专业。学科专业分布在哲学、经济学、法学、教育学、文学、历史学、理学、工学、农学、医学、管理学、艺术学 12 大门类，是全国学科门类设置最齐全的高校之一。

2000 年，河北大学开始对教学和科研机构进行改革，推行学院制度，实行校、院两级管理体制。随着学校改革发展不断深化，当初某些单位名称，建制有所变化，这是事物发展的必然。截止于 2021 年夏，河北大学教学及科研机构设置情况分列如下：第一，教学机构：文学院、历史学院、新闻传播学院、经济学院、管理学院、外国语学院、教育学院、法学院、哲学与社会学学院、艺术学院、数学与信息科学学院 / 大学数学教研部，网络空间安全与计算机学院、药学院、生命科学学院、电子信息工程学院、建筑工程学院、公共卫生学院、中医学院、国际交流与教育学院 / 孔子学院工作中心、质量技术监督学院、临床医学院、基础医学院、护理学院、中央兰开夏传媒与创意学院、国际学院、生态环境学院（筹备）、党委研究生工作部 / 研究生院、继续教育学院、工商学院（独立学院）、马克思主义学院、公共外语教学部、体育教学部、计算机教学部。第二，科研机构：教育部省属高校人文社会科学重点研究基地，河北大学宋史研究中心、河北大学药物化学与分子诊断、教育部重点实验室、河北省生物工程技术研究中心、雄安新区研究院、燕赵文化高等研究院、生命科学与绿色发展研究院等。

学校现有全日制本科生、研究生等各类在籍学生约 42000 人，其中，全日制博士、硕士研究生 7000 余人，全日制本科生约 28000 人。现有教职员工 3400 人，其中，专任教师 2060 人，具有博士学位教师达到 60%；拥有两院院士、国家杰青、"万人计划"、国家级教学名师、国家"百千万人才工程"人选、国家有突出贡献中青年专家、国务院特殊津贴专家等国家级优秀人才 37 人次，燕赵学者、省管优秀专家等省部级以上高层次人才204人次。

学校办学实力雄厚，设有国家重点（培育）学科1个、河北省世界一流学科建设项目3个、河北省国家一流学科建设项目4个、河北省国家重点学科培育项目3个、河北省强势特色学科4个、河北省重点学科18个，博士后科研流动站11个和博士后科研工作站1个；建有国家地方联合工程实验室3个，教育部重点实验室1个，省级重点实验室（基地）、工程实验室27个，教育部人文社科重点研究基地等省部级人文社科重点研究基地（中心）20个，河北省"2011"协同创新中心4个，省部共建协同创新中心1个，与央企共建重点实验室2个；拥有实验教学示范中心、特色专业等国家级"质量工程"项目14个，专业综合改革试点、卓越人才培养计划、大学生实践教育基地等国家级"本科教学工程"项目12个，国家级一流本科专业建设点24个、一流本科课程13门，国家级课程思政示范课程3门，国家级"新工科"项目4项、"新文科"项目5项。学校还是国家大学生文化素质教育基地、国家专业技术人员继续教育基地和中国延安精神教育基地。

学校坚持开放办学，先后与世界上100多所高校建立起合作交流关系，设有教育部批准的中外合作办学机构——河北大学—中央兰开夏传媒与创意学院，在俄罗斯、马来西亚等国家设有汉语教学中心，承办了巴西里约热内卢天主教大学孔子学院、毛里塔尼亚努瓦克肖特大学孔子学院、马来西亚彭亨大学孔子学院，构筑了覆盖学士、硕士、博士的留学生人才培养体系，为90多个国家、地区培养长短期留学生4000余名。是"教育部留学出国人员培训与研究中心"试点高校、河北省首家具有接收中国政府奖学金生资格的高校，以及河北省首家入选国务院侨办"华文教育基地"的高校。

河北大学百年的发展历程，凝聚形成了"实事求是"的校训传统，"博学、求真、惟恒、创新"的校风精神，激励着一代又一代河大人开拓进取、奋勇前行。党的十八大以来，学校遵照习近平总书记关于办好高等教育的一系列重要思想，坚持把立德树人作为学校立身之本，在人才培养、科学研究、社会服务、文化传承创新、国际交流合作等方面取得了优异成绩。党的十九大以来，河北大学高举习近平新时代中国特色社会主义思想伟大旗帜，深入领会精神，采取有力措施，将这一伟大思想贯彻落实到办学治校的各项具体工作中去，为学校发展集聚了更加强劲的力量。

校史文化是学校文化建设的重要组成部分，是真实记录、展示学校创建、发展、演变的文化传承载体。在百年的办学过程中，河北大学涌现出一大批忠诚教育事业的专家学者，产生了一大批大师级人物；培养了40余万名优秀学子，为国家的政治、经济、文化、社会建设作出了应有的贡献。一代代河大人积淀形成的热爱祖国、崇尚科学、艰苦奋斗、开放包容的精神品质，已经内化为学校特有的文化内涵，激励着越来越多的河大人为实现强校梦想而不懈奋斗。

在学校党委的高度重视下，党委宣传部重点打造校史文化工程，推出"河北大学校史文化丛书"。这套丛书包括《河北大学人物志》《河北大学校友名典》《河北大学图志》《河北大学风物志》等。该丛书的出版，旨在以校史文化建设为抓手，进一步丰富完善河北大学文化建设体系，进一步凝聚全校师生和海内外校友的精神认同，激发全体河大人的爱校荣校意识，从而为学校发展提供强大精神动力。2021年，河北大学百年华诞，谨以这套校史文化丛书作为祝贺河北大学建校100周年的厚礼！

吕志毅

2021年10月

# 前　言

《河北大学图志》是河北大学校史文化丛书之一。

河北大学前身是在1921年由法国天主教耶稣会士在天津马场道创办的天津工商大学，1948年更名为津沽大学。1952年院系调整，津沽大学工学院和财经学院调出，以津沽大学师范学院为基础，在学校原址改建为天津师范学院。1958年，河北省委将该校改为天津师范大学，1960年河北省人民政府将该校改为综合性大学，定名为河北大学。1970年学校迁于保定市至今。

"教会大学曾经是中国新式高等教育的先驱。"教会大学诚然与西方殖民主义伴随而来，但它又是近代中国中西文化交流的特殊产物，并成为促进传统封建文化走向解体和中国近代教育日渐形成的先驱力量。

当今，和平与发展是时代的主流。对于主流的理解离不开对教育文化的考察与反思。在我国，高等教育的现代化及与国际全面接轨的任务至今尚未完成。中国教会大学特别是天津工商大学的历史经验和教训对于我们仍有积极借鉴意义。在学校八十年校庆之际，我们曾经从详近略远的修史原则出发，在《河北大学史》[①]一书中对此做过简要论述。今天，从加强中西方特别是同法国的教育文化交流的实际需要出发，编写

---

① 《河北大学史》编纂委员会编：《河北大学史》，河北大学出版社2001年版。

一部专门以该校教会大学时期历史为内容，图文并重，较为全面、系统、形象地反映当时历史面貌的《河北大学图志——天津工商大学至津沽大学时期（1921—1952）》（以下简称《图志》），以丰富我校校园文化建设，不仅是现实的需要，也是时代赋予我们的历史使命。

这所大学自创建伊始，经过本土化、学术化的艰苦历程之后，已经成为中国高等教育的重要组成部分，在国内外具有一定的影响力。它为中国社会培养了一大批训练有素，且在社会上具有影响力的人物，增进了中国同法兰西等西方国家之间的相互了解与友谊。通过这所大学提供的文化知识平台和来自多达14个国家的教师，引进了西方的优秀文化知识和先进的办学经验。同时，中国优秀的传统文化知识和学术成果也被介绍到西方。

这所教会大学的主体建筑——工商大楼以及其他建筑，如图书馆和北疆博物院等依然巍峨屹立在天津马场道（今为天津外国语大学）旧址，是华北一大著名建筑群体，其主体建筑采用了文艺复兴时代造型，中央采用了法国特有的蒙沙屋顶，庄重之中富有美丽色彩，从而可以窥见当时的办学盛况，足以引发思古之幽情，令人骄傲和自豪。

天津工商大学——津沽大学时期的历史，是一笔具有独特价值，有待进一步挖掘的教育文化资源。单从这个意义上看，河北省其他高校都不具备如此优势。从全国范围考察，西方基督宗教（含天主教和新教）在华创办的16所高等教育机构中，属于天主教创办的仅有三所，而天津工商大学为其中三所之一。这所教会大学以工科、商科和文科闻名于世。具有明显的个性特征。为此，编写出版一部专详工商大学——津沽大学全部历史的图志，是光大学校前期历史底蕴，提高学校知名度的一项新的重要举措。也是创建双一流大学必不可少的要素之一。

《图志》是在河北大学校领导的关怀和支持下，历经几年的调查、访问、查阅资料等工作才得以完成的，并在校党委宣传部鼎力支持下，使这部书稿进入了出版阶段。

《图志》在编写过程中，始终坚持以人为本的原则，把师资队伍建设、学科建设、造就人才放在首要位置。为此，编撰者重点采写了该历史时期内知名专家、教授和知名校友（含附中），这是《图志》的主体，占全书总篇幅的三分之二。其他部分，则大体以《河北大学史（2001年版）》第一编、第五编有关内容为基础，并对该《校史》中某些统计数据进行了重新核实和修正，以求更贴近历史真实性和科学性。如在《图志》"办学特色"标题下，新增"各系课程表"，从而可以看出学校课程设置特点：明显具有侧重实用基础知识和应用科学的特点，培养目标极为明确；在"实验、实习、毕业设计"一栏中，特以1951年毕业于津沽大学土木工程系并留校任教的金永清先生回忆文章为例，从而可知该校的实验、实习和毕业设计等课程是颇具鲜明特色的，文章内容生动、真实，很有说服力；在"学生概况"栏下，新增补了"工商管弦乐队及莫扎特音乐会——工商学生的音乐成绩"一节，因为这是工商学生在校内外影响力很大的社会活动之一；在"工作效率"栏下，其资料大部已得到更新；校友会对1985、1989、1992等三次"工商学院——津沽大学天津校友会"理事会名单予以增补，实属必要。如果不著于《图志》，几十年后便难以寻觅；对北疆博物院，桑志华、德日进等增补了若干新资料；对附中"教师队伍"内容做了大量补充，注入了许多新资料；对附中"革命组织和爱国革命斗争"依据新资料进行了增补；对《天津工商大学——津沽大学历年大学生注册、毕业、奉教统计表》各数据进行了重新核实和修正。

《图志》以图文并重形式，深度揭示出河北大学前期历史的总体面貌。时间断限为1921—1952年6月。其主体内容包括书前集页插图，建校背景，校史沿革，主要建筑，教学设施，办学经费，办学特色，学生概况，知名教授，知名校友，科学、宗教研究与学术交流，革命组织

和革命斗争等，并将坐落于该大学院内的专门科研机构、且在学术上与该大学息息相通的北疆博物院重写了一笔，以彰显当时的时代特征和历史实际。

  需要说明的是，《图志》中的知名教授，知名校友大多是以简介形式出现的，其中许多资料为编者近几年采访或从有关文献中得来，弥足珍贵，这也是《图志》的亮点。《图志》坚持生不立传原则，在世人物不立传，在世知名专家、教授、校友此书未行收入，敬请见谅。人物小传采用"寓论断于序事"之法，一般不作评论，书前有集页照片插图，以期反映该历史时期学校当时环境总体面貌。

  由于多种条件所限，书中个别处以及所收人物仍会有遗漏或有误，敬请知情者提供有关资料，以待下次修订补入。

编　者

# 一、中国北方第一所天主教大学——天津工商大学

天津工商大学（河北大学前身）是法国天主教耶稣会士创办的一所教会大学。始建于1921年。1952年9月，全国高等院校调整时解体，

天津工商大学鸟瞰
（选自《天津工商大学1930班毕业纪念册》）

历时 31 年。其间经历了天津工商大学——天津工商学院——津沽大学几个历史阶段。

校园坐落在天津马场道清鸣台。占地 100 余亩（即今天津外国语大学所在地）。地理环境雅静，当时离城市闹区较远，学校周围苑囿水塘很多，空气新鲜。学校紧临马场道一侧，交通便利。学校建筑巍峨壮观，主体建筑本科大楼采用 16 世纪"文艺复兴时代"造型，是古典新折中主义形式。另有配套的预料大楼，学生宿舍建筑，图书馆等。校内最早建有驰名中外的科学研究机构北疆博物院。学校于 1928 年又购买马场道附近空地，建中学部校址，学校面积不断扩大。

天津工商大学校训是"实事求是"，取自《汉书·景十三王传·河间献王德传》。多年践行校训，形成了自己鲜明的办学特色。学校制定了校旗、校徽及校歌，校歌有二，分别为 1937 年和 1943 年所创作。天津工商学院时期(1933—1948)是学校历史上极盛期，在教育界享有"煌煌北国望学府，巍巍工商独称尊"之誉。特别是 20 世纪 40 年代中期，学校人才荟萃，学科建设与教学成绩斐然可观。堪称与美国康奈尔大学相伯仲，居于天津各高校之首[①]。这所学校奉利玛窦、南怀仁等前辈传教士为楷模，实事求是、崇尚科学。西学之输入中国，耶稣会士起到了积极推动作用。

---

① 《跃进中的工商学院》，《工商生活特刊》1942 年 9 月 10 日。

# 二、大事记

## 1860年

依据《北京条约》，帝国主义强迫清政府辟天津为商埠。10月25日《中法北京条约》签订，法国政府就有以教会名义在天津开办一所高等学校的意图。

天津码头：根据《北京条约》，天津被辟为通商口岸
（北京历史博物馆藏片）

崇德堂
（位于天津营口道 20 号崇德堂旧址，2008 年摄）

### 1861 年
法国公使罗淑亚授意献县天主教耶稣会士到天津开办一所教会大学，受到北京遣使会士的抵制。

### 1885 年
4 月，鄂尔壁（法）传达了法国驻津领事林椿关于建校方案四则。

### 1913 年
法国耶稣会士狄光远奉法国政府之命到天津办学，遭到直隶海边教区遣使会士阻挠。

### 1914 年
3 月 31 日，法国耶稣会士、自然科学家桑志华神甫来到天津崇德堂，开始对中国北部地区进行科学考察。

### 1919 年
10 月，罗马教廷派宗座巡阅使光若翰（汉名光比央）到直隶东南教区献县传达教廷关于在天津开办学校的意见。

### 1920 年
7 月 27 日和 30 日，罗马教廷明确表示将委托耶稣会士在天津成立一所高等学校。

12 月 8 日，直隶东南教区代牧刘钦明（法）与天津教区宗座总理文贵宾（法）达成在天津开办大学协议。

## 1921年

1月14日，罗马教廷正式批准刘钦明（法）在天津创办大学。

7月21日，天主教直隶东南教区声明于溥泽（法）神甫为天津开办大学代理院长，负责筹备建校事宜。25日抵津。勘定马场道清鸣台为校址。延聘教授，购置设备，启动校园建设工程。

## 1922年

4月23日，建筑北疆博物院，9月23日落成。

10月7日，建筑预科大楼，次年9月落成。

## 1923年

7月2日，开始招考第一批学生。9月15日正式上课，有学生51人，教师9人。

是年，德日进来华，与桑志华组成法国生物考察团，开始对中国进行考察发掘。

## 1924年

10月1日，开始建造本科大楼，于1926年11月竣工。

本年共有教师15人，学生80人。

## 1925年

7月3日，裴百纳（法）代于溥泽为工商大学第二任校长。

9月8日，第三次开学，始有本科生，分工商两科，裴化行（法）为工科主任，尚建勋（法）为商科主任。

工商大楼顶端大钟
（选自《津沽大学1950班毕业纪念册》）

工商大楼远眺
（选自《天津工商学院1944班毕业纪念册》）

## 1926年

11月，图书馆落成。

## 1927年

5月26日，首次出版两种校刊，一种是面向全体学生的《工商大学校刊》，又名《工商大学季刊》。一种是专为奉教学生的《工商大学公教学生》杂志，1944年改名为《公教学志》。

8月8日，耶稣会法国北省省长神甫答应本校改用英文代替法文为课堂授语。

## 1928年

5月5日，北疆博物院举行开幕典礼。

5月31日，《工商杂志》（月刊）创刊。

6月，举行首届毕业生毕业典礼，计工科7人，商科4人，3人获学士学位。

9月，面向大学生的《北辰》杂志（月刊）创刊，1933年改为半年刊。

## 1929年

购大型地震仪一台，蜚声校坛。

6月25日至12月31日，校长裴百纳赴欧美考察。

本年，《工商学报》（不定期）创刊。

## 1930年

4月8日，首任校长于溥泽逝世于大名府。

7月，首次出版毕业纪念刊。创立工商大学校友会，此为草创，然尚未付诸实施。

8月，改预科为附属高级中学，是为中学部奠基之始。

## 1931年

6月27日，赵振声代表百纳为法定校长。

本年，《公教教育丛刊》（不定期）创刊。

## 1933年

8月，奉教育部令，改校名为工商学院。华南圭为法定院长。学院及附属高中正式立案于教育部。

## 1934年

《工商学志》（半年刊）创刊。

## 1935年

3月1日，工商校友会正式成立。制定章程，选出校友会第一届执委会成员。

刘斌出任天津工商学院董事长。

5月，《天津工商学院一览》（不定期）创刊。

## 1936年

夏，姚依林考入工商学院商科会财系，以此掩护身份，在天津进行党的地下活动，1938年夏离津。

年底，工商学院学生成立援绥会。

工商大楼侧面
（选自《天津工商学院1940班毕业纪念册》）

## 1937年

8月，刘斌代华南圭为院长。教育部批准分系，工科除原有的土木工程系外，增设建筑工程系。商科分为会计财政系及国际贸易系。

本年，《工商学生》（月刊）杂志创刊。

## 1938年

10月，工商师生两次焚烧日本人棉花堆。

## 1941年

6月，《工商生活》报（月刊）创刊。

## 1943年

7月10日，董事会同意刘斌辞去董事长职务。龚仙舟出任工商学院董事长。董事会决定聘请刘迺仁为院长；增设女子文学系，9月招收首届新生90名。

12月，龚仙舟病故。董事会公推徐世章为董事长。

## 1945年

4月26日，校董事会决定，在女子文学系基础上，增设家政系、史地系，扩建为女子文学院，主任刘迺仁（兼）。

本年，成立民主青年联合会。

9月，大学首次实现男女同班上课。

12月1日，校董事会通过改学院为大学决议。并决定于第

冯玉祥为工商学院毕业同学录题词（1935年）
（选自《天津工商学院1935班毕业纪念册》）

二年增设工商管理系和机械工程系。

## 1946 年

8月，中共地下党员王金鼎到工商学院任教。

8月，校董事会决定于斌任董事长。聘田耕莘枢机主教为工商大学名誉董事长。

本年增设西语系。

## 1947 年

8月13日，校董事会全体通过改建为大学后校名为"津沽大学"。

9月，经上级指示，学校学生中共党员薛鉴铎（郭华）建立学院党支部并任书记。

## 1948 年

8月20日，学校中共党支部遭破坏，薛鉴铎等被捕。12月底，容建琪重建党支部并任书记。

10月4日，工商学院正式立案于教育部，改名为私立津沽大学。

11月12日，校董事会决定，刘迺仁为津沽大学校长。

## 1949 年

1月8日，校长刘迺仁辞职。校董事会聘卜相贤（法）为副校长。

2月5日，董事会同意于斌辞去董事长职务。徐世章为董事长。

6月8日，校董事会决定王峻德为大学代理校长。

11月9日，董事会同意徐世章辞职请求。李烛尘为董事长。

## 1950 年

上半年，津沽大学党组织公开，大学部学生金永清任书记。

9月，校董事会决定沈晞为副校长。

## 1951 年

1月8日，校董事会聘李宝震为副校长，31日部准。

7月，董事长李烛尘代表校董事会致函教育部，拟将津沽大学献给国家，改为国立。

9月，任命王金鼎为津沽大学党支部书记。

9月19日，教育部高一字1170号令，津沽大学改为国立，私立达仁商学院并入；津沽大学商学院更名为财经学院；文学院改建为师范学院；增设物理学、数学和化学三系，任命张国藩为校长。

## 1952年

8月，全国高等院校调整，津沽大学工学院、财经学院分别并入天津大学和南开大学。以津沽大学师范学院为基础，天津教师学院并入，在津沽大学原址改建为天津师范学院。①

校舍一角
（选自《天津工商学院1935班毕业纪念册》）

---

① 吕志毅、阎玉田撰：《河北大学史·大事记》，见《河北大学史》编纂委员会编：《河北大学史》，河北大学出版社2001年版，第436—439页，有增改。

## 三、建校背景

　　1921年天津工商大学的创建，是天主教在华办学的一项重要举措，填补了中国北方尚无天主教建立大学的空白。①

　　基督宗教中的天主教（公教）传入中国很早，但它对高等教育的重视却落后于较晚传入的耶稣教（新教）。鸦片战争后，帝国主义列强迫使清朝政府签订了一系列不平等条约，传教自由是其中的重要条款。这时法国政府享有天主教在中国的保教权，是天主教会在华传教人员所需经费的主要提供者。面对英、美等国耶稣教传教士承奉各自政府之命在其势力范围（租界）内纷纷

原河北献县张庄天主教座堂
（选自《献县教区——我们共有的家》图册）

---

① 历史上天主教在中国创建的高等学校凡三所：此前在上海建有震旦学院；此后在北京建有辅仁大学。

创建高等学校的现实，法国政府也积极在华兴办大学和其他文化教育事业。

19世纪后半叶，罗马教廷在清朝的直隶省设有3个教区：以北京为中心的直隶北部教区（含天津）、以正定为中心的直隶西南教区和以献县为中心的直隶东南教区。前两个教区由遣使会士管理，后者则由耶稣会士管理。从历史上考察，耶稣会具有比较深厚的重视科学技术和文化教育的传统，明末清初来华的耶稣会士中如利玛窦、南怀仁等人，对西学东渐起到了不可忽视的作用。罗马教廷和法国政府把在中国兴办高等教育的任务交给耶稣会，显然是一项明智的选择。由于献县教区没有兴办大学的理想之地，而天津作为兴办大学的首选地，却受控于遣使会士管理之下。为此，两个修会之间展开了长期的斗争。

在工商大学创立之前，由天主教在中国创办的高等学校，只有上海震旦学院1所。这种局面与当时的耶稣教（新教）在中国创办的高等学校——大学7所、医学院16所相比形成了强烈反差。

1860年《北京条约》，帝国主义强迫清政府将天津辟为商埠。同年10月25日《中法北京条约》签订，法国政府就有以教会名义在天津开办一所高等学校的意图。[①]1861年5月8日白莲教围攻威县，法籍主教郎怀仁（Languillat Adien，1808—1878）将直隶东南教区主教府由威县迁至献县张家庄天主堂，称为张庄总堂。[②]

朗怀仁

---

① 《沧州宗教志》（打印本）第168页。
② 解成著：《河北省天主教历史编年》（铅印本）第144页。

三、建校背景

1861年法国公使罗淑亚授意献县耶稣会士到天津开办一所由耶稣会士管理的法国天主教会高等学校，受到北京遣使会士的抵制。

1868年，鄂尔壁（Joseph Gonnet，1815—1895）在天津法租界内设立直隶东南代牧区耶稣会办事处，名为"圣沙忽略院"①。1870年6月被天津市民捣毁。②1871年4月23日，直隶东南教区法籍主教杜巴尔（Dubar Edouard，1826—1878）在天津法租界购地21.25亩，价银1700两，称伏歇（Vaucher）地产，重建直隶东南教区驻津办事处于圣路易街53号（今营口道20号），改称崇德堂。③崇德堂除自身占地21.25亩外，还包括1870年11月10日在法租界内买下的11.925亩房产，称桑特里（Sardri）地产，价银10000两。④两笔财产的价银来自清政府为天津教案付给法国教会的赔款。崇德堂主要是管理罗马教廷和法国耶稣会拨给教区的传教经费及其他教会机构和教友个人的捐赠，工商大学创建之后还负责转拨罗马教廷和法国耶稣会等发给该校办学津贴，以及对所辖教

鄂尔壁

杜巴尔

---

① 解成著：《河北省天主教历史编年》（铅印本），第157页。
② 《献县天主教志》（打印本），第122页。
③ 解成著：《河北省天主教历史编年》（铅印本），第177页。
④ 解成著：《河北省天主教历史编年》（铅印本），第168页。

区购置的房地产，包括工商大学、北疆博物馆及其所属机构、设施实行统一管理。号称直隶东南教区账房，即财务管理中心。①

1885年4月，法公使巴特纳让正在崇德堂的鄂尔壁（当时已卸去会长职务）邀请献县主教步天衢（Henri BULTE，1830—1900）和直隶东南教区耶稣会长葛光被（法籍）来崇德堂筹划创办高等学校事宜。鄂尔壁传达了法国驻津总领事林椿关于建校方案四则：1.本校目的是使中国人开始学习欧洲各种科学，以培养工商业、军事、航运等专家，使他们能用欧洲文化与欧洲人往来；2.本校课程以学习法语为主，利用法语学习其他学科，虽然在国际上法国以外多习用英语，但是本校既以扩大法国影响为第一，那么就规定以法语为必修科，其他如英语、德语为选修科；3.本校教授以法国传教士为主，在法国传教士不敷分配时，也可以聘请其他外国教授，但必须征得法国传教士的同意；4.本校只限招走读生。训育、庶务、中文教授可由中国人

步天衢

---

① 《沧州宗教志》（打印本），第107~108页。1873年，崇德堂将其大部分房产用于出租，年收租金约白银1700两（其中包括新建房舍的租金600两）。此后租价随行波动，出租数量亦有增减。它还在津、京、武汉等地从事商业投资，经营范围是工厂、洋行、印字馆、报馆、饭店、商场、浴室等。同时大量购买外国公司股票，如在香港美国国际保险公司购股票6245股，每股约合美金5元。在新西兰森林公司购股票40余股。其房租和股票收入每年仅利息就达10余万元，甚至数十万元。1927~1928年度，全教区除总堂和耶稣会院外的8个总本堂各1万元的传教经费就是从这笔利息中支付的。40年代献县教区耶稣会派任崇德堂理家的先后有尚建勋、柯守义、甘墨林等外籍会士。天津解放后，甘墨林烧毁了崇德堂所存部分资料和账册，其中有庚子赔款中分给法国耶稣会的有关数据。后来由中国会士刘定汉、于善训、马光普等先后接管。

担任。① 这一建校方案，基本上奠定了后来工商大学的办学格局。1885年9月15日步天衢上书传信部，坚持在天津办校的意见，并举出很多理由，企图说服传信部。此间，巴特纳将鄂尔壁的方案呈交清朝总理衙门，请求备案，总理衙门未予核准。理由是，清政府坚持保留教育主权，学校应由中国政府开办，外国人可以在校内任教。1886年，天主教华北各教区主教在北京举行第二届教务会议。步天衢将"教外人归化"案列入议程，以进一步阐明在天津办学的意图，拟说服北京遣使会士。由于北京遣使会士对耶稣会士早存戒心，又恰巧在会议期间，传信部给北京教区主教来信，问他对在天津开办学校有什么意见，因而引起了两会会士之间的激烈争吵。步天衢不得不以"时机不宜"自动撤销原案。②

1913年，法国政府拟步美国后尘，利用庚子赔款在华办学。法籍耶稣会士逖光远奉法国政府之命来华办学。3月6日抵达天津便着手筹备，但是遭到直隶海边教区遣使会士的阻挠。献县耶稣会决定将校址改在河间县城西门外旷地，开始备料施工。次年8月，法国参加第一次世界大战。逖光远等4名献县耶稣会士应征入伍，工程被搁置。大战期间，法国政府仍请罗马教廷协助在华办学事宜。

1918年7月16日，罗马教廷传信部致函直隶东南教区副主教刘钦明（Henri Lecroart，1864—1939），要求刘钦明向圣部汇报中国教务。刘钦明于10月8日复函圣部，其第六条称："教育问题的确是一个关键问题……传教事业不足之处，

刘钦明

---

① 解成著：《河北省天主教历史编年》（铅印本），第196页。
② 《沧州宗教志》（打印本），第170页。

我们主要是教育机构太少。"其第八条说："中国还是一个非公教国家，奉教的很少。知识分子和资产阶级在中国占优势。为打进这两个阶层，必须成立高等学校。"①1919年10月，罗马教廷派宗座巡阅使光若翰(汉名光比央，法籍，广州教区主教)到献县传达教廷关于在天津开办学校的意见，要求刘钦明向传信部呈报办学方案。②12月23日刘钦明任直隶东南教区代牧。1920年7月27日，传信部劳兰蒂枢机主教致函刘钦明："光比央主教在其视察中国的汇报中，只提到你教区在乡间的传教事宜，至于在城市开办高等学校的问题则未涉及。我们打算重新划分直隶海滨教区的边境，将某一城市划归你教区，并在那里成立一所高等学校。目前时机已经成熟。天津主教杜保禄已调任江西，委北京教区副主教文贵宾为天津教区宗座总理。你可与他协商，相信事情会进行得很顺利。我们对此非常关心，并将大力支持，望你将协商结果呈报圣部。"③30日，劳兰蒂又写信给文贵宾："你的邻区没有一个大城市，期望你与该区主教刘钦明协商：根据传信部的建议，遵照宗座巡阅使的意见，你们两教区交换一下教区边境，使直隶东南教区得有一个人口众多的大城市。我们更希望你与刘钦明协商一下，委托耶稣会士在天津成立一所高等学校问题。"④11月13日刘钦明复函传信部说："只要能在天津开办学校，就了

文贵宾

---

① 解成著：《河北省天主教历史编年》(铅印本)，第291~292页。
② 解成著：《河北省天主教历史编年》(铅印本)，第297页。
③ 解成著：《河北省天主教历史编年》(铅印本)，第300页。
④ 解成著：《河北省天主教历史编年》(铅印本)，第300页。

结了他的夙愿，无须再要天津城。"12月8日，刘钦明与文贵宾在天津达成协议。次日文贵宾以文字向刘钦明保证："遵照传信部1920年7月30日的指令，许可献县教区耶稣会士在天津为贵家子弟开办一所职业学校，或一所高等学校，或两者并举。凡有关教会法典所赐予各大修会的权利以及宗座颁赐给耶稣会的一切特权和遵照教会法典的解释其能享有的一切权利一律照准。"[①]至此，遣使会与耶稣会之间的一场旷日持久的争端，终于以法国耶稣会获得在天津创办大学的权利而宣告结束。[②]

1921年1月14日，罗马教廷正式批准刘钦明在天津办学。而不必把天津城划入他的教区。1921年7月21日，教会声明了于溥泽神甫为天津开办大学代理院长。7月25日抵津，住在崇德堂。早在12年前，献县教区司账柯茂德神甫已购得天津马场道清鸣台旷地100余亩。8月于溥泽选定此地为大学校址。[③]12月20日，于溥泽委托一比利时工程师绘成校舍建筑蓝图。1922年3月9日，于溥泽将建筑蓝图寄回法国耶稣总会，并于4月下旬开始施工。6月13日，直隶东南教区耶稣会将学校命名为"天津农工商大学"，后改为"天津工商大学"，在教会内部称"天津圣心书院"，并通报华北各教区主教。

---

[①]《沧州宗教志》（打印本），第172~173页。
[②] 关于献县耶稣会士在天津办大学一事，见葛光被著：《鄂尔壁传》，见《天津工商学院简史》，第2页。
[③] 献县总堂1964年9月译自拉丁文原著《天津工商学院简史》，第2页。

# 四、校史沿革

## (一) 于溥泽创建天津工商大学 (1921.7—1925.7)

**于溥泽**（P.P. Jubaru，1862—1930），法国天主教神甫，天津工商大学首任校长，文学博士。出生于法国布斯百克（Bousbecgue）。1885年8月30日加入耶稣会。1890—1893年在布洛涅（Boulogne）学校任学监，1896年被授予神甫职位。之后他在里尔约瑟夫学院的附属预科学校工作过几年，在此期间到过亚眠。1901年12月11日来华后，全力学习汉语，对文学语言、古典作品颇有研究，经常在中国官员和学校师生面前引经据典。1903年在威县传教，1904—1911年任献县小修院院长。他筹划的新体制教学方案，通过了官方审查，得到政府赞同，其首创精神得以崭露。1911年5月10日至1916年2月17日，任大名府院长。而后继续发展教育事业，为改善汉语中学的教学，建立了法语中学。1916

于溥泽

年2月23日，他以耶稣会神学院院长身份回到献县。在初修院里，他引进了现代学科。为弥补体力劳动（内衣业等）浪费掉的时间，他还请求社会上的手工业者帮忙工作。在所有车间外加设围栏，扩建花园，并敦促学校的后勤以此建设新的学校。他在退休的基督徒们修养的山上举行了开幕典礼，宣布基督徒们的避静所正式启用。1916年2月23日至1921年7月21日，任职献县会院院长。1921年7月21日，直隶东南教区声明任命于溥泽神甫为天津开办大学代理院长（此即为河北大学前身天津工商大学首任校长），并任耶稣会天津会院代理院长。1921年7月25日，于溥泽到达天津，勘定马场道清鸣台校址，并承罗马教廷批准兴建。工商大学校舍主体工程基本上在其任内完成。而后购置设备，延聘教授。1923年9月15日，首批学生开始上课。开学之际，于溥泽表达了他的办学理念："促使现代中国吸收欧洲科学，取其精华，去其糟粕。""努力传授法国的文化和科学技术，把学校办成高等智育和德育中心。""工学院和商学院，从实用的角度讲，能够更好满足中国青年的需求和渴望。"天津工商大学之创建，填补了天主教耶稣会在中国北方设置大学的空白。于溥泽于1925年7月离校，在深州传教。1927—1930年任大名府本堂。1930年4月8日病故，葬于大名府。[①]

**预科招生**

1923年7月2日，工商大学招入首批学生，9月15日上课。时有预科学生51名，教师9名，其中3名为中国教师。[②] 入学升级要经过严格测试。

1924年9月8日本校第二次开学。在80名学生中，38名是新生。

---

① 法国巴黎耶稣会档案馆；河北大学档案；《河北大学史》编纂委员会编：《河北大学史》，河北大学出版社2001年版。
② 各年度学生、教师、注册、毕业等数据以及"本校基本情况"等数据，皆据《天津工商学院简史》，以下不另注。

分至预科三个年级内。增加新教师 2 人。

## （二）裴百纳任内的工商大学（1925.7—1931.5）

裴百纳（A.Bernavd，1889—1962），法国天主教神甫，耶稣会士。生于法国里尔。里尔大学文学士，哲学博士。1921 年 11 月来华。1923 年到天津工商大学任教，历任方言、哲学、数学教授。1925 年 7 月任耶稣会天津会院院长。同年出任工商大学第二任校长。同年，学校开始有大学本科学位。裴百纳诲人不倦，在学生中颇受欢迎。曾亲自赴交通部路政司咨询各铁路需用人才情况以定大学学科内容。接受路政司长代表茅以昇关于"办理工科以土木科最为适用，并以英文教授为宜"的建议，回校后大力加强土木学科建设。在教会决策层，经过裴百纳据理力争，于 1927 年 8 月获准用英语代替法文为课堂授语。为谋求大学之发展，裴百纳于 1929 年 6 月 25 日至 12 月 31 日进行长达半年的欧美考察，以资借鉴。聘请欧美文人 Lille 大学校长卜怀礼前来主持工商大学教务，并聘请知名教授数人前来任教。考察世界各国大学教育制度，并同多所大学、研究机构、工商企业公司等重要部门建立了联系，有力地促进了天津工商大学与各国大学的文化、学术交流与合作，为天津工商大学发展作出了巨大贡献。在任期间，裴百纳鼓励并支持桑志华和德日进的科学研究。1931 年，因病回国。1946 年

再次来华，并回校任教。1948—1950 年在北京从事歌剧写作。1950 年返国。

**本校基本状况**

1925—1926 年度：注册大学生 16 人。其中进入大学商科的学生 6 人，工科学生 10 人。本学年增加两位外国教师。Mety 教授铁路学，Gisain 教授几何学。

1926—1927 年度：注册大学生 40 人。

1927—1928 年度：注册大学生 45 人。

1927 年 8 月 8 日，耶稣会法国北省省长神甫批准本校可以改用英文教授功课，并只限于预科一、二年级，以后逐年增加英文课程。此后英美籍教师有所增加。

1928 年夏，大学毕业生 11 人，工科 7 人，商科 4 人，撰写论文四篇。只有 3 人获得毕业文凭，其他 8 人仅得肄业证书。此为本校首批大学毕业生。他们是张玉峰、张克昌、朱敬先、萧舜华、邰华、刘美、戴维汉、刘培汉、田益寿、魏玉良、吴煦。学校举行隆重毕业典礼，盛情

1928 班工科　　　　　　　　　　　　1928 班商科

1928 年本校首届本科毕业生分科合影
（选自《天津工商大学 1930 班毕业纪念册》）

刚恒毅

邀请华北耶稣会各教区主教前来参加典礼仪式。

1928—1929年度：注册大学生76人。

1929年夏，毕业生8人。

1929—1930年度，注册大学生67人。

1930年夏，毕业生中9人获得文凭，3人得肄业证书。

1930—1931年度：教职员36人。在本校教学的神甫7人，外国教师17人，中国教师12人。注册大学生63人。

罗马教廷驻华宗座代表，意大利人刚恒毅（Archbishop Celso Costantini）参观本校和博物院后，大加称赞。

1931年夏，毕业生13人，其中11人获毕业文凭，2人获肄业证书；工科毕业5人，仅3人获毕业文凭，2人获肄业证书；商科毕业生8人，皆获毕业文凭。

**学校主要行政领导人**

校　　　长　裴百纳（法）1925.7—1931.5

副 校 长　刘条民（刘斌）1930

教 务 长　邵德基（西班牙）1925—1931

学　　　监　凌安澜（奥）1928—1929

　　　　　　狄守仁（法）1931—1932

庶务主任　林多禄（法）1924—1931

**工商两科负责人**

工科主任　裴化行（法）1925—1929

　　　　　　　凌安澜（奥）　1929—1931 春

　　　　　　　裴化行（法）　1931 春—1931 夏

商科主任　尚建勋（法）　1925—1927.7

　　　　　　　葛道昌（法）　1927.7—1927.9

　　　　　　　尚建勋（法）　1927.9—1931

　　　　　　　田执中（法）　1931 春—1931 夏

**呈请立案**

　　学校认为，本校在中国当局立案事宜事关重大。因为只有通过立案，才能享受立案学校应该得到的权利，对于学校的发展极为重要。面对立案问题，学校已于1930年下半年至1931年开始准备材料。主要有"呈请核准设立用表"（含经费来源，岁入岁出，建筑费、设备费等），"呈报开办用表"（含学校概况：学校所在地、经费来源、组织及编制，校地面积，校舍占地及座数，教室间数，图书馆间数，实验室间数，体育场（室内、外），宿舍间数，建筑购置费，基础课程表，工学院、商学院、高中部课程表，教材，参考书目，图书馆图书分类统计，仪器目录，标本目录，教员履历，职员履历，学生一览，毕业生一览等）等材料上报教育部。其中有关学校教务方面诸如各院课程设置、教材、参考书目及师资人员搭配等内容的申报材料以及接受中国当局的考察等事宜，教务长卜怀礼起到至关重要的作用。立案后，校长人选改由华人担任。

## （三）赵振声出任工商大学校长（1931.6—1933.7）

　　为适应国民政府立案要求，学校当局决定改由华人赵振声神甫出任校长。

赵振声

**赵振声**（1894—1968），耶稣会士，河北景县人。1923年在比利时杭间镇耶稣会神学院被授予为神甫并获得哲学和神学博士。1925年回国，在献县张庄总堂教授拉丁文和哲学。1931年6月—1933年7月被任命为工商大学校长，任内主要从事学校申报立案和规范教学等工作。1937年12月被教皇任命为献县教区主教。1948年5月—1949年2月任北京总主教区代理总主教。1956年7月26日，在中南海紫光阁受到周恩来总理接见。1957年8月当选中国天主教爱国会副主席。1957年12月，当选为河北省天主教爱国会主席。1962年1月当选为全国神学院校董事会副

学校正门

（选自《天津工商学院一览》1941）

董事长，同年5月，应邀列席三届一次全国政协会议。两次会议期间，受到毛泽东、刘少奇、朱德、周恩来等党和国家领导人的接见。"文化大革命"受到冲击，1979年予以平反。主要著作有《回忆录》《自语录》等；译作主要有《神操引导》《修会管理法》《心灵医法》《在中国的耶稣会》等。作为职业宗教家的赵振声，无论在宗教方面的译著还是在著述等方面都显示出高深的学识与能力。

**尚建勋**（P.René Charvet，1883—1977），法国耶稣会士，神甫。1883年8月22日出生于法国南部的阿尔芒蒂耶尔（Armentières）。1901年10月9日在布洛涅耶稣会中学毕业后进入耶稣会院，后来到香槟省。1914年升任神甫一职。第一次世界大战期间，1914年至1918年间担任随军神甫和医护人员随法军出战，荣获十字军功章，5次受表彰。1922年来华，先在河北大名府学习汉语，随后到天津工商学院任教，讲授运输学和统计学。曾任商科主任，院务长，天津会院院长，天津崇德堂主管等职，长期执掌学校行政大权。1942年10月至1948年7月为献县教区第十七任耶稣会长。1945年6月28日，八路军派人到献县张庄总堂洽购铅印机，尚建勋代表总堂将铅印机三架（大二小一）、铸字铲一架、铅字一部，不取分文，捐助八路军。1948年7月回国。

尚建勋

**学校立案前后之变化**

天津工商大学创建初期，校内行政大权统由校长负责，校长由法国籍神甫担任。学校接受罗马教廷教育部津贴，并在该部立案，接受指导。20世纪20年代以来，在中国推行的"非基督教运动""收回教主权运动",促使教会大学向"本土化"方向迈进。学校当局曾向北洋政府申报立案,后因北伐战争而搁浅。1933年8月,学校在国民政府教育部立案,改名为天津工商学院,一切按中国教育部指令办事。立案的首要条件是校长必须是中国人,1931年准备立案时,学校当局决定,校长改由华人担任,并设院务长一职,由法籍神甫担任。这种由外籍神甫为院务长的情况一直持续到1943年。

立案前,学校师资可分为三部分:一为专职教师,以耶稣会传教士为主,他们一般都能讲一门以上的基础课和专业课;二为兼任教师,讲授专业课。多由工商企业从事实际业务的外籍工程师、会计师、律师等兼任;三为中国籍教师,凡有关中文和部分专业课由中国教师担任。学校立案后,华人专任和兼任教师人数超过外籍教师,并聘请校外专家讲课。① 校内多名专家应邀赴日、印度支那作学术报告。

大学课程设置增加"党义"课;原设"哲学"课改称"基本问题",强调学用结合。并规定课堂用语改为汉语。增设"铁路学""电气工程学""军事训练""中国近代史""世界近代现代史"等课程。1935年工科课程4年学31门功课;商科课程25门功课,都设有"党义""国文及文牍""哲学""军训"课。立案后,体育运动空前发展,学校在全市各项体育竞赛中成绩优秀,扩大了学校社会影响。此外,学校还增加了夜校课程,根据社会工商企业界需求,面向社会招生,利用夜间和周日进行授课。主要讲授外语、统计学及中国现代法等实用知识。② 自1933年9月至1936年9月,连续招生三年,共招生369人,抗日战争爆发

---

① 胥仕元撰:《工商学院教师职工·基本情况》,见2001年版《河北大学史》编纂委员会编:《河北大学史》第一编第四章第四节一,文字有改动。
② 阎玉田撰:《教学事业迅速发展的工商学院》"一、向国民政府教育部申报立案前后之发展",见2001年版《河北大学史》编纂委员会编:《河北大学史》第一编第四章第二节,文字有改动。

后停办。

**本院基本状况**

1931—1932 年度：教职员 38 人。在校教学的神甫 6 人，修士 2 人，中国教师 19 人，外国教师 11 人。大学生注册人数 57 人。

1932 年夏，毕业生 11 人。工科毕业生 5 人，其中 3 人获得毕业文凭；商科毕业生 6 人，其中 4 人获得毕业文凭。

1932—1933 年度：教职员 42 人。在校教学的神甫 5 人，修士 3 人。教师：外国籍 15 人，中国籍 19 人。大学生 63 人，夜校生 32 人。

1933 年夏，毕业生 8 人。工科 6 名学生皆获毕业文凭；商科 2 名学生，仅 1 人获毕业文凭。

**学校主要行政领导人**

院　　　长　赵振声　　　　1931.6—1933.7

院 务 长　尚建勋（法）　1931.6—1933.7

教 务 长　卜怀礼（法）　1931.6—1933.7

副教务长　甘墨林（法）　1932—1933

庶务主任　林多禄（法）　1931.5—1933.7

**工商两科负责人**

工科主任　裴化行（法）　1931 夏—1933.7

商科主任　田执中（法）　1931 夏—1933 春

## （四）华南圭任内的工商学院（1933.8—1937.8）

民国二十二年八月八日（1933 年 8 月 8 日），经国民政府教育部第七九二三号训令，正式批准立案，改名天津工商学院，以符定章，由华南圭出任院长；举凡本校规章之厘订，行政组织之更易，悉依部章办理。各院课程，务求切合实用。数年来服务于工商各界的毕业校友，数量虽属不多，但皆能发挥母校埋头苦干精神，刻苦耐劳，忠诚服务，深得社会之肯定和同情。

华南圭（1875—1961），字通斋，江苏无锡人。铁路工程专家、教育家。1903年官派，赴法国巴黎公益工程大学攻读土木工程专业。1909年毕业，获土木工程师学位。1910年回国，曾任京汉铁路工程师、段长，1914年在北京创办交通博物馆，任馆长。同年协助詹天佑创办和主持"中国工程师会"（后更名为"中国工程师学会"）。1919年詹病故，华南圭继任中国工程师学会会长，长达20余年。1919—1920年任陇海铁路汴洛局长。曾任交大北京分校和唐山分校校长等职。1928—1929年任北平特别市工务局长。1929—1934年任北宁铁路改进委员会主席，京奉铁路督办，兼任天津长芦盐务总署总工程师。1931年华南圭以教育部视察员身份考察天津工商大学立案事宜，并在该校任课多门，讲授污工桥梁、铁路公路学、铁路混凝土等课程。1933—1937年出任天津工商学院院长。在教学方面，他将法国公益工程大学的教学实习制度引进工商大学。强调实习在教学中的重要地位和作用。亲自赴石家庄、长辛店等地联系毕业班的旅行实习。华南圭任校长期间，在办学理念、培养专门人才等方面都有长足进步，学校呈现蓬勃发展的态势。其任内，学术空气浓厚，曾聘请名人来校作学术报告，如史密斯、李书田、何廉、杨豹灵、陈受颐、刘豁轩、于斌[①]、

---

① 《工商学志》第7卷第2期，1935年12月。

Schidt[1]以及南开大学经济研究所方显庭、吴大业、丁佶等[2]。校内专家受聘外出作学术报告的人次尤多，如桑志华、暴安良、裴化行、德日进、罗学宾、汤道平等应邀赴日、印度支那进行学术讲演[3]。进一步提高了学术水平和学校在国内外的知名度。1937年华南圭辞去院长职务，继续在校任课，于1937年7月在其所撰《工商学院之过去与未来》一文中，主张该学院办学应以"实事求是"的理念为准绳，并于当年成为学校的校训。1939年因拒绝为日本侵略者做事流亡法国。1946年回国，1946—1949年任京汉铁路顾问、京汉黄河新大桥设计审查委员会委员长。1950—1961年任北京都市计划委员会总工程师、顾问。50年代任北京市人大代表。1957年任武汉长江大桥建桥组顾问。华南圭自清末以来献身国家建设，走的是"科技兴国"之路，以交通为主兼及教育、市政建设、历代文物等，为公认首选铁路专家。著作等身，主要有《房屋工程》《铁路工程》《土石工程》《建筑材料》《铁筋圬工材料》《耐力圬工》《桥路工程》《公路工程》《桥梁力学撮要》等；译作主要有《算学启蒙》《法国公民教育》等。

**本院基本状况**

1933—1934年度：教职员47人。在本校教学的神甫7人，修士2人。教师：外国人13人，中国人25人。注册大学生95人，夜校生72人。

1934年夏，毕业生10人。工科学生7人，4人得毕业文凭；商科学生3人，皆获毕业文凭，其余为肄业证书。

---

[1] 献县总堂1964年9月译自拉丁文原著《天津工商学院简史》，第72页。
[2] 李宝震：《天津工商学院的变迁》《天津租界谈往》，《天津文史资料选辑》总第75辑，天津人民出版社1997年版。
[3] 献县总堂1964年9月译自拉丁文原著《天津工商学院简史》，第58—59、89、99、100页。

1934—1935 年度：教职员 51 人。在本院教学的神甫 9 人，修士 2 人。教师：中国人 30 人，外国人 10 人。注册大学生 123 人，夜校学生共 202（含中国现代法、统计及外语）人。

1935 年夏，毕业生 10 人。工科学生 6 人，4 人获毕业文凭；商科学生 4 人，3 人获毕业文凭，其余为肄业证书。

1935—1936 年度：教职员 62 人。在本校教学的神甫 10 人，教书修士 1 人。外聘教师：中国人 39 人，外国人 12 人。注册大学生 139 人，夜校外国语生 95 人。

1936 年夏，毕业生 16 人。工科获毕业文凭者 10 人，商科获毕业文凭者 6 人。

1936—1937 年度：教职员 56 人。在本校教学的神甫 9 人，修士 2 人。教师：中国人 33 人，外国人 12 人。注册大学生 141 人。

1937 年夏，毕业生 31 人。工科获毕业文凭者 23 人，商科 8 人。

**校董事会**

校董事会按部章规定由 7 人组成，其中至少有 5 人为中国籍，校董会主席应由此 5 人产生。1935 年校董会：

名誉校董　叶恭绰　张伯苓　翁文灏　卞白眉　杨荫孙

董　事　刘　斌（董事长 1935—1937.8）

　　　　崔步云　鄂恩涛（奥）　尚建勋（法）

　　　　刘勤修　李恩永　张怀璞

**刘斌**（1871—1960），河北景县人，洗礼名赖孟多。1901 年在献县加入耶稣会，1906 年晋升司铎。上海神哲学院毕业，先后在献县圣母公学、圣约瑟大修院、耶稣会文学院、仁慈堂、仁惠学校等任教数十年，曾任献县公教学院校长、天津工商大学副校长、天津工商学院首任董事长。1937 年 9 月开始兼任天津工商学院院长。1943 年 7 月辞去校董事长及学院院长职务，改任天津工商学院女子文学系主任，又任献县慕华中学校长。平生著作十余种，主要有《默想全书》《退思录》《圣依纳爵传》《圣方济各玻尔日亚传》《圣伯多禄克拉米尔传》《圣方热罗传》《初学要训》《幼学袖简》《辅士袖简》等宗教著作，在教会中广为流传；译作主要有《义勇列传》等。待人接物和蔼温良，学识广博。献县教区司铎、修士、修女等多出其门下且乐与之往来，聆其教诲。①

刘斌

**学校主要行政领导人**

院　　长　华南圭　1933.8—1937.8

院务长　尚建勋（法）　1933.7—1936.10

　　　　饶满恒（法）　1936.10—1937.12

教务长　卜怀礼（法）　1933.7—1936.6

　　　　暴安良（鲍翊华，法）　1936.6—1937.8

副教务长　甘墨林　1933—1934

　　　　　刘迺仁　1934—1935

　　　　　程慰先　1935—1937

　　　　　刘迺仁　1936—1938

庶务主任　林多禄（法）　1933.8—1937.8

秘书主任　谭宪澄　1936—1938

**饶满恒**（Henri Jomin，1895—1982），法国耶稣会士，神甫，博士。1895年出生于Boulogne-Sur-Mer省。一直到四年级，他都在那里的耶

---

① 河北大学档案；《河北大学史》编纂委员会编：《河北大学史》，河北大学出版社2001年版。

稣会士学院学习。他的一生与教堂有着亲密的联系,由于政教分离,他的父母把他送到比利时完成学业。1913年在他20岁的时候进入了Florennes的初修院,然后就是在香槟省接受一系列古典教育。1925年被授予神甫职位。

1927年9月,他来到了天津工商大学,在那里学习汉语。1928年被派到献县教区,成为献县分院院长。1936年,他又回到天津工商学院任院务长,两年以后再一次到了献县。直到1942年11月,他都在献县任耶稣会会长一职。北京是他在中国的最后驿站,作为修道院修士的神师,于1950年离开中国。①

饶满恒

**工商两科负责人**

工科主任:涂道明　1935—1936夏

商科主任:田执中(法)　1933春—1935夏

　　　　　尹凤藻　1935春—1935夏

　　　　　田执中(法)　1936—1937.8

## (五)刘斌代理工商学院院长(1937.9—1943.7)

1937年8月31日,华南圭辞去天津工商学院院长之职。1937年9月改由学院董事长刘斌代理学院院长。

---

①　法国巴黎耶稣会档案馆档案;《天津工商学院简史》;河北大学档案。

四、校史沿革 ● 图志

刘斌代理院长期间，侵华日军对学校控制很严，办学处于艰难时期。为此，学校采取了一些重要措施：如呈请耶稣会总会长许可，派精通日语的德国人鲍（Borasch）神甫于1938年2月14日至1939年12月4日来校帮忙以应付可能遇到的困难；聘请日本文教省社会教育委员三浦万之助任日语教授，1941年12月，三浦万之助自立为学院副院长，1943年4月辞职，专事研究。1939年秋季，天津洪水泛滥，出入校园必须用船，学校收容难民823人，并为他们盖了一些临时住房，师生还向他们捐助了款项。1939—1940年学院经济严重困难，第二次世界大战欧洲战场战争爆发后，经费遂告拮据。学校校友会发起补充基金募捐运动，成绩颇佳。

1943年至1944年，日本占领区和国统区物价飞涨，办学经费入不敷出，学校决定增加学费，然而新生报到却非常踊跃。为适应环境需要，1943年4月1日由耶稣会长尚建勋任命刘迺仁为院务长。为解决学院经济拮据紧张状况，

Model of a light-house, built as an apartment building, in Rio-de-Janeiro (This model has been bought from the Paris World Fair 1937)
天津工商学院建筑模型之一
商业事务所式之灯塔
曾展览于1937年巴黎世界博览会；灯塔建于巴西京城。
（选自《天津工商学院1940班毕业纪念册》）

校董事会改组，聘请社会名流龚心湛、徐世章等人，以解决学校经费问题。1943年7月10日，校董事会答应刘斌董事长辞职请求，改聘龚仙舟为董事长。

**龚心湛**（1871—1943），原名心瀛，号仙舟。安徽合肥人。早年为清朝监生，肄业于金陵同文馆，曾任上海制造局书记，后留学英国，曾任驻日、美、法、意、比等国公使馆随员。1914年5月任安徽省财政厅厅长，1915年1月，任广东省财政厅厅长，未就，改任采金局总办。同年6月，任北京政府财政部次长，兼盐务署督办。12月，为督办经界局事务。1916年4月，任参政院参政。1919年1月任北京政府财政部总长，兼币制局督办，造币总厂总裁。6月，兼代国务总理。1924年11月，任段祺瑞政府内务部总长兼扬子江水道讨论委员会会长，兼赈务督办。1925年12月，任交通部总长。1927年任耀华玻璃公司总董，12月兼任督办京都事宜。后居天津，任中国实业银行，通益味精公司董事长。1943年7月10日出任天津工商学院董事长。其任内，董事会决定增设女子文学系，并于同年招生。龚仙舟于1943年12月病逝，学校为纪念他，将图书馆改名为仙舟图书馆。

1943年12月，因龚仙舟病逝，校董事会公推徐世章为董事长（1943.12—1946.8）。

1937年教育部批准分系。学院决定，从1937年暑假后，将工商两科改为工学院和商学院。各院决定设系，工学院除原有的土木工程系保留外，增设建筑工程系。设系后，学校以工科实力最为雄厚。工科以土木系建立最早，师资、设备最强，课程设置十分广博。在此基础上，拓展建立建筑系较为容易。资金投入不多，教师、课程等方面都比较好安排，其中若干门课程如物理、数学、力学等为两系共有，可共同授课。只须添聘建筑设计及绘塑艺术史等课程教师。这些教师可聘请具有实际经验又有理论基础的建筑师充任，使学习与实际紧密结合。学校建筑工程系是中国近代建筑教育中创建较早的机构，它是华北乃至全国较有影响力的建筑教育机构，其教师大多为大师级人物，其毕业生在国内外建筑行业成为建筑大师、结构工程大师、建筑教育家等。天津大学建筑教育机构（建筑系、建筑学院等）

工商大楼前 1939 年水灾
（选自《工商学院校友录》1939 年）

即导源于此。天津大学"在当代中国建筑教育界的名校地位，显然也是与天津工商学院建筑系在中国早期建筑教育中的地位和影响是紧密关联的"。商学院分为会计财政系和国际贸易系。

1939 年学校增设法科。招生 17 人，由于经济等多种原因，翌年停办，法科学生大多转入商科各系。

**本院基本状况**

1937—1938 年度：教职员 72 人。在本校教学的神甫 12 人，修士 2

人。教师：中国人 52 人，外国人 6 人。大学生 160 人。

1938 年夏，毕业生 33 人。工科获毕业文凭 20 人，商科 13 人。

1938—1939 年度：教职员 73 人。在本校教学的神甫 9 人。教师：中国人 58 人，外国人 6 人。大学生 290 人。

1939 年夏，毕业生 28 人。土木系 18(含借读 7 人)人，建工系 2 人，会财系 4 人，国贸系 4 人。

1939—1940 年度：教职员 89 人。在本校教学的神甫 18 人。教师：中国人 64 人，外国人 7 人。大学生 377 人。

1940 年夏，毕业生 39 人。土木系 25 人，建筑系 4 人，会财系 8 人，国贸系 2 人。

1940—1941 年度：教职员 95 人。在本校教学的神甫 14 人，其中一人是圣言会会士。教师：中国人 74 人，外国人 7 人。大学生 429 人。

1941 年夏，毕业生 60 人。工科 37 人，商科 23 人，土木 29 人，建筑 8 人，会财 17 人，国贸 6 人。

1941—1942 年度：教职员 49 人。在本校教学神甫 12 人，另有王通儒(西班牙)每周由北京来讲哲学课。教师：中国人 33 人，外国人 3 人。大学生 485 人。

1942 年夏，毕业生 99 人。土木 50 人，建筑 12 人，会财 31 人，国贸 6 人。

1942—1943 年度：教职员 44 人。在本校教学的神甫 13 人。教师：中国人 27 人，外国人 4 人。大学生 493 人。按 1941、1942 年，教师数量分别为 49 人和 44 人，是由于经费拮据和学校大量裁员所致。

1943 年夏，毕业生 86 人。工学院 54 人，商学院 32 人。

从以上情况分析，自 1937—1938 年度至 1942—1943 年度，在校大学生数呈递增趋势，由 160 人发展到 493 人，是原来的 3.08 倍。教职员呈逐年增加趋势，由 1937—1938 年度的 72 人发展到 1940—1941 年度的95人。教师中，中国人数量逐年增加，由52人增至74人。此学年天津工商学院名实俱增，学校已步入辉煌时期。

**董事会**

董　事　刘　斌（董事长　1937.8—1943.7）　凌安澜（奥）
　　　　尚建勋（法）　崔步云　刘勤修　赵振声　吴金瑞

1943年7月10日，董事会改组：龚仙舟（董事长　1943.7—1943.12）、副董事长文贵宾（法）、张坚白、徐世章、汪向叔、曹汝霖等。1943年9月23日敦聘靳翼青为名誉董事长。通过已聘之31名名誉校董，加聘卢木斋（靖）。

**靳云鹏**（1877—1951）字翼青，山东邹县人，北洋军阀。早年毕业于北洋武备学堂，在云南任清军十九镇总参议。1911年蔡锷发动云南新军起义时，靳云鹏在昆明五华山战败，化装逃匿至湖北，任清军第一军总参赞官。1912年3月，任袁世凯北洋军第五师师长，1913年8月暂行代理山东都督。1918年任参战督办事务处参谋处处长，次年任陆军总长，代理国务总理。皖系失败后，又由奉系支持再任总理。至1921年直奉战争爆发前去职，后寓居天津。1943年9月23日，被天津工商学院董事会聘为名誉董事长，尔后皈依佛门。

靳云鹏

**叶慕华**（Emmanuel Azier，1888—1975），法国耶稣会士，神甫。1888年出生于法国孚日省的Val d'Ajel。1905年加入耶稣会，在比利时的Florennes学文学。曾在英国泽西岛（Jersey）学哲学，后又重返比利时学神学。1908年成为神甫，罗马哲学博士。1915年4月4日进入中国，并在中国工作生活了40年。1941年11月至1943年4月1日任天津工商学院院务长，并担任德日进神甫所在的修院院长。1943年4月1日升任徐州副主教，掌管宣教工作。他广泛地在中国游历，曾经到过西藏。1953年，离开中国。①

叶慕华

**学校主要行政负责人**

院　　长　刘斌（代理）　1937.9—1943.7

副院长　三浦万之助（日）　1941.12—1943.4

院务长　尚建勋（法）　1937.12—1938.5（代理）

　　　　尚建勋（法）　1938.6—1941.11

　　　　叶慕华（法）　1941.1—1943.4.1

教务长　暴安良（法）　1937.8—1938.8

训育主任　刘逈仁　1938—1941

　　　　　纪书年（法）　1941—1942

　　　　　廖迓迩（法）　1942—1943.3

　　　　　刘逈仁　1943.3—1943.4

庶务主任　林多禄（法）　1937.9—1943.7

**院系主要负责人**

工学院院长　暴安良（法）　1937—1943

土木系主任　暴安良（法）　1937.9—1940

　　　　　　高镜莹　1940—1943

建筑系主任　陈炎仲　1937.9—1940.2

---

① 法国巴黎耶稣会档案馆档案；河北大学档案。

　　　　　　　沈理源　　1940.7—1948.11
商学院院长　田执中（法）　1937.8—1939.8
　　　　　　　房如晦（法）　1941.9—1943.4
　　　　　　　柯守义（荷兰）　1937.9—1941.8
　　　　　　　房如晦（法）　1941.9—1943.7
会财系主任　张华伦　1941—1943
国贸系主任　房如晦（法）　1939—1943.7
法律系主任　（1939年增设，1940年裁撤）
　　　　　　　田执中（法）　1939.9—1940.2

## （六）刘迺仁出任工商学院院长兼院务长（1943.7—1948.10）

刘迺仁（1903—1975年），河北深县人，天主教耶稣会士，神甫。献县公学毕业后，升入献县哲学院学习，四年后毕业。又进入上海徐家汇神学院，获哲学博士。1934年到天津工商学院任职，历任副教务长、训育主任，也任过斋舍主任、舍监、神学教授。1943年4月1日由献县耶稣会长尚建勋任命为院务长，为建校以来首任由中国人担任院务长之职。刘迺仁才识宏通，建树颇多，对学校发展起过重要作用。他为人宽以待人，办事认真，深受全校师生的爱戴。1943年7月升任天津工商学院院长。抗

刘迺仁

天津工商大学——津沽大学时期（1921—1952）

日战争时期，日寇妄想以奴化国人为策，刘迺仁机智灵活，处强敌而不屈，以不变应万变，故天津工商学院于战火之中，非但屹立无恙，且名实俱增。其办学思想明确：其一，使工商学院逐渐步入中国化，在中国教育史上留下一个不朽的盛名，因为是中国人自理自治，更要勤勉奋进，使世界各角落都播扬天津工商学院的名字。其二，秉承校训"实事求是"四字，各尽职责，力践名实，在学校中是好学生，在社会上是好国民，担当起建设事业，以为第二代谋高度之舒适。其三，加强教育工作力度，以谋成立完全大学，造福有志向学的男女中学毕业生，造成大批社会有力垦殖者，为全民尽服务的义务。刘迺仁身体力行，执意谋求天津工商学院之发展，成绩卓著。刘迺仁就职院长之后，创建了女子

（选自《天津工商学院女子文学系成立纪念专刊》1943）

文学系。他还曾多方引导学生到大后方工作,对滞留于沦陷区的毕业生,介绍到一般工商机构服务,避免为敌伪所用。1944年3月,他同张元第(河北省水专校长)、袁贤能(达仁学院院长兼工商学院教授)、罗光道(天津广东中学校长)一起被日本宪兵逮捕,后经多方营救获释。在董事会大力支持下,1945年4月文学系扩大为文学院,分文学、史地、家政等系。文学系又分国文、西语二组(1946年成立西语系),董事会先后决定工商两院招收女生,女子文学院男女兼收。1945年12月,又增设工商管理系和机械系。此次扩大,是为改大学作准备,直至1946年学校已发展成为三院十系规模,已经符合教育部规定的大学标准,为此,刘迺仁飞往南京拜见教育部朱家骅部长。1948年10月4日,国民政府教育部将天津工商学院改为私立津沽大学并任命刘迺仁出任校长。①

刘迺仁自1943年7月执掌学校工作以来至1949年1月辞职,历时5年半,学校处于高速发展时期。抗日战争爆发前,学校规模较小,特别是立案后,由于科系数量不足,由大学降为学院,给学校师生造成很大压力。学校当局决心改变现状,快速发展。抗日战争爆发后,京津许多大学南迁,有的解散,有的校舍被日军轰炸或占领。"工商学院是法国教会学校,法国同情中国抗战。在这样形势下,转入工商学院求学的学生日渐增多;平津两地的一些教授、专家,因多种原因,无法随校南迁的,不少转入工商学院任教。如燕京大学齐思和、翁独健、侯仁之;南开大学袁贤能、胡继瑗、张华伦;工程技术界王华棠、陈炎仲、阎子亨、谭真、沈理源、高镜莹、刘问凯、孙家崎等。他们担任教学,使工商学院教学质量和科研水平都有明显提高。工商学院毕业生受到社会广

---

① 河北大学档案;王金鼎:《解放初期天津高等学校的接管与改革拾零》,载《天津文史资料选辑》第57辑,P3;《河北大学史》编纂委员会编:《河北大学史》,河北大学出版社2001年版。

泛好评。"① 此时期学校学科建设力度明显加大，终于完成了改建大学宿愿。"如果以环境因素，特别是战争混乱原因，来解释天津工商学院不断壮大的业绩，是不够的也是不公正的。近10余年来，在组织教学和学科建设上所作出的努力，使得学院合理而稳定地发展，使学校完全配得上这个称誉。"②

**本院基本状况**

1943—1944年度：教职员75人。在本校教书及管事神甫12人，教师63人（其中日本人3人，其他外国人2人，余皆为中国人）。大学生：578人，其中工商两院493人，女子文学系85人。

1944年夏，毕业生共计100人，其中土木系44人，建筑系26人，会财系14人，国贸系30人。

1944—1945年度：教职员75人。在本校教书及管事神甫和修士12人，教师43人，助教20人。大学生：626人，其中工商两院486人，女子文学院140人。

1945年夏，毕业生共计83人，其中土木系40人，建筑系11人，国贸系10人，会财系22人。

1945—1946年度：教职员33人。在校教书或管理的神甫14人，教师5（《简史》原文如此，拟有误）人，助教14人。大学生650人，其中工商两院518人，女子文学院132人。

1946年夏，毕业生86人，其中土木系52人，会财系19人，国贸系15人。

1946—1947年度：教职员117人。在本院教书的神甫9人，教师

---

① 李宝震：《津沽大学的变迁》，载《天津文史资料选辑》第57辑。天津人民出版社1993年版。
② 尚建勋为天津工商学院二十五周年校典撰文。刊于《中国·马达加斯加》杂志双月刊，1948年第134期。

108人，其中中国人104人，外国人4人。大学生721人，其中工学院260人，商学院281人，文学院180人。

1947年夏，毕业生137人，其中土木系42人，建筑系13人，会财系27人，国贸系16人，国文系11人，外文系19人，史地系8人。

1947—1948年度：教职员128人。在本校教书的神甫12人，教师116人，其中中国人114人，外国人2人。大学生761人，其中工学院268人，商学院287人，文学院女生206人。

1948年夏，毕业生106人，其中土木系31人，建筑系9人，会财系21人，国贸系17人，史地系8人，家政系20人。

**董事会**

1943年12月14日，校董事会临时开会，因龚心湛董事长病逝，公推徐世章为董事长。

董事会成员有：徐世章（董事长，1943.12—1946.8）、张坚白、汪向叔、曹汝霖等，加聘张燕卿为董事。1945年4月26日，徐世章提议，推举孙多钰为新董事并获通过。1945年12月1日，校董事会议决定，因张坚白病故，任振采继任。孙多钰为开滦煤矿总经理，解决了因经费短缺用煤问题；任振采为银行界元老，为学校筹措了资金。

徐世章（1886—1954），字端甫，直隶天津人，徐世昌十弟。早年毕业于同文馆，后赴比利时黎其大学，获商学学士学位。1915年，任京汉铁路管理局副局长。1917年，任津浦铁路管理局局长及浦信铁路督办。1918年，兼任国有铁路沿线防疫委员会委员兼津浦铁路防疫局副局长。1920年复任津浦铁路管理局局长及浦信铁路督办职务，同年8月任

徐世章

北京政府交通部次长，兼铁路督办、交通银行副总经理、国际运输局局长。1921年2月，任币制局总裁。1922年6月去职，居天津。曾任铁路学院名誉校董，天津耀华中学董事，天津东亚毛织公司董事。1943年7月10日受聘为天津工商学院校董，同年12月14日任董事长。1946年8月23日改任副董事长（于斌为董事长），1949年2月5日复任董事长，同年11月29日辞去董事长职务。徐世章任工商学院——津沽大学董事长期间，在学科建设方面取得极大进展：建立文学院，增设史地系、家政系、工商管理系、机械工程系、西语系。于1948年10月完成了改天津工商学院为私立津沽大学的任务。

1946年8月23日，校董事会议决定任命于斌（1946.8—1949.2）为董事长，徐世章改任副董事长，并通过田耕莘枢机主教被任命为工商学院名誉董事长。1949年，因南北交通中断，于斌坚决辞去董事长职务，董事会于2月5日决定徐世章为董事长。1949年11月29日，徐世章称因年老多病，为爱护本校，坚决辞去董事长职务。①

**田耕莘**（1890—1967）字聘三，山东阳谷人。1901年加入天主教，1904年入兖州小修道院。1918年6月，晋升为神甫。1929年3月加入圣言会。1934年2月，为阳谷监牧区宗座监牧。1939年7月，升任为阳谷区宗座代牧；10月，在罗马接受教皇比约十二世"祝圣"为主教；1942年11月，升任青岛区代牧主教，1945年12月，教皇任命为枢机（俗称红衣主教），为远东第一位枢机主教；1946

田耕莘

① 河北大学档案；徐友春主编：《民国人物大辞典》，河北人民出版社2007年版。

年在罗马宣誓就职。1946 年 4 月，教廷宣布在中国成立正式教统，划全国为二十四个教省，每省设一个总主教，田耕莘被任命为北平区总主教。在此期间，他成立耕莘中学，在辅仁大学设立多玛哲学院，创办上智编辑馆，组织天主教广播协会等机构。1946 年 8 月，被天津工商学院董事会通过任命为名誉董事长。1948 年赴上海，1949 年去香港，随后又转往美国芝加哥。1958 年 10 月赴罗马参加教宗选举投票。1959 年 12 月，被罗马教宗若望二十三世任命为台北区署理总主教。次年 3 月赴任，成立若瑟修道院、圣多玛斯神哲学院、耕莘文教院，并任台湾辅仁大学董事长，创办耕莘医院、建造教堂等。1962 年赴罗马参加天主教参加大公会议。1967 年 7 月 24 日，病逝于台湾嘉义。①

**于斌**（1901—1978），字冠五，号希岳，后改为野声，黑龙江兰西县人。1910 年随祖父母迁居海伦县海北镇接受洗礼加入天主教。1917 年考入黑龙江省立第一师范学校并于 1919 年毕业，又进入吉林省天主教神罗修道院，后赴上海震旦大学预科法文组。1924 年赴罗马传信大学攻读哲学、神学，先后获传信大学宗教学博士，罗马圣多玛斯学院哲学博士，意大利伯鲁日大学政治学博士学位。曾任北平中国公教进行会总监督，天津《益世报》董事长，中国公教学校视察主任。1936 年，被教皇庇护十二世任为南京区主教。1937 年，抗日战争爆发后，被派赴意大利联系互通公使事宜。回国后，在重庆主持难民救济工作，并出任第一、二、三、四届国民参政会参议员。1943 年三度赴

于斌

---

① 河北大学档案；徐友春主编：《民国人物大辞典》，河北人民出版社 2007 年版。

美，会见罗斯福总统，被美国鲁汶斯大学授予名誉社会学博士。1944年1月，与太虚法师等共同发起组织中国宗教徒联谊会；5月，任联谊会常务委员。1946年4月，升任南京教区总主教；同年8月23日至1949年2月5日出任天津工商学院董事长。其任内，为天津工商学院改建为津沽大学作出了巨大贡献，并提议任命刘迺仁为津沽大学校长获得董事会通过。1949年南北交通中断，于斌坚决辞去津沽大学董事长。1960年，任台湾辅仁大学校长。1969年3月，被教皇保罗六世封为枢机主教。1978年7月，辞去辅仁大学校长职务，改任总监督。同年8月赴罗马，在梵蒂冈圣伯多禄广场参加已故教皇保罗六世葬礼时病逝。①

**学校主要负责人**

院　　长　刘迺仁　1943.4—1948.11

院务长　刘迺仁　（兼）1943.4—1949.1

教务长　空　缺

训育主任　卜相贤（代）（法）　1943.4—1944.6

　　　　　徐保和　1944.6—1946.2

　　　　　朱者赤　1946.2—1948.8

总务主任　赵元俊　1943.7—1948.8

**院系主要负责人**

工学院院长　暴安良　1943.4—1944.4

　　　　　　高镜莹（代）　1945.4—1945.9

　　　　　　暴安良　1945.9—1948.11

土木系主任　高镜莹　1943—1948.11

建筑系主任　沈理源　1940.7—1948.11

机械系主任　贝兴仁（法）1946.10—1948.11

---

① 河北大学档案；徐友春主编：《民国人物大辞典》，河北人民出版社2007年版。

商学院院长　房如晦（法）1943.4—1945.4

　　　　　　　张华伦　1945.4—1945.9

　　　　　　　房如晦（法）1945.9—1948.10

会计系主任　赵录炯　1943.4—1944.6

　　　　　　张华伦　1944.6—1945.1

　　　　　　李宝震　1945—1948

国贸系主任　房如晦（兼）（法）1943.4—

工管系主任　房如晦（兼）（法）1946.10—1949.3

文学院院长　刘迺仁（兼）1945.8—1949.1

文学系主任　刘　斌　1943.9—1945.8

　　　　　　孙家玉（女部主任）1943.9—1945.8

　　　　　　刘迺仁（兼）1945.9—1947

　　　　　　吴玉如　1947—1948

家政系主任　孙家玉　1945.8—1948

外语系主任　李世麟　1946.9—1949.1

史地系主任　侯仁之　1945.8—1946.9

　　　　　　方　豪　1946.9—1947.1

　　　　　　刘迺仁（兼）1947.1—1948.9

**教育部批准立案改建为私立津沽大学（1948.10—1951.5）**

1948年7月15日，教育部为批准立案改建大学，委派副部长田沛霖来校考察。听取汇报后，田沛霖认为改建大学条件业已具备。10月2日，刘迺仁飞往南京，在于斌大主教疏通下拜见教育部朱家骅部长。10月4日，教育部正式批准立案，改校名为"私立津沽大学"。自此，学校推行美国教育制度，同时保留法国教育制度。华人专任教师比例明显加大，师生中教徒数量呈递减趋势，这是教会大学趋向本土化、世俗化的必由之路。

## （七）刘迺仁出任私立津沽大学校长（1948.10—1949.1）

1948年10月4日，奉国民政府教育部高字第58208号代电"私立天津工商学院"改名为"私立津沽大学"。由于解放战争，南北交通中断。10月26日立案公函才到达学校，校园沸腾，全校师生连续庆贺4天。

在于斌董事长提议下，1948年11月12日，校董事会决定天津工商学院院长刘迺仁出任私立津沽大学校长。1948年冬，平津战役开始。11月，南京政府教育部令在天津的高校南迁。津沽大学校长刘迺仁接受中共地下党员的建议，取消了学校南迁计划，公开表示津沽大学留在天津。1949年1月8日，刘迺仁校长辞职，并于2月21日离校。

## （八）卜相贤、王峻德先后代理私立津沽大学校长（1949.1.4—8；1949.6—1951.9）

**卜相贤** Alfred Bonningue（1908—1997）法籍神甫，18岁进入Flcrennes初修学院学习。毕业于罗马各瑞高大学，获博士学位。1941年2月在北京学中文，曾任北京神学院院长。1943年，为天津工商学院训育主任。1949年1月4日至8日，代理津沽大学校长，同月8日聘为副校长。1949年6月兼任教务长，直至1950年12月29日。

**王峻德**（1907—1996）河北武强县人，罗马额我略大学上海分校毕业，天

卜相贤

主教神甫。

1936年7月到天津工商学院从事助理训育事宜。1943年4月为工商附中副主任。1945年7月—1948年，任工商附中主任；1949年6月—1950年1月，任津沽大学教务长，是学校历史上首次以华籍人士主持教务。1949年6月8日—1951年7月为津沽大学代理校长。王峻德任代理校长期间，于1949年6月25日被选入学校行政决策机构——校务委员会委员。由于委员会的工作受到外国神父的阻挠，1950年3月，该校外籍负责人集体向王峻德提出辞职，学校被迫停课。王峻德、卜相贤等人向天津市人民政府提出八条要求作为复课的条件，政府予以满足。但复课不久，鲍翊华、房如晦等再度辞职。1951年1月6日，学校正式成立了校政改革委员会，王峻德为委员。1951年1月16日至22日，教育部召开"处理接受外国津贴的高等学校会议"发表联合宣言，校长王峻德等签名。1951年7月，校董事会呈请天津市人民政府接收该校，王峻德向董事会提出辞职。①

王峻德

**校务委员会成立**

1949年6月25日，学校成立了行政决策机构——校务委员会。人员由校长王峻德、副校长卜相贤、秘书长沈晞及各院院长、系主任等组成。校务委员会是学校的实权机构。

---

① 河北大学档案；《河北大学史》编纂委员会编：《河北大学史》，河北大学出版社2001年版；献县民族宗教局编：《献县天主教志》；《人民日报》1951.1.26。

学校在中共地下党领导下，于1949年4月成立学生会、教职员会、经费监察委员会等群众性组织，加强学习，不断提高政治思想觉悟，同把持学校大权的校务委员会展开斗争。

1950年9月10日，因教育部取消大学秘书长一职，校董事会改聘沈睎为副校长。12月29日，政务院作出关于处理接受外国津贴的文化教育救济机关及宗教团体的方针和决定。同日，卜相贤要求辞去副校长和教务长职务。

**校政改革委员会成立**

1951年1月6日，学校正式成立了校政改革委员会，李宝震、王峻德、王金鼎、钱君晔、王洨春、王振鸣等为委员。委员会代表广大师生要求，致函校董事会，要求撤销拒不执行中华人民共和国教育政策的法籍神甫、副校长卜相贤，副校长沈睎及教务长孙志洪等人的职务。并拟定出《津沽大学暂行规程草案》《津沽大学暂行学则》《津沽大学招生委员会组织简则》《津沽大学教职工工作暂行标准》等文件，对学校改革和发展起到积极作用。1月8日校董事会召开第六次会议，批准卜相贤等人的辞职；同时，聘李宝震为副校长，王金鼎为教务长。

1951年1月16日至22日，教育部召开"处理接受外国津贴的高等学校会议"，发表联名宣言。校长王峻德、教授钱君晔签名。钱君晔以校方代表之一参加了与法国教会方面的谈判，为收回学校办学权作出了贡献。

天津工商大学自创建至津沽大学时期。外籍教师先后有近百人在该校执教。他们分别来自法国、英国、西班牙、瑞士、德国、荷兰、比利时、瑞典、美国、苏联、奥地利、意大利、匈牙利、日本等14个国家。他们承担的课程涉及各门学科领域。他们同华人在教学和管理上密切合作，思想活跃，学术空气比较自由，是中西文化交流史上双向流动的典型平台。其在教学"体制、机构、计划、课程、方法乃至规章制度诸多方面，更为直接地引进西方近代教育模式"①。这所大学培养出一大批出色的专门人才。成为建设国家现代化的栋梁之材。在教育界和社会上产生了颇为深刻的影响。对于很多西方人士来说，这所教会大学又是观察、了解中国文化与中国社会的的窗口。特别是工、商两科，在中国教会大学中办出了自己的特色，影响极为深远。

**学校基本状况**

1948—1949年度：教职员138人。在本校教书的神甫11人。教师：123人，其中中国人121人，外国人2人。女子文学系有4名修女任管理职务。大学生879人，其中工学院334人，商学院312人，文学院233人。

1949年夏，毕业生72人，其中土木系18人，建筑系16人，会财系12人，国贸系8人，史地系4人，家政系7人，外语系7人。

1949—1950年度：教职员128人。在本校教书的神甫13人，其中3人在下学期已被免职。教师115人。大学生925人，其中工学院380人，商学院339人，文学院206人。

1950年夏，毕业生114人，工科35人，商科48人，文学科31人。其中土木14人，建筑11人，机械10人，会财18人，国贸17人，工商13人，中文4人，史地4人，外文9人，家政14人。

1950—1951年度：教职员共156人。文学院：43人。中文系教师：10人（专任3人，兼7人）；外文系教师：11人（专任7人，兼4人）；史地系教师：11人（拟任5人，兼6人）；家政系教师：11人（专任5人，兼6人）。工学院：38人。土木系教师：16人（专8人，兼8人）；建工系教师：11人（专4人，兼7人）；机械系教师：11人（专5人，兼6人）。商学院：28人。会财系教师：11人（专5人，兼6人）；国贸系教师：11

---

① 章开沅主编：《教会大学在中国》系列丛书《总序》，河北教育出版社2003—2004年版。

人(专 4 人，兼 7 人)；企管系教师:6 人(专 2 人，兼 4 人)。公共课(政治、体育、公外)教师:8 人（专 4 人，兼 4 人）。行政部门职员:39 人。本年度外国教师 4 人；大学生 1072 人。

1951 年夏，毕业生共 148 人，其中土木 29 人，机械 28 人，建筑 7 人；会计 22 人，企管 18 人，贸易 16 人；外语 12 人，史地 6 人，中文 6 人，家政 4 人。

**董事会**

**董事** 徐世章（董事长，1949.2—1949.11），加聘伍淑英为董事。1949 年 11 月 29 日，徐世章提议校董事会章程修正案，董事 15 人中设常务董事 5 人，获得通过；并称因年老多病，为爱护本校，坚决辞职。董事会一致公推李烛尘为董事长，并公推徐世章、宋斐卿、资耀华、卜相贤（法）、德玉珍为常务董事。1951 年校董事会董事：李烛尘(董事长，1949.11—1951.9)、周叔弢、资耀华、李钟楚、宋斐卿、孙冰如、毕鸣岐、徐世章、文贵宾（法）、沈诚斋（法）、凌安澜（奥）、卜相贤（法）、德玉珍、甘墨林（法）、伍淑英。

**李烛尘**（1882—1968），原名华搢，字承竹，湖南永顺县毛坝乡人。出身农民家庭。1913 年，考入日本东京高等工业学校预科。1914 年，考取公费理化本科。1918 年 7 月，毕业回国，结识天津久大精盐公司和塘沽久大精盐厂创办人范旭东。1919 年，陈调甫、李烛尘、侯德榜等协助范旭东在塘沽成立永利制碱公司和永利制碱厂。1920 年后任永利制碱公司经管部长、制碱厂厂长、副总经理和久大盐业公司协理。抗日战争爆发

李烛尘

后，拒绝与日本侵略者合作，撤至四川，任内迁四川工厂联合会理事长。1937年10月，任久大盐业公司总经理、永利制碱化肥公司副总经理。1946年初，作为产业界代表参加政协会议。1947年任久大盐业公司总经理兼永利化学工业公司天津分处处长、河北平津区工业协会理事长、天津工业协会理事长等职。1949年出席中国人民政治协商会议第一届全体会议。1949年11月29日，出任津沽大学董事长。1951年7月，代表校董事会致函教育部，拟将津沽大学献给国家，改为国立；同年9月19日，津沽大学改为国立。中华人民共和国成立后，历任中央人民政府委员，华北行政委员会副主席，全国人民代表大会常委。1956年，为食品工业部部长；1958年，为轻工业部部长；1965年，为第一轻工业部部长，中国人民政治协商会议全国委员会委员，第二、三届全国委员会常务委员，第四届全国委员会副主席，中国民建副主委、代理主委，中华全国工商联副主委。

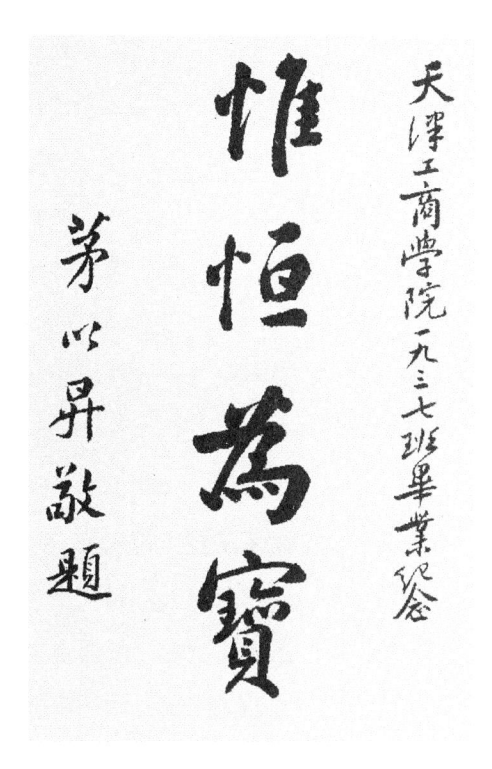

（选自《天津工商学院1937班毕业纪念册》）

**学校主要负责人**

校　　长　刘迺仁　1948.11—1949.1

　　　　　卜相贤（代理）（法）　1949.1.4—1949.1.8

　　　　　王峻德（代理）　1949.6—1951.7

副校长　　卜相贤（法）　1949.1.8—1950.12

　　　　　沈　晞　1950.9—1951.1.8

　　　　　李宝震　1951.1.8—1952.8

院务长　刘迺仁（兼）　1948.11—1949.1

秘书长　沈　睎　1949.1—1950.9

教务长　王峻德　1948.8—1949.6

　　　　卜相贤（法）　1949.6—1950.12

　　　　孙志洪　1950.12—1951.1

　　　　王金鼎　1951.1—1952.9

总务长　马光普　1948.8—1949.6

　　　　孙志洪　1949.6—1950.12

　　　　孙化远　1950.12—1951.3

**院系主要负责人**

工学院院长　暴安良（法）　1948.11—1951.3

土木系主任　暴安良（兼）　1948.11—1951.3

建筑系主任　阎子亨　1948—1951

　　　　　　宋秉泽（代）　1951—1952

机械系主任　贝兴仁（法）　1948.11—1950

　　　　　　赵蕴山　1951—

商学院（1951年9月改国立，商学院更名财经学院）

院　　　长　房如晦（法）　1948.11—1951.3

会财系主任　房如晦（兼）（法）　1948.11—1951.3

国贸系主任　房如晦（兼）（法）　1948.11—1951.3

　　　　　　鲁仲平　1951.3—1952

工管系主任　（1950改为企管系）

　　　　　　房如晦（兼）（法）　1948.11—1949.3

　　　　　　缪钟彝　1949.3—1951.9

文学院（1951年9月更名为津沽大学师范学院）

院　　　长　李世麟　1949.1—1951.9

文学系主任　吴玉如　　　1948.11—1950.9
　　　　　　王振华（代）　1951 春—1951.9
史地系主任　王华隆　　　1948.9—1949.1
　　　　　　钱君晔　　　1949.1—1951
家政系主任　孙家玉　　　1948—1951.9
外语系主任　李世麟（兼）1949—1951.9

## （九）津沽大学改为国立和张国藩出任校长（1951.9—1952.8）

1951年9月19日，中央人民政府教育部根据津沽大学校董事会的请求，发布（51）高一字1170号令批准："津沽大学改为公立，校名仍称津沽大学，由天津市人民政府具体领导，由部另刻校印颁发启用，全部经费亦统一划拨交天津市人民政府颁发。""私立达仁学院停办，全部学生转入津沽大学商学院。""天津土木工程学校合并于津沽大学工学院。""以津沽大学原有之文学院为基础，筹建师范学院。"① 津沽大学由私立改为国立，标志着津沽大学步入一个新的历史阶段，具有划时代意义。在中央人民政府教育部和天津市人民政府的领导下，学校的组织领导、科系设置等重大问题可以得到有效地解决，同时，可以纳入国家计划之内并开始有效地运行。

9月25日，津沽大学隆重举行"庆祝津沽大学改为国立接受典礼暨开学迎新大会"。中央人民政府教育部、天津市人民政府、各兄弟院校、社会团体负责人及知名人士到会祝贺。参加签名的有马叙伦、曾昭

---

① 河北大学档案 51-01-4。

抡、黄敬、李烛尘、周叔弢、杨石先、张国藩、孙冰如、张宗麟、黄松龄、吴砚农、毕鸣歧、李钟楚、徐世章等一百余人。11月9日，国防委员会副主席叶剑英视察天津，特地来到津沽大学看望师生，并勉励师生："按照党的新民主主义方针政策把学校办好。"

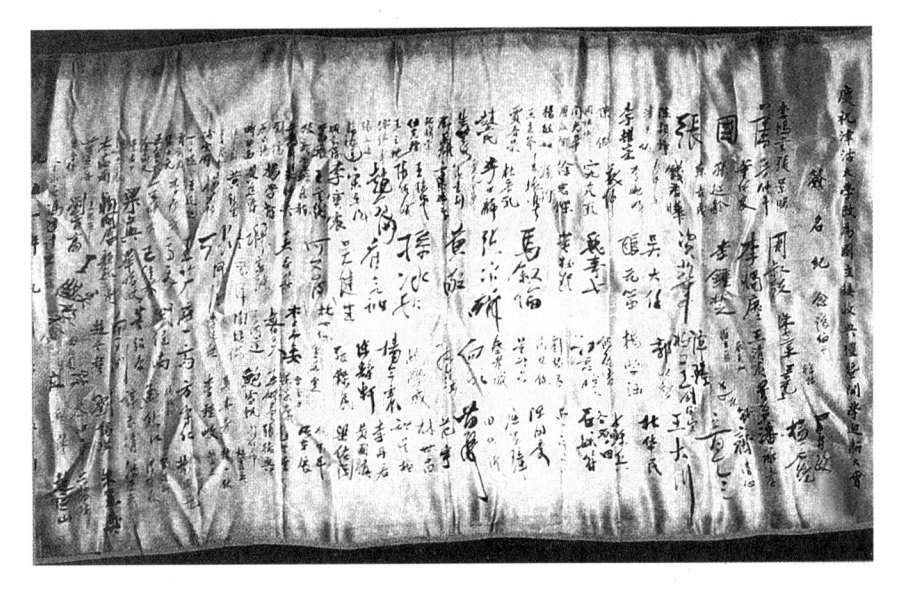

津沽大学改国立纪念帐
（原河北大学图书馆馆长王振鸣先生提供）

张国藩（1905—1975），湖北安陆人，物理学家，流体力学家，一级教授。先后在美国康奈尔大学、依阿华州立大学获理科硕士和工程博士学位。1951年9月至1952年9月出任国立津沽大学校长。他同学校党支部书记王金鼎一道对国立津沽大学的改革和发展作出了巨大贡献。在学校党支部书记王金鼎的倡议下共同建立并领导了学校党、政、工、盟、团、学联席会议，以此种形式集思广益，统一认识，统一行动，最后由校长决定，部署学校的中心工作。如"三反"运动，抗美援朝运动，增产节约运动，知识分子思想改造运动；组织协调并校师生的教学课程的安置，以尽快纳入教学轨道；以津沽大学文学院为基础，组建津沽大学师范学院，成立了教学工作研究会和总务工作研究会等。1952年，张国藩出任天津三大学院系调整委员会委员，任物资调配组组长。1952年9月调入天津大学任副校长，1957年任天津大学校长。自1956年起任天津市副市长，第一、二、三、四届全国人大代表，天津市科协主席、市政协副主席、民盟中央常委和民盟天津市委员会主席。其学术

张国藩

上主要成就是对分子物理学和原子物理学的研究，特别是对湍流理论和应用研究达30年之久，成绩卓著。发表有关学术论文多篇，如他的博士论文《Falling of Eodies in a Stream aod the Effect of Turbulence》(The State University of Lowa, February, 1935)，《我国北部沙漠之南移问题》，获1942年工程学会论文奖，《湍流的热性理论》(1948年)，《一种湍流运动方程式》(1962年)，《关于湍流阻力问题》(1964年)等，均具有独特见解。

**王金鼎**（1920—1997），河北定州人，1937年4月参加革命工作，1938年4月加入中国共产党，1941年8月由中央城工部派往天津从事地下活动。自1943年1月开始，在天津达仁学院和天津工商学院从事党的地下活动。1946年，王金鼎从达仁学院经济系毕业，并先后在达仁学院、天津工商学院任教，成功地完成接管天津河北女子师范学院等工作，在变私立津沽大学为国立的工作中

王金鼎

作用显著。1951年9月至1952年9月，任津沽大学党支部书记，进一步推动校政改革。1952年院系调整后为南开大学教授、副教务长、党委书记兼市学校党委副书记，市委文教部副部长、部长，市委代理常委会成员等职。1973年以来，先后任天津师院党委书记、革委会主任，市革委会文教组组长、党委书记，市文教委主任、党组书记，市委文教部长。为在"文化大革命"中受迫害的干部和高级知识分子平反昭雪。

### 津沽大学改国立后的重大变化

**体制**

津沽大学改为国立之后，中央人民政府教育部任命天津市文教委员会副主任、著名物理学教授张国藩为校长，任命高等会计审计学教授李宝震为副校长。学校体制是校长负责制。主要是集中各方面意见，由校长作最后决定。①

**学科建设**

根据教育部指令，津沽大学改国立后，商学院更名为财经学院，工管系改为企管系。文学院改建为师范学院。并校后津沽大学扩充为三院十三系：工学院设土木工程系、建筑工程系、机械工程系；财经学院设会计财政系、国际贸易系、企业管理系；师范学院除原来的中文系、外文系、史地系外，新增数学系、物理系、化学系。家政系于1951年秋季不再招生。工学院另设土木工程、建筑工程、市政工程三个专科。

**学校基本情况**

1951—1952年度教职员共241人。其中工学院54人：土木系教师15人（专职11人，兼职4人）；建筑系教师19人（专职12人，其中1

---

① 1951年11月26日校务会议记录，见河北大学档案51-01-1。

人为外教，兼职7人）；机械系教师20人（专职11人，兼职9人）。财经学院37人：会计系教师11人（专职9人，兼职3人）；贸易系教师16人（专职7人，兼职9人）；企管系教师9人（专职6人，兼职3人）。师范学院69人：中文系教师12人（专职9人，兼职3人）；外文系教师18人（专职13人，兼职5人，其中2人为外教）；史地系教师15人（专职10人，兼职5人）；数学系教师7人（专职7人）；物理系教师10人（专职7人，兼职3人）；化学系教师7人（专职6人，兼职1人）。公共必修教师21人（专职18人，兼职3人）；行政部门职员81人（专职58人，兼职23人）；在校大学生1250人。

1952年夏，大学生毕业466人。其中土木系78人，建筑系31人，机械系88人，土木科14人，建筑科20人，市政工程科28人，会计系61人，贸易系59人，企管系70人，中文系13人，史地系4人。

（选自《天津工商学院1937班毕业纪念册》）

学校主要负责人

校　　　长　张国藩　1951.9—1952.9

党支部书记　王金鼎　1951.9—1952.9

副　校　长　李宝震　1951.9—1952.9

教　务　长　王金鼎　1951.9—1952.9

总　务　长　聂国屏　1951.9—1952.9

图 书 馆 长　李世麟　1951.9—1952.9

秘书室主任　安蔚堂　1951.3—1951.12

　　　　　　　魏　埙　1952.1—9

**各院系主要负责人**

工学院

土木系主任　吴健生（代）　1951.9—1952.9

建筑系主任　宋秉泽（代）　1951.9—1952.9

机械系主任　赵蕴山　1951.9—1952.9

财经学院

会计系主任　李宝震（兼）　1951.9—1952.9

国贸系主任　鲁仲平　1951.9—1952.9

企管系主任　林和成　1951.9—1952.9

师范学院

文学系主任　王振华（代）　1951.9—1952.9

史地系主任　钱君晔　1951.9—1952.9

外语系主任　徐忠傑　1951.9—1952.9

数学系主任　赵伯炎　1951.9—1952.9

物理系主任　马　沣　1952

化学系主任　秦　競　1952

## （十）1952年院系调整和天津师范学院的组建

1952年春，为贯彻中央以培养工业建设人才和师资为重点，发展专门学院，整顿和加强综合性大学的方针和中央教育部对天津市三所大学院系调整问题的决定，天津市成立天津、南开、津沽三大学院系调整委员会。同年8月,津沽大学工学院并入天津大学;商学院并入南开大学;以津沽大学师范学院为基础,天津教师学院并入,在原校址改建天津师范学院,津沽大学撤销。

天津师范学院于1958年改称天津师范大学,1960年定名河北大学,1970年学校迁至保定。

# 五、主要建筑

坐落于天津马场道141号院内（即今天津外国语大学马道场校区）的天津工商大学，以及献县教区法国耶稣会在天津工商大学院内建立的一所科学研究机构——北疆博物院（又称黄河—白河自然历史研究所，后在北京建一分馆，称北京地质生物研究所），校园内主要建筑物在20年代基本完成，以此奠定了天津工商大学、北疆博物院的建筑格局。全校原有建筑总面积为22161.24平方米。1950年津沽大学时期，增加建筑面积5556.47平方米。

**本科大楼（工商大楼）**

是学校的主体建筑。为建筑这座大楼，校长和咨议员们整整计划了一年。由永和建筑公司承办，设计蓝图由意大利工程师M.Sirk绘制，并于1924年8月15日由罗马耶稣会会长批准。按合同，大楼应于1924年10月1日开始动工，1925年9月交工，但由于直奉战争的爆发，实际延至1926年11月才竣工交付。大楼耗资30万美金，高26米，长61米，宽31米，共3层（不含地下层）。除去墙用砖建筑外，其余如柱、廊窗等全用水泥建筑，不怕水。因建筑面积太大，用普通地基容易压陷，特掘了111个深井，井四周筑以铁筋和水泥的围墙，这样的地基，犹如钢铁一般。建筑面积4917平方米，建筑平面呈"工"字形。

五、主要建筑 ● 图志

本科大楼

(选自《河北大学 85 周年校庆》图册)

　　大楼采用了 16 世纪"文艺复兴时代"造型,中央采用法国蒙沙屋顶,是古典新折中主义形式。在庄严之中富有美丽色彩,为华北一大著名建筑,具有很高的艺术价值,受到《华北明星报》的好评。① 初期楼内分为图书馆、办公室、工商两科教室、统计室、商品陈列馆、大图画室、物理化验室、电气试验室、礼堂等。大楼地下层有工业品陈列所、测绘室、机器材料实验室、发动机室等。室内装潢典雅,门厅、大厅、内走道均用彩色马赛克图案地面,教室、办公室为人字木地板,其他均为混凝土轧花预制块地面。② 大楼西翼为小教堂,有三层高,教堂内无柱廊,

---

① 刘美:《工商大学的建立和经过》,《工商大学季刊》1927 年第 1 期。
② 《天津租界谈往》,《天津文史资料选辑》总第 75 辑,第 172 页。

· 63 ·

底部有祭坛，其上有半圆穹顶，并有精美壁画。1927 年 7 月，标准大钟安装在本科大楼之上，成为学校主体建筑的标志。①

**预科大楼（高中大楼）**

预科大楼 1922 年 10 月 7 日开始动工，1923 年 9 月竣工，耗资 10 余万元，规模宏大，建筑华贵。大楼共分两个部分：其一为学生宿舍，坐西向东，在南部两层，有游廊，共有 4 斋，楼上下各 2 斋，每斋有 5 个宿舍，每宿舍可住 4 名学生，每斋内有厕所、洗漱室；有气炉，温暖适宜；其二为课室、接待室、校长办公室（后改为学监办公室），在北

预科大楼（后改为办公楼）

（选自《天津工商学院 1935 班毕业纪念册》）

---

① 《天津工商学院简史》第 26 页。

部有化学试验室。预科大楼后来改为办公大楼。①

学校于 1922 年在马场道校址附近，购买了两所小楼房，于溥泽、邰国华、葛道昌、桑志华、尚建勋等神甫搬入。1924 年 3 月 19 日神甫楼开始动工，10 月 19 日告竣。该楼共分两栋，各为 2 层，20 个宿舍，有一小花园围绕，非常雅静。②

**学生宿舍建筑暨中学部建筑**

学生宿舍共为四栋，位于预科大楼南部。宿舍楼建筑蓝图由学校 Cuillet 教授绘制，由永和公司承建。1922 年 8 月 23 日第一、二宿舍奠

大学生宿舍

（选自《天津工商学院 1940 班毕业纪念册》）

① 《津沽大学校史史略》，见《津沽大学 1950 班毕业纪念册》。
② 刘美：《工商大学的建立和经过》，《工商大学季刊》1927 年第 1 期。

天津工商大学——津沽大学时期（1921—1952）

宿舍走廊

（选自《天津工商学院一览》1937）

基；1927年5月建第三宿舍；1932年3月第四宿舍落成。前三栋宿舍共分二层，后一栋为三层，全部坐西向东，有游廊与各楼联系。每层有6间宿舍，每间宿舍长6.5米，宽4米，可以住4名学生。室内光线充足，空气流通。第四宿舍楼室内添设物架板，另设厕所、洗漱室，冬有气炉，温度适宜。宿舍楼基础皆为钢筋混凝土构成，甚为坚固。

学校于1928年5月27日购买马场道附近空地，为中学部校址，并破土施工。1929年中学部教员室建成；1930年中学部南楼中段动工，为初中部校舍；1931年增筑南楼西段及学生饭厅；1934年3月，中学部北楼全部落成；1939年7月至10月建筑中学南部楼东段。此栋建筑长

五、主要建筑 图志

附中大楼正面图

（选自《天津工商学院一览》1937）

达51米，共三层，在三层楼上还设有宽大的圣堂。[①]

**图书馆建筑**

图书馆设在本科大楼内，于1926年11月11日开放。全馆分两部分，藏书室处于地下层，共有4间，长17米，宽10米，可容纳书籍5万册。地上层有教员及学生阅览室各一个。学生阅览室长宽与地下层藏书室相等，能容纳100余人，书籍数千册。教员及学生阅览室之间是报章及杂志阅览室，长13米，宽7.5米。藏书室内，在每两行书架顶上，设立活

---

① 《天津工商学院简史》第68页。

天津工商大学——津沽大学时期（1921—1952）

附中教学大楼侧面图
（选自《天津工商学院一览》1937）

初中部校门
（选自《天津工商学院1931班毕业纪念册》）

动电灯一个，可滑动于两条平挂之电线上，高低前后自如，是故随时随处，都可阅书。馆内还备有电力吸尘器，在当时颇为先进。① 此外，还有专门为教员而设的图书馆。后来，在北疆博物院内又建有一藏书丰富的科学图书馆。1940年，学校图书馆全部搬进北疆博物院大楼内。

**其他设施**

教授宿舍建于1924年，共分两栋，各有两层，位置在学院楼西南方，有一小花园围绕，颇属雅静。

1927年8月24日至10月7日，神甫们的新饭厅建成。②1928年5

图书馆之阅览室

（选自《天津工商学院一览》1935）

---

① 蒙圣球：《本校图书馆概况》，载《工商大学季刊》1927年第1期。
② 《天津工商学院简史》第28页。

月 27 日将学校南部 12 亩地和东部 17 亩地划归本校，辟为花园。① 同年 9 月，在新辟花园内为神甫们建一网球场。11 月，又填平学校楼房南边大水坑，改为大广场，分南、北两部分，南边为学生操场，北边为神甫花园，四面铁网围之。②

1948 年建筑院墙、围墙、假山洞③。1951 年建成第八、九宿舍，1952 年建成大饭厅等。

**北疆博物院大楼**

北疆博物院是献县教区法国耶稣会在天津建立的专门科学研究机构，与工商大学互通互补，犹如一体。北疆博物院大楼于 1922 年 4 月

教员宿舍花园

（选自《天津工商学院一览》1937）

---

① 《天津工商学院简史》第 32 页。
② 《天津工商学院简史》第 34 页。
③ 《天津工商学院简史》第 202 页。

五、主要建筑

津沽大学工管系 1952 班同学于校内假山洞前合影
（校友张志全先生提供）

教员宿舍
（选自《天津工商学院 1940 班毕业纪念册》）

23日破土动工，同年9月23日告竣。该建筑由仪品公司承办，工程师 Mr.Binet 精于建筑，建成后颇得《华北明星报》佳评。全楼共分3层，内设3个实验室，2个陈列室。1923年冬又增筑西部房舍，1924年冬季以前告竣。① 1925年在原址旁大加扩充，另建一公共博物院。1929年北疆博物院新建南楼，呈工字形建筑。至此，北疆博物院大楼建筑群全部竣工。

神甫院

（选自《天津工商学院1940班毕业纪念册》）

本校圣堂后部之音乐楼

（选自《天津工商大学工教学生季刊》第一期，1927年）

---

① 《天津工商学院简史》第15页。

五、主要建筑　图志

校长楼

（选自《天津工商大学 1931 班毕业纪念册》）

北疆博物院

（选自《天津工商学院一览》1941）

· 73 ·

# 六、教学设施

## （一）图书期刊

天津工商大学图书馆分为两部分，藏书室居地下二层，地上层有教员及学生阅览室各一个。学生阅览室宽大，能容100余人。在教员与学生阅览室之间设有报刊杂志阅览室。藏书室内，每两行书架中设有滑动电灯，在当时非常先进。1939年，天津洪水，图书馆亦遭波及；1940年，全部移入北疆博物院址，即后来的图书馆。学校图书和期刊主要来自订购、交流和捐赠，后期有并入院校移交来的图书。

建校初期，图书馆购书，主要根据课程需要，以各教职员的建议和介绍为依据，购买有关课程的各种课本及参考书以及有研究价值的专著。建校初期，以法文为第一外语，各西籍教师，均以法语直接授课，故图书以法文为主。1925年馆藏图书1621册，1926年11月11日学校图书馆对外开放时公布藏书为13000余册。1927年由于改用英语授课，所以学校扩充英语藏书。1927年，北洋大学赠书和学校英文教授以拉底玛尔博士名义捐赠的遗书共计2000余种。止于1933年底，学校藏书为16051册，其中西文图书11593册，中文图书仅4458册。

1943年女子文学系建立后，学校购置了大量中文图书。截至1948

六、教学设施　图志

书　库

(选自《天津工商学院1937班毕业纪念册》)

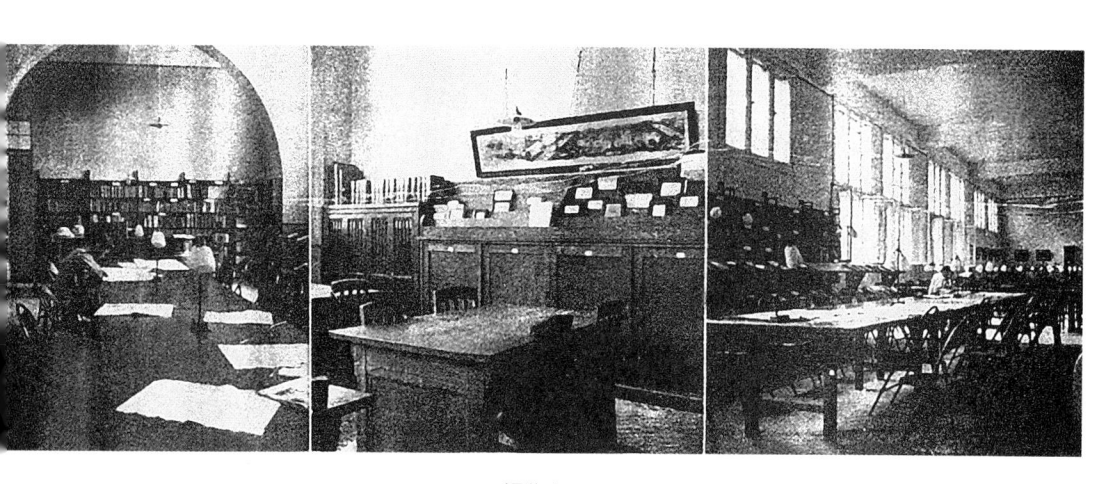

阅览室

(选自《天津工商学院1945班毕业纪念册》)

阅书室

（选自《天津工商学院一览》1937）

年，馆藏图书58000余册，其中西文图书2万余册，中文和日文图书2.2万余册。这其中包括1941年日本兴亚书院赠日文图书1896册，1942年学校毕业生捐赠图书196册。

截至1949年6月，津沽大学藏书为61662册。其中外文图书35886册，中文图书25776册。之后，由于一些院校并入学校，又增加了部分图书，如与达仁学院合并，接收图书6749册。截至1951年底，学校馆藏图书达85000余册，其中善本书363种，4959册。有力地配合了各学科教学、科研的需求。

建校初期，学校收藏了一些西文古籍，其中以1548年出版拉丁语图书为最早。书名为《Opera》(*titre manuscrit, manguent les 212 Premieres Pages Thoma Malleoli a Campis Dans le meme volume: Sermones et exhortiones ad monachos, Jean de Tritheme*，1548—Latin.)。

六、教学设施　　图志

图书室

（选自《天津工商学院一览》1937）

图画室

（选自《天津工商学院一览》1937）

又如于1674年由南怀仁制作的《坤舆全图》，比利时安特卫普出版社于1601年出版的《奥泰礼世界地图册》等，皆为极珍贵之藏书。

关于期刊、报纸方面，天津工商大学至私立津沽大学时期，出版的各种期刊（含月刊、半月刊、季刊、周刊、半年刊、不定期刊及活页等）40余种。如《工商大学校刊》《工商大学公教学生》《工商杂志》《工商学报》《工商学志》《公教学志》《北辰杂志》《津沽大学年刊》《中学生》等。天津工商大学至津沽大学时

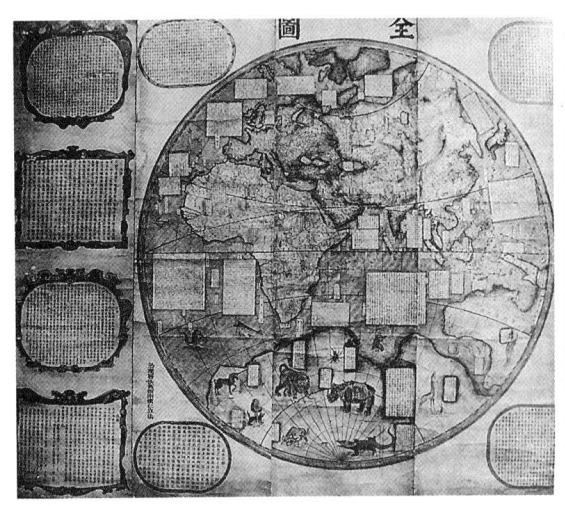

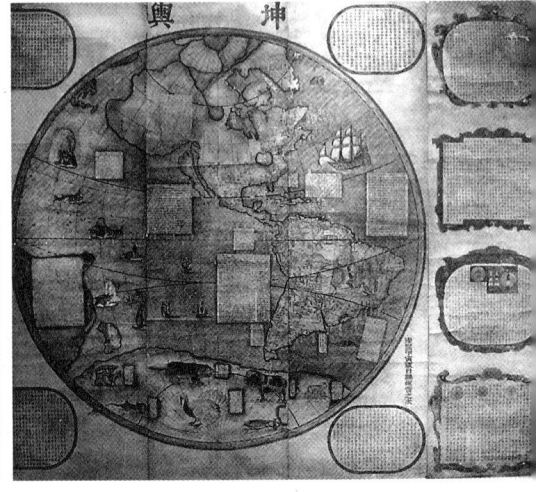

物理小工厂

（选自《天津工商学院一览》1937）

坤舆全图

（河北大学图书馆2003年摄）

期馆藏报纸达 25 种，以《申报》《京报》收藏时间最早，分别为《申报》1872.4—1949.5，《京报》1888.6—1910.10。建校初期订购及交换的刊物均为与学科有关且为世界各国著名的工商业期刊。

自建校至 1949 年 1 月，学校馆藏期刊 1503 种，其中不乏很有影响的期刊。①

## （二）仪器设备

学校工商学科，重视实验教学，对于教学仪器设备的购置，较之于国内先进学校，尚觉未逮，但力之所及，务求完善。大量设备购自欧美，颇为先进，在中国教会大学和私立大学中最为完善。

**物理实验室**　1930 年建成，主任邓惠达（法）。室内面积 3000 平方英尺，可容纳百人，内附一小工厂，可容纳 30 人同时工作。各种物理仪器应有尽有，而且非常先进，如 X 光机与高频率放电器，李氏简谐曲线振绘像以及电流配备装置等。电气工程设备完善，对较高级物理实验亦能满足需求，室内有些小规模仪器为学校自制。

**化学实验室**　1930 年建成，主任房如晦（法），长期教授化学及化学实验课。室内面积 1722 平方英尺。内分五处，一为普通化学实验室，二为化学材料室，三为教员特别实验室，还有两处均为化学分析实验室。采用最新制度系统管理。购置化学药品共 4000 种以上，并且储量丰富，各种化学实验仪器应有尽有，在同一时间可供 80 人使用。实验室的沙氏天秤，准性为万分之一克，在当时弥足珍贵。

---

① 崔广社撰：《工商学院·图书期刊》，见 2001 年版《河北大学史》编纂委员会编：《河北大学史》第一编第七章第一、二节，内容有新增。

物理实验室

（选自《天津工商学院一览》1937）

**材料实验室** 1937年建成，主任贝兴仁（法），应天津工商大学院务长饶满恒（法）邀请于1937年来天津工商大学创建材料实验室，长期担任工厂实习和材料实验教授，后任机械系主任。室内面积3300平方英尺（含储藏室），设有十万磅锐利万能材料试验机，三万磅压力试验机等多种设备。1940年以来又添置多种用于实验的新装机械，如供道路材料实验用的多种压碎机等，实验室设备越发完善、先进。后向南开大学、北洋大学等校开放，共同使用。

**电机实验室** 1937年建成，主任邓惠达（法），自1937—1946年任主任，讲授电学、力学、微积分、物理学等课程。电机实验室面积约占1700平方英尺。可容约8组学生（每组3人）同时实验，实验室内设有德国西门子多种发动机、电动机以及变电器等。

**热机实验室** 1937年建成。主任邓惠达（法）。实验室内面积约占1700平方英尺，并设有各种进口发电机及发动机，包括汽油直流发动机、柴油发电机、西川汽车引擎、飞机发电机、汽油直流发电机、小蒸

六、教学设施　　图志

物　理　实　验　室

（选自《天津工商学院 1944 班毕业纪念册》）

天津工商大学——津沽大学时期（1921—1952）

化学实验室

（选自《天津工商学院 1944 班毕业纪念册》）

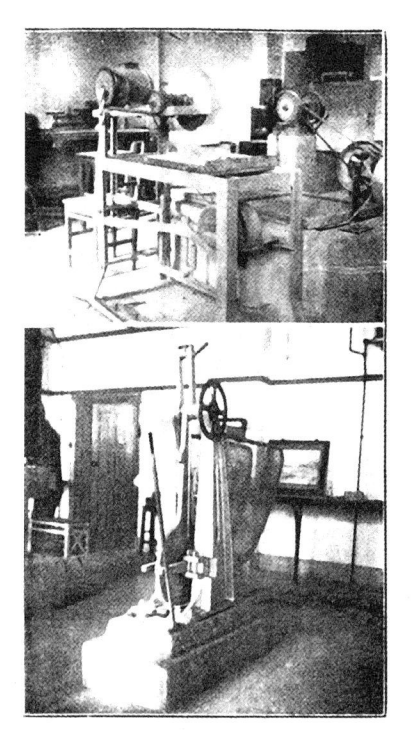

六、教学设施　　图志

材 料 实 验 室

（选自《天津工商学院 1944 班毕业纪念册》）

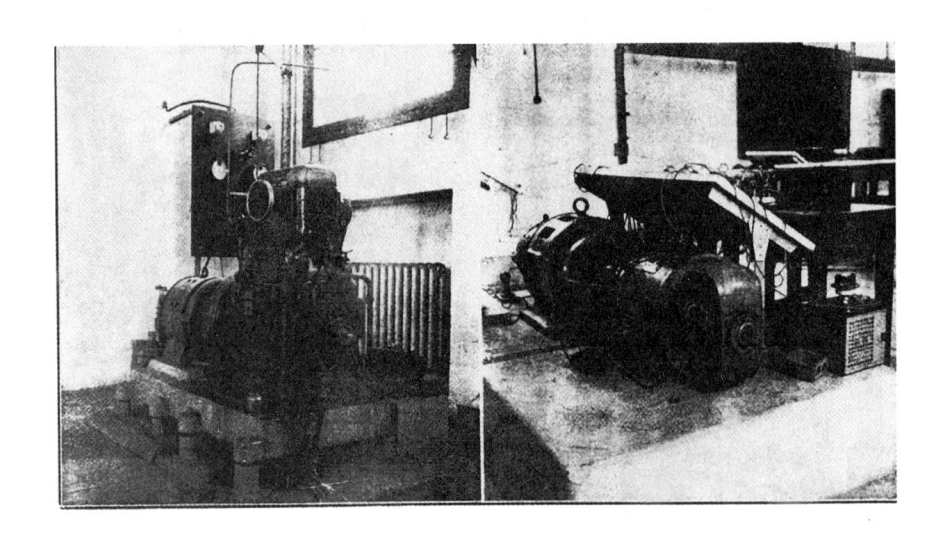

电 机 实 验 室

(选自《天津工商学院1944班毕业纪念册》)

六、教学设施  图志

热机实验室

木工实验室

（选自《天津工商学院 1944 班毕业纪念册》）

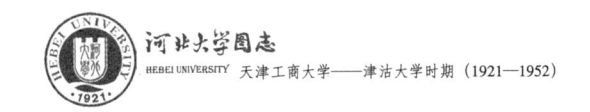

汽机、625 千瓦蒸气透平交流发电机等。

**金工厂** 1935 年建成，主任贝兴仁（法），1937 年 10 月 3 日到达天津工商学院，即投入工作，着手安装材料实验设备。1946 年扩充设备，添置了各种车床如镟床、铣床、刨床等，还有钻眼机、电锯、磨光机、砂轮、虎头钳等。这些车床设备有中国制造的也有外国制造的，还有 UNNRA 赠送的。车间配置的设备许多是贝兴仁以及工厂技术员自己画图设计，冶炼和加工制造的。工厂自制的车床、铣床、牛头刨床受到天津买主一致好评，可与进口机器媲美。金工厂占地约 5000 平方英尺，分车工部、案工部、焊工部、锻工部、铸工部。锻工部和铸造工部在金工厂后门外，用于粹火及铸造。抗日战争胜利后，北洋大学等校回天津重新组建，因为国立大学当时尚未恢复建立自己的实验室，贝兴仁很高兴与他们合作，允许他们的学生来天津工商学院上课。

**木工厂** 1938 年建成，主任卫秉仁（法 1938—1942），该厂由他组建。工厂配置有优质的机器设备和细木车间，5 架做木工用的德制机床于 1939—1940 年添置进厂。厂内还设有自动木刨床、长孔打眼机、铣光面机，以及高效率带锯、磨刀机、木镟床等设备。

**水力实验室** 设有马力三相电机、离心力抽水机、奥特式流速测定仪，以及水表、万都利氏管等设备。

**测绘室** 设有测平仪、经纬仪、定线仪、六分仪、测角仪、罗盘仪、八边形垂线测定仪、折光式重线测定仪、平板仪，以及垂板式测望标、望远镜式测望标、面积计算器、测尺、钢尺、标杆等设备。

**地震仪室** 陈列俄国科学家贾理精所发明之地震仪一台，华北仅此一台。

**工业陈列所** 以陈设各种建筑模型、图册为主。各种建筑材料齐备，标明价格，分类陈列。

**商品陈列室** 建校之初为商科学生设立，此后不断拓展。作为学

六、教学设施

金 工 厂

（选自《天津工商学院 1944 班毕业纪念册》）

本校地震仪
（选自《天津工商大学 1931 班毕业纪念册》）

生参考和教授研究之用。所陈列商品种类繁多，总计不下四十多类。分为羊毛、棉、皮毛、油等数十类。以羊毛为例，其中有中国羊毛 10 种，澳洲羊毛 32 种，新西兰羊毛 9 种，法国及阿根廷羊毛 22 种等。此外有各大工厂、商店目录多种。另备显微镜两具，以显示纤维及其他用项。

**商品检验室** 积校方历年苦心添置，各种商品检验仪器无不具备。一切仪器及检验方法皆以国内商检局及欧美各国最新标准为主。内设天

商品陈列室
（选自《天津工商学院一览》1937）

称仪、烘干器、折光器、比色计、比色及比浊计、偏光计、粘度计、闪光点试验仪、比重仪、调热计、分离器。其他还包括如各式高倍显微镜、纺纱支数计算秤、绞旋数检查器，以及各种油类、蛋黄品、果仁类的检验仪器等设备。

截至 1949 年 6 月，私立津沽大学仪器数量为 1126 件。[①]

商品检验室

（选自《天津工商学院 1945 班毕业纪念册》）

---

[①] 阎玉田撰：《仪器设备》，见 2001 年版《河北大学史》编纂委员会编：《河北大学史》第一编第七章第三节。今对原文做了压缩，增加各实验室主任情况；原缺水力实验室、地震仪室、测绘室及商品检验室等情况，今据《工商向导》（1940 年）、《工商生活迎新特刊》（1943、1944 年合订本）、《私立津沽大学一览》（1949 年 6 月）等材料补充。

## （三）体育设施

校内体育设施，包括有露天网球场、篮球场、排球场、足球场、田径场，乒乓球室等场所。冬季还有冰场。拥有各种体育器材和运动用品，如各种球类，标枪，铁饼，跨栏，跳高架，跳坑，单、双杠，独木桥，等等。①

天津工商学院体育场全景之鸟瞰
（选自《天津工商学院一览》1935）

---

① "体育设施"，据《工商向导》（1940 年）编写。

六、教学设施

天津工商学院新运动场
（选自《天津工商学院1937班毕业纪念册》）

# 七、办学经费

　　自天津工商大学开办直到 1951 年津沽大学改国立之前，学校属于私立性质，在罗马教廷教育部立案并接受指导，其办学资金来自多方筹措，主要渠道为罗马教廷教育部津贴、法国耶稣会拨给教区的传教经费、其他教会机构和教友个人的捐赠、天津教案付给法国教会的赔款、庚子赔款分给法国耶稣会的款项、法国政府津贴等。这些，都由直隶东

本科大楼侧面
（选自《天津工商学院 1940 班毕业纪念册》）

南教区账房——崇德堂经营拨付。

据1931年工商大学呈请核准设立用表之（一）载学校经费来源：基金150万元，有价证券及现款现时存在国外银行，息金9万元；学费2万元；私人常年捐助金8万元；其他4万元。[1] 其经费运行情况，据用表之（二）载：经常费23万元，其中俸给费11.3万元（职员俸给2万元，教员俸给8.9万元，校役工食0.4万元）；办公费2.4万元；设备费5.3万元（图书0.8万元，仪器标本4万元，校具0.5万元）；特别费3万元，计22万元。加上临时费1万元，合计23万元。[2] 据用表之（三）载：建筑费：购地28.2万元，建筑校舍49.5万元，建学生宿舍7万元，建图书室2万元，建实验室1.5万元，其他1.2万元；设备费：购中国图书0.442万元，购外国图书6.726万元，购仪器标本8.3万元，购校具4万元；其他：围墙0.5万元，商品陈列所0.35万元，工业品陈列所0.3万元。[3] 第二次世界大战欧洲战场战争爆发，西方国家捐赠大幅度减少。1940年6月，法国战败投降后，欧美各国捐款几乎全部断绝，办学经费极度困难，学校决定停办法律系，同时停办土木工程专业和建筑科一班和二班。此决定受到全校师生抵制，为渡难关，校友会发起补充基金募捐运动，深蒙社会人士赞助，成绩颇称圆满。

1948年1—6月学校收入（法币）：学费298832.8万元，教会补助699648.1916万元，杂益13258.945798万元，共计1011739.936798万元。7—12月收入（金元券）：学费5.58043万元，教会补助8.127416万元，共计13.707846万元。

津沽大学1949年2月：罗马教廷补助：4000万元；法国政府补助：

---

[1] 河北大学档案 B—11—1。
[2] 河北大学档案 B—11—1。
[3] 河北大学档案 B—11—1。

接受外国津贴高等学校处理情况调查表

（河北大学档案馆资料）

360.2万元；耶稣会津贴：1224万元。（经费数字皆按上期金元券计算）本学期学费尚未议定。私人捐助及其他（利息）尚无收入。①

据津沽大学1952年5月17日填报的《接受外国津贴高等学校处理情况调查表》，在"处理前一年（1951）接受之外国津贴"栏目中，学校外国津贴来源于罗马耶稣总会，折合人民币（按接受时牌价折合）为932476493万元；在"处理前一年经费收支情况"栏目中，"收入"一项（单位：万元）有学杂费73.069万元，利息1.982万元，外国津贴93.247万元，其他3.094万元，合计171.392万元。"支出"一项（单位：万元）有经常费158570万元，临时费10227万元，其他788万元，合计169585万元。

---

① 河北大学档案51—05—41。

1951年9月,津沽大学改为国立。学校经费全部由中央人民政府教育部、财政部统一拨款,交由天津市人民政府颁发。该年核定预算为852845.0128万元(旧币)。

# 八、办学特色

天津工商大学——津沽大学的教学体系和管理方法与当时的国立大学并无不同，但具有自己的明显特点。学校有工科、商科和文科，工、商两科创设最早，也最为有名，在平津乃至华北都享有较高声誉。文科各系建制虽大多在40年代中期或后期设立，但发展迅速，学校很快形成工、商、文、理兼备的教学体系。

天津是华北经济中心，工商业大城市。对工程师、建筑师、机械师、会计师、企业管理人才和文史专门人才等需求量极大，为造就这些领域专业人才，学校建立了一整套比较科学的教育体制和管理制度，以确保培养目标的实施。

学校办学特色鲜明，在课程设置、业务实习、教材建设、考试制度、师资队伍、工作效率等方面特点明显。

## （一）课程设置

天津工商大学侧重实用基础知识和应用科学。认真做到学工的要学会设计施工，学商的要学会从事国外贸易，通晓企业管理。学校坚持培养学生成为职业土木工程师、建筑师、机械师、会计师、企业管理专门人才的全面训练，强调培养造就应用型人才，并坚持朝着学科设置与专业实践紧密结合的教学方向发展。1943 年，增设文科以后，学校还要培养造就具有中外文学、史地、家政等专门知识的大学生。

学校所设各科课程，以及各新系的产生，无不与学校实力雄厚的基础学科有直接关系。兹以该校 1940 年工、商两学院四系课程设置为例，进而说明实用基础知识和应用科学之间的有机联系。

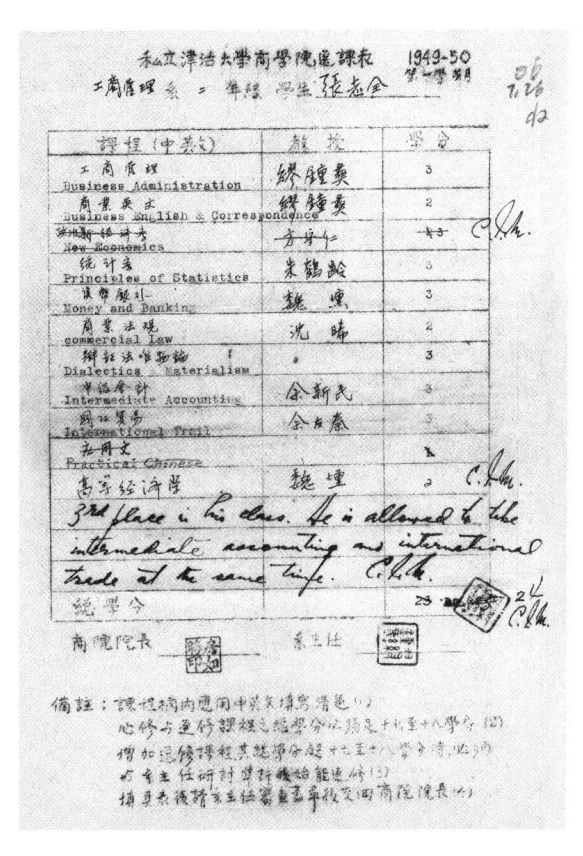

**天津工商学院各系课程表（1940 年）**

商学院学生张志全选课表
（校友张志全先生提供）

**工学院**

**土木工程学系**

一年级　国文、方法论、英文、微积分、物理、物理实验、分析化学、化学实验、工程地质学、机械制图、画法几何、画法几何制图、测量学、测量实习；

二年级　现代论题、第二外语、微积分、物理、物理实验、工程制图、力学、材料力学、工艺学、工厂实习、测量学、测量实习、房屋建筑学、建筑制图；

三年级　现代论题、工程材料、材料试验、应用力学、大地测量、构造架、构造设计、钢筋混凝土学、钢盘混凝土设计、圬工及基础、水力学、电机工程、电机试验；

**四年级** 经济学、簿记、工程契约、硬架构造学、构造设计、桥梁设计、给水工程、给水工程设计、污水工程、暖房及通风、水利工程学、水利工程设计、热机学、热机试验、铁路曲线及土方、铁路工程、道路工程、铁路设计、论文。

**建筑工程学系**

**一年级** 国文、方法论、英文、微积分、物理、物理实验、机械制图、画法几何、画法几何制图、徒手画、测量学、测量实习；

**二年级** 现代论题、第二外语、微积分、水彩画、透视投影学、力学、材料力学、木工实习、测量学、测量实习、房屋建筑学、建筑制图；

**三年级** 现代论题、工程材料、材料试验、构造学、构造设计、钢筋混凝土学、钢筋混凝土设计、圬工及基础、高级房屋建筑、建筑理论、建筑史、建筑设计；

**四年级** 经济学、簿记、工程契约、硬架构造学、构造设计（三）、构造设计（四）、建筑设计、内部装饰、建筑师办公、照明学、工程估计学、暖房及通风、暖房设计、城市设计学、城市设计、家庭卫生、论文。

本院人士设计制作之工商机床 1940 号落成纪念

（选自《天津工商学院 1942 班毕业纪念册》）

物理教室

（选自《天津工商学院一览》1935）

**商学院**

**会计财政学系**

一年级　社会学、商业地理、商业数学、簿记学、法文、国文、英文、现代史、日文；

二年级　基本问题、经济学、商业、商业地理、商业数学、商业会计学、普通商业、英文公牍、英文、法文、经济史、日文、成本会计；

三年级　基本问题、经济学、商法、商业地理、统计学、国际贸易、法文、保险学、英文、经济史、现代经济论题、审计学、财政学；

四年级　基本问题、商法、工商管理、社会经济论题、运输学、银行学、国际汇兑学、人寿保险学、商业史、政府会计、财政法规、财政学。

**国际贸易学系**

一年级　社会学、商业地理、商业数学、簿记学、法文、国文、

英文、现代史、日文、有机化学、分析化学、化学试验；

**二年级** 基本问题、经济学、商法、商业地理、商业数学、商业会计、普通商业、英文公牍、英文、法文、经济史、日文、仪器分析化学、化学试验、实用化学；

**三年级** 基本问题、经济学、商法、商业地理、统计学、国际贸易、法文、保险学、英文、经济史、现代经济论题、商品试验、商品学、实用化学；

**四年级** 基本问题、商法、工商管理、社会经济论题、运输学、银行学、国际汇兑系、人寿保险学商业史、商品学、商品试验、实用化学。

（资料来源：《工商向导》1940年）

从以上工、商两院各系课程设置看，明显具有侧重实用基础知识和应用科学特点，培养目标明确。工、商两院各系均为4年学制。各系学科配置较为合理，学生所学知识面较宽。毕业后与所学专业结合密切，适应能力强。所设课程皆为必修，选修课很少，只有神学课和法语课。此外，从课程设计还可以看出，工学院土木系和商学院会财系是学校的基础专业，实力雄厚，课程内容全面广泛。由此为基础，分支出建筑系，国贸系以至以后又分别衍生出机械系和工管系是顺理成章的。工学院土木、建筑两个系，四个年级共同课程很多，建筑系4年共52门课，土木系4年59门课，两系重复课程为34门。1940年商学院两个系，会计系4年开设47门课，国贸系4年开设53门课，两系重复课程41门。从而可以看出两大基础学科雄厚的实力所在以及学科之间的联系与区别。

## (二) 实验、实习、毕业设计

工、商各科除规定有校内实习课程之外,还须到校外实习。工科有工业实习课,学校暑假期间介绍学生到工厂实习四星期;商科有商业实习课,学校暑假期间介绍学生到银行、商店实习四星期。家政系课程还规定多种实习课。工、商各系毕业时还有毕业实习,学生要写出实习报告。通过这些教学环节的实施,毕业生可以在工作岗位上,独当一面。

野外考察
(河北大学档案馆资料)

根据1951年毕业于津沽大学土木工程系并留校任教的金永清先生回忆,学校的实验、实习和毕业设计课是具有鲜明特色的。金永清回忆:"大学物理、电工学、热工学、材料力学、土壤力学等课程,结合教育进度以作相应的实验,写实验报告。学习测量后,需要在校内和附近街道做测量实习。学会使用平板仪、水平仪、经纬仪、六分仪等测量仪器,需要作地形测量并详确地记录所测出的有关距离、角度等数据,并绘出平面图;二年级暑假去北京颐和园再作二周测量实习,不仅要写实习报告,绘出平面图,还要根据所测的等高线,用厚草板

天津工商大学——津沽大学时期（1921—1952）

实验工厂
《工商学院一览》（1937）

纸按比例制作一个地形模型；毕业前还要做一次天文测量，测出的时间与最准确的欧米加表对照，快慢不得相差一秒钟。学习金属二学时，每周在金工厂实习半天，练习基本功（锤正六方体一块，小扳子一把）和车床操作技术（作一个螺栓和螺母）。三年级暑假学校组织全班同学去各地进行三个月的毕业实习，我和2个同学去东北铁路局学习苏联的新养路法和养路工人同劳动，通过在劳动中的观察和实地操作，对理论联系实际大有好处，课堂上讲的铁桥与桥礅如何铰接、铁路上如何留出伸缩缝等就很好理解了，且记忆深刻，为毕业设计打下一个良好的基础。"

"毕业前的那个时期，主要是做一个比较完整的工程设计。毕业设计要求计算准确，图面整洁，标题、注解等一律用仿宋字体书写。说明书要简明，按照真的工程设计去做。我和王之斌、赵书麟三人的设计题目是设计一条几十公里长的山地铁路。根据老师给的地形图，从选线、定线、站场选址构思开始，对线路、隧道、涵洞、桥梁、车站等一一作出设计和土石方计算等，把4年里学到的有关理论知识综合运用到设计中去。在设计中，我们曾大胆提出在隧洞口连接一座弧形大桥的设想，至今记忆犹新，从设计构思、方法到技能技巧各方面都得到了锻炼。在工程制图和设计课上，教师针对我们初次接触这类课程的情况，拿来一些往届学生中的优秀作业或工程部门的设计图纸让大家传看，作为示范，启发和鼓励我们把作业做得更好，受到了同学们的欢迎。"[1] 今天看来，金永清这段回忆，非常扼要地把4年来在土木系学习和实践的基本过程真实生动地反映出来。极为鲜明地揭示出津沽大学在该学科领域中的办学特色和成果。

## （三）教材建设

工、商各科大多不采用现成教材，而是采用由任课教师自编讲义和笔记解读等形式。学校意识到这种办法可以促使教师及时掌握学科前沿和新的动态并写入讲稿，再用笔记加以说明，从而保证讲稿内容永远紧跟科学发展脉搏。为适应社会需要，不少教师开发出了必要的新课程，编写出新的讲义，扩大学生知识领域。如高镜莹教授任土木系主任期间，首次为该系增设超定静结构工程、流体力学、土力学、水利工程学等新学科，并且亲自编写出这些课程的教材，使教学紧跟时代步伐，保证了教学的高水准、高质量。

---

[1] 金永清：《回忆津沽大学》，刊于《天津文史资料选辑》1996年第4期，天津人民出版社。

## （四）考试制度

严格频繁的考试制度，造成极高的淘汰率。从天津工商大学的开办到私立津沽大学改为国立，学生毕业生数占总注册学生数的17%左右。与其说是教会大学的通例，倒不如说是工商的一大特色，客观上确保了毕业生的高质量。

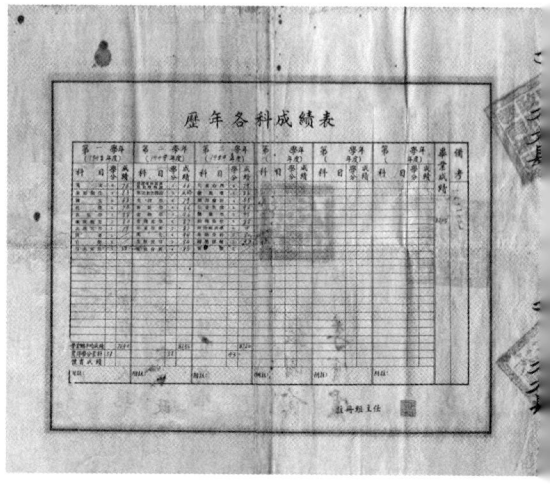

正面　　　　　　　　　　　　　反面

津沽大学文学院家政系罗怡祖毕业证书
（校友罗怡祖女士提供）

天津工商大学的考试多是出了名的。普通的作业要算每月的"月分"。课本上的题目，老师不向学生要，那是让学生自己去研究的；每周的练习和每月一次口试很多。这两项分数就代替了作业应得的"月分"。考试严格频繁，除期中、期末和毕业大考之外，平时有星期考，每周考一门课。星期考是在每星期六举行。考试时间是从上午9时至11时半。考试时全校教职员一律出动，训育主任、各科主任也在考场中来回巡视。如发现作弊者，将作弊学生的名字挂在训育布告栏上公布，并记大过一次。

星期考几乎从开学第一周起一直考到放假，使学生没有一天懒散，也没有一次侥幸。有关津沽大学时期考试特点，金永清先生回忆："主要课程如微积分、力学等，经常在课程进行小测验，事前不通知，每次出2—3题，作为平时成绩。教师根据学生中暴露出的问题，在下次课堂上做有针对性的解答，对我帮助很大。每学期末集中考几门课，试题难易均有，评分严格，很少有100分的。这些测验、考试对学生完成作业和认真读书起到一定的督促作用。考试作弊的学生是极少数的。"① 自天津工商大学至津沽大学时期，学校已经建立起一个比较科学的教育管理体系，从入学、平时考试到毕业考试，制度严格，淘汰率较高。如首批学生入学时为48人，毕业时只有12人(其中工科8人，商科4人）参加毕业典礼，仅3人获毕业证，其他获肄业证，其他年度类此。学生考试成绩不及格，校方给予警告、留级甚至开除等处分。

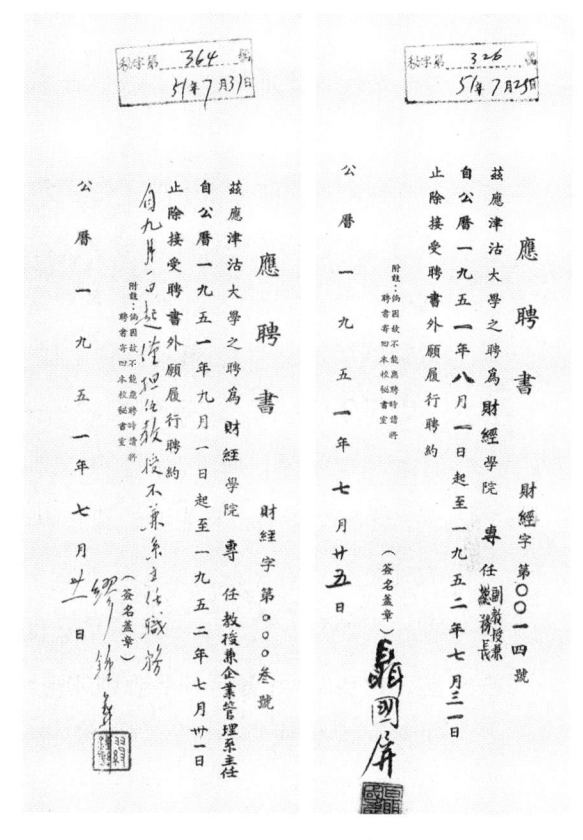

教师应聘书
（河北大学档案馆资料）

学校对教师一视同仁，老师迟到、早退，教学质量不高，要受批评，扣工资，严重的要解聘。

---

① 金永清：《回忆津沽大学》，刊于《天津文史资料选辑》1996年第4期，天津人民出版社。

## （五）教师队伍

教师队伍业务水平决定教学质量。天津工商大学的法国耶稣会士大多为专职教师，他们除参与学校各行政事务管理外，还教授很多课程，其中不少人是各领域内的著名专家。1927年逐渐改为英语授课，英美教师增加。20世纪30年代，学校外籍教师来自14个国家，他们教授了大部分专业课。这些教师大多是在工商企业中从事实务的工程师、会计师和律师等，属于兼职。中文和部分专业课由中国教师讲授。1933年，学校立案后，华人专任和兼职教师人数超过外教。天津工商学院的教师质量一直保持高水平，外教中知名教师如裴化行、裴百纳、卜怀礼、尚建勋、斐士、慕乐、暴安良、房如晦、贝兴仁、明兴礼、邓惠达、田执中等；华人知名教师如高镜莹、华南圭、李书田、王华棠、沈理源、陈炎仲、马沣、谭真、袁贤能、侯仁之、齐思和、阎子亨、吴玉如、朱星元、李宝震、李世麟、张铸、方豪、张国藩、李吟秋、缪钟彝、沈晞、李奎耀、李建昌、刘豁轩、张肖虎、管锦康、过祖源、林镜瀛、张杰民、孙家琦、孙家玉、徐世大、魏埙、杨生茂、徐忠杰、裴学海、石毓符、季陶达等。其中有些教师为兼任，兼职教师暑期前发聘书，教师接不到聘书即为解聘。大学解聘不胜任教授和延聘优异教授同等重要。此种机制确保了教学质量的持续增长，也是学校可持续发展的决定因素。学校外籍人员和华人在教学和管理上的共同合作，客观上促进了学术气氛的活跃和中西文化的交流。[①]

---

[①] 胥仕元撰：《工商学院·教师队伍》，见《河北大学史》编纂委员会编：《河北大学史》第一编第四章第四节，有增删。

## （六）工作效率

"这所大学自开办至私立津沽大学时期，教职工人数不多，校内耶稣会士有着科学的管理制度，教职员非常讲求工作效率。相当数量的教师兼职行政工作，管理机构极为精简。津沽大学改私立为国立前，学校发展成3院10系，在校生800余人的规模，而学校仅有校长1人；3个学院各有院长1人，别无其他办事机构和工作人员，院长还都兼一些课；系也是仅有系主任，没有其他工作人员。校长之下设有教务长1人，教务处也仅有两三名办事人员；训导长1人，有舍监若干人（均为神甫、修士或修女）；总务方面约有三四人，还要管学生食堂及勤杂人员。教师中除了十几位神甫和少量专职教师外，多数为兼职教师。工勤人员和技工人员很少。"[1]1953年，经济学家于光远在天津作报告时，认为津沽大学教职工与全国的大学相比是最精简的，还建议各大学参照研究管理学校的方法。[2]

---

[1] 金永清：《回忆津沽大学》，刊于《天津文史资料选辑》1996年第4期，天津人民出版社。
[2] 李宝震：《津沽大学的变迁》，刊于《天津文史资料选辑》总第57辑，天津人民出版社1995年版。

# 九、学生概况

本章节主要对天津工商学院时期学生的来源与组织、课余生活、工商管弦乐队、科技与业务实践、就业状况以及公教生活等六个方面进行概要介绍。

## （一）严密规范、自治自理——工商学生的来源及组织

天津工商学院时期，学校每年暑假在天津、北平、济南三处同时举行招生考试一次。但从历届被录取学生籍贯分析来看，远远超出招生地之范围。实际上，学校招生所涉及的省市主要有河北（含天津）、北平、山东、江苏（含上海）、浙江、福建、广东、广西、辽宁、黑龙江、安徽、江西、贵州、湖南、湖北、山西、四川、河南等地，其中以河北籍学生最多。考试科目：工科有国文、英文（笔试及口试）、几何、高等代数等12项；商科有国文、英文（笔试及口试）、几何、代数等8项。必须是"高中程度"毕业生，才有资格报名考试。[1]入学后，学校对学生进行严密规范的管理，入学、转学、休学、毕业、纳费（包括奖学金

---

[1] 《私立天津工商学院一览》，1935年。

及减免学费)、试验考绩，以及教室宿舍、图书馆、接待室等，一切皆有章可循，制度完备、明确具体。

**话剧社全体职员演员合影**
(选自《天津工商学院 1941 班毕业纪念册》)

天津工商学院学生的组织众多，校、科（系）、级、班各级皆有。从活动性质看，大致有"文娱体育类"的工商体育委员会、游艺会、国术团、昆曲社等；"生活类"的膳食合作社、消费合作社等；"学业类"的商学研究会、数学研究会、物理研究会、通俗科学讲演团等；"综合类"的学生自治会、学生俱乐部、校友会、班长会等；"辅助教学类"的消防、体训等组织；"时效类"的援绥会、抵私团、毕业纪念刊编辑委员会等临时性组织。

这些学生自行筹办并开展活动的团体，为加强学院学生的"组织化、团体化和纪律化"[1]，为发挥学生的兴趣特长，锻炼学生的自治自理能

---

[1] 邓红撰：《工商学院·学生组织》，见 2001 年版《河北大学史》编纂委员会编：《河北大学史》第一编第五章第二节，有改动。

力，培养学生服务同学、服务社会的观念，提高学生及学校的声誉，都起到了积极的推动作用。例如，1936年成立的工商新闻部，主要从事三方面工作：第一，将学校的各方情形通报同学和社会。途径是写成新闻送到各报馆，并向校内各刊物输送稿件。第二，对一切有关工商的社会消息进行报道。第三，督促同学关注国家大事。如绥远抗战期间，新闻部每天编写"新闻辑要"，使同学们及时、准确地了解抗战情形，激发同学们的爱国热情。"七七事变"后成立的学生"自办伙食"的膳食合作社亦相当成功，基本达到了"解决同学的吃饭问题，减轻同学的饭费负担"的目的。①

## （二）丰富多彩、"成绩昭著"——工商学生的课余生活

天津工商学院学生的课余生活丰富，五彩缤纷的文体活动，吸引了学生的普遍关注和参与。在文娱方面，以国剧社、话剧团、口琴会、杂技会、昆曲社、管弦乐队等学生团体为骨干，经常开展文娱活动，弘扬中国戏剧，提倡国乐，培养同学对话剧的兴趣，帮助同学熟谙普通乐理，了解西乐，形式多样，参者踊跃。尤其话剧团上演曹禺名著《原野》，为华北之首，影响巨大，"在当时可谓是疯狂整个津沽"。此后，各地剧社陆续上演，使《原野》迅速扬名华北、华南各地。②

体育运动在天津工商学院非常普及，校、院、系、班都有体育组织。学生自由组合的运动队更是众多，如1936年有"华光"等篮球队

---

① 邓红撰：《工商学院·学生组织》，见2001年版《河北大学史》编纂委员会编：《河北大学史》第一编第五章第二节，有改动。
② 邓红撰：《工商学院·学生活动》，见2001年版《河北大学史》编纂委员会编：《河北大学史》第一编第五章第二节，有改动。

九、学生概况

田径队

（选自《天津工商学院 1935 班毕业纪念册》）

女子篮球队

（选自《天津工商学院 1947 班毕业纪念册》）

20余个,"前进"等足球队七八个,"长虹"等网球队 10 余个,"星期六"等垒球队四五个。体育赛事频繁,尤其各种球类比赛经常举行。校内最大型的运动会是一年一度的春季运动会,除工商男女学生外,另设"公开组",由天津工商学院校友、南开、法汉、民队、汇文、圣路易等组队参加。比赛精彩,1941 年春运会"破纪录者不下十余项"。来宾甚众,有时多达 5000 余人,社会反响热烈。①

天津工商学院学生还积极参加校外比赛,且硕果累累。如 1935 年 5 月河北省天津区运动会,天津工商学院获团体总分第二名,径赛总分第一名,个人总分第一名。1936 年天津市运动会,天津工商学院学生获高栏、中栏、跳远、跳高冠军;篮球队在 1940 年 11 月至 1941 年 6 月的 31 次对外比赛中,获 13 胜的成绩;排球队在 1940 年的比赛中亦称雄京津地区……正如 1944 年《工商生活迎新特刊》所说,工商体育"已进入普及的时期,校内的运动活泼的展开,各种球类的班际比赛尤为热烈,同学对运动的兴趣也日增一日,排球在沽上是永执牛耳的,篮球队除在津沽球坛奠定了不可毁灭的声誉外,重征故都四大学府'北大、辅大、师大及中大'皆操左券是最难能可贵的"。②

1945 年 10 月,1947 班土木系同学

(选自《天津工商学院 1940 班毕业纪念册》)

---

① 邓红撰:《工商学院·学生活动》,见 2001 年版《河北大学史》编纂委员会编:《河北大学史》第一编第五章第二节,有改动。
② 邓红撰:《工商学院·学生活动》,见 2001 年版《河北大学史》编纂委员会编:《河北大学史》第一编第五章第二节,有改动。

于抗日战争胜利后兴奋之余,"感于民众教育之迫切,乃创办课余义务学校。担任教学工作者,几全为本班同学,于读书之余,复周旋于贫苦儿童之间,或辨字析义,或操琴教歌,虽声嘶力竭,然乐在其中……"①

在工商做学生　在义校做先生
(选自《天津工商学院 1947 班毕业纪念册》)

## (三)工商管弦乐队及莫扎特音乐会——工商学生的音乐成绩

天津工商学院管弦乐队成立于 1941 年春天。由同学郭道经、方道尧、陈濯、叶道纲等人发起,征得学校当局同意和赞助,更聘请音乐界名人——前清华大学西乐部导师张肖虎和前南开军乐队导师陈子诚二先生为义务指导。郭道经任队长,方道尧、陈濯为干事,分担队中事务。首先成立的是管弦乐队,队员分正副两种,正队员是比较有音乐训练而

---

① 张士铎:《土木系 1947 班班史》。

能参加合奏的同学；副队员是初学乐器的。正副队员都定期上课学习乐器，而正队员规定每周两次排练，张肖虎负责队务及团体练习，个人上课全由陈子诚负责。乐队十分之九的乐器是张肖虎借来的，个别队员自备小提琴。乐队多次演奏于本校圣堂及欢迎蔡大主教的会上，成绩斐然，师生交口赞誉。乐队成员还有一些校外业余爱好者，他们以优异的技能及团体精神参加了乐队。暑假集中练习，日夜无间，马场道上管笛之声不绝于耳。1941年9月1日乐队首次以莫扎特作品音乐会公演于天津大光明戏院，一时轰动津门，人皆知天津工商学院有一支管弦乐队。暑假后开学，校方正式聘请张肖虎先生为导师教授，陈子诚先生为副导师。自此乐队组织严密，一切趋于正规。1942年夏，劳鹏飞修士来校，主持音乐事务，并兼提琴导师之职，乐队组织更为巩固，实力更强。由于天津工商学院管弦乐队多次在津公演，津门音乐空气日渐浓厚，影响巨大。乐队以首次公演最为隆重庄严，乐件齐备，队员皆为国人，实为

莫扎特音乐会

(选自《天津工商学院1941班毕业纪念册》)

华北空前之举。众多演出中以第 6 次阵容最为整齐，动员天津中外音乐家数十人，主要节目除贝多芬第五交响乐外，并有张肖虎先生自作之狂想交响乐，旋律优美，为中国风味之乐曲。1942 年 5 月 23 日，校方为答谢募捐人士，乐队再度演奏于大光明戏院，极为圆满成功。听众赞誉交加，此次演奏几乎全部为本校队员，技术亦较前更有进步。学校对乐队更为器重并增加音乐助教指导。巅峰时期乐队拥有成员 40 多人。①

"在莫扎特音乐演奏会上，总指挥张肖虎，清华土木工程系毕业，酷爱音乐，留校为西乐部导师。1937 年抗日战争爆发后，因家庭原因未能随校南迁，后至天津，曾指导管弦乐队、歌咏团、口琴队，时常举办音乐会，教授钢琴及作曲。于音乐理论最深，创作歌曲，编写有关乐学基础、和声学、对位法等；陈子诚曾为南开军乐队导师。对乐器多才，举凡管弦乐器无一不通。方道尧先生，本校工三同学，乐队干事，

工商管弦乐队

（选自《天津工商学院 1944 班毕业纪念册》）

---

① 陈学坚：《管弦乐队小史》，刊于《工商生活迎新特刊》1943、1944 年合订本。

于提琴极努力，音质甘美，技术亦精，丁继高先生高足，在此会中表演竞奏曲。郭道经先生，乐队队长，小提琴功夫极深，以轻松、明爽、风味取胜，又擅口琴，本校口琴队为他一手举办，在此会上表演三重奏。刘光汉先生，本校校友，奏大提琴，并擅小提琴、口琴及其他乐器等，此次表演三重奏。沈湘先生，本校校友。在校时，有"歌王"之雅号，颇具独唱天才，气力充沛，嗓音甜润，所歌富有戏剧风，在女青年会举办歌咏比赛中夺冠。当时肄业于燕京英文系，副系音乐，此次音乐会中表演独唱。"[1] 此外，李菊红、刘金定等音乐界名人也应邀加盟。[2]

## （四）"学理及经验并重"——工商学生的科技活动

天津工商学院"对学理及经验采取并重主义"，"以养成各生勤奋、审度、推算、构作之习惯"，因之，学生的科技与业务实践活动非常丰富。

天津工商学院学生科技活动的重点是通过自办刊物和组织，切磋学问，增进学业，宣传科普，推动民众科学水平。如《工商生活》辟有"学术专栏"；《工商学生》常刊载学生科技活动的文章；《工商建筑年刊》中，学生的种种设计更是

在校生陈瀍设计的日规
（选自《天津工商学院1941班毕业纪念册》）

---

[1] 坚、秉：《工商管弦乐队及莫扎特音乐会之介绍》，《工商生活》1942年第3期。
[2] 《工商管弦乐队及莫扎特音乐会——工商学生的音乐成绩》，为吕志毅新撰。

九、学生概况

本校学生部分出版物

（选自《天津工商学院一览》1935）　　（选自《天津工商学院1942班毕业纪念册》）

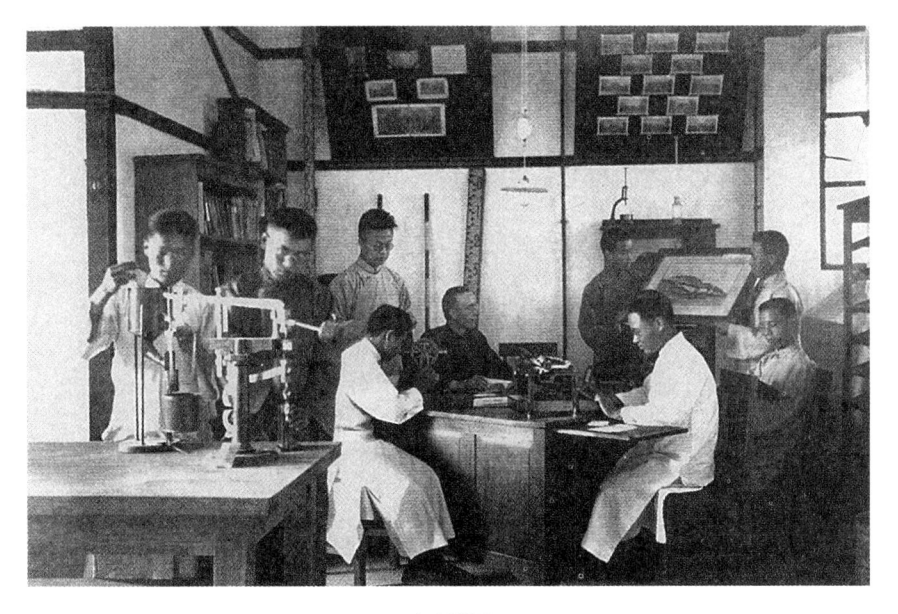

上实验课

（河北大学档案馆资料）

· 117 ·

主角;《工商大学季刊》多登载学生的实习报告和实习见闻;即使每年的《工商学院××班毕业纪念刊》,学生的"毕业论文题目"亦是重要组成部分。工商学生成立有许多学术性团体,"互相切磋,猜奇析疑",促进科学研究兴趣。如商学研究小组,数学、物理等研究会,英文研究会等。学生们利用课余时间学习讨论,或分赴各地参观,印证所学的理论知识。在宣传科普、促进民众科学文化水平方面成绩最突出的,是"工商通俗科学演讲团",成立于1937年4月,成员为天津工商学院本科学生。他们借仁昌广播电台,向天津市民作每周1小时的广播演讲,演讲内容为自然科学和社会科学常识。①

## (五)"造就熟练现代专门技术、前程远大的青年"——工商学生的就业状况

天津工商学院的宗旨是:"力使本院为一标准化现代化之最高学

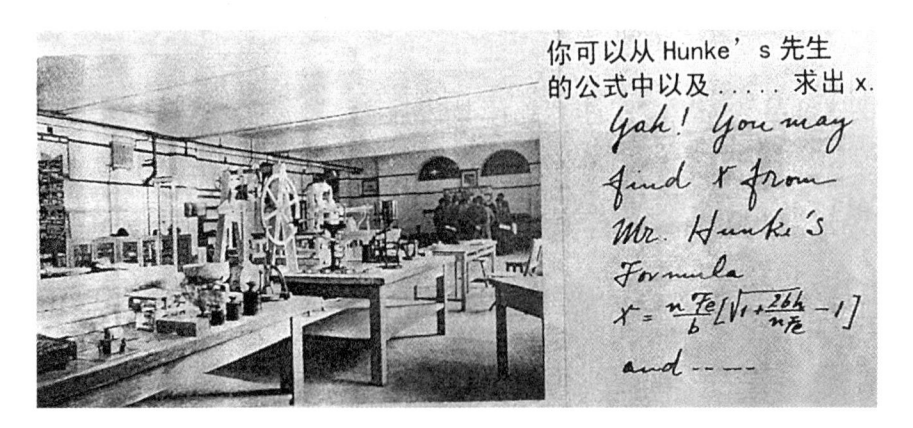

(选自《天津工商学院1938班毕业纪念册》)

---

① 邓红撰:《工商学院·科技活动》,见2001年版《河北大学史》编纂委员会编:《河北大学史》第一编第五章第二节,有改动。

府"、"造就熟练现代专门技术、前程远大的青年"、"造就工商两界之专门人才",使毕业生"能够在社会上找到较优的职业"。那么,天津工商学院学生的就业状况如何呢?

以1928—1935年毕业分配为例,具体考察一下天津工商学院学生的就业状况。1928—1935年共8届87名毕业生,所就业部门有：工矿方面,正太路总机厂、天津电灯公司、开滦矿务局、河北协昌金矿、山东中兴煤矿等;交通运输方面,粤汉铁路、平绥路、四川公路局、哈尔滨航政局、中东铁路局等;土木建筑方面,天津鸿记建筑公司、上海基泰公司、中国工程司、天津中国建筑公司等;金融方面,天津华北银行、天津交通银行、北平金城银行、北平中国实业银行、汇丰银行等;市政方面,北平市工务局、天津市工务局等;

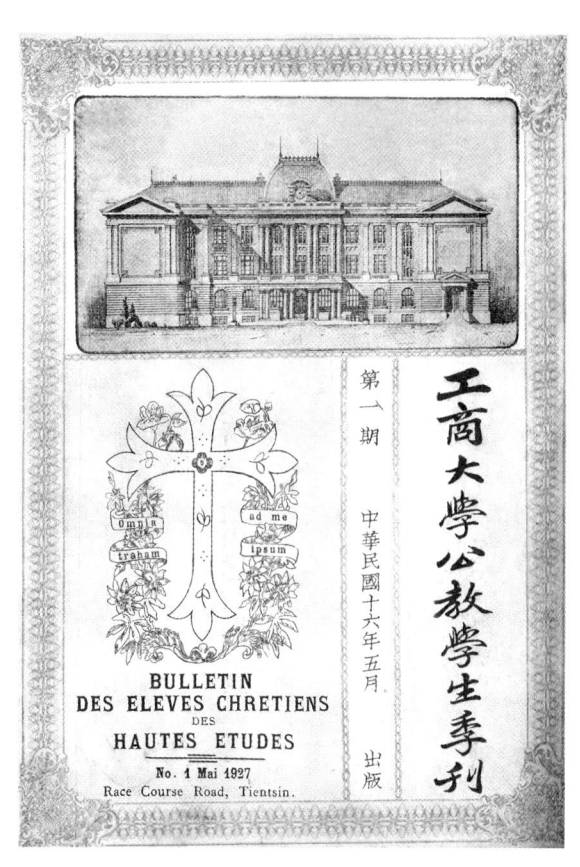

工商大学工教学生季刊

（河北大学档案馆资料）

商业贸易方面,天津耀华公司、天津赫金公司、山东中兴公司等;教育方面,天津工商学院、天津工商学院中学部、法国巴黎工业专门学校等;行政管理方面,天津市财政局、天津市建设厅、南京市土地局、云南实业厅、山东实业厅等;水利方面,河北永定河河务局、华北水利委员会;兵工方面,上海高昌庙兵工厂;新闻方面,济南光华报馆;留学方面，美国康乃尔大学、法国巴黎中央大学。[①] 天津工商学院培养的学生德才出众，毕业生在社会上备受欢迎。"举一个典型例子：标准石油公司（La Standard oil）为了招聘会计，在北京和天津的几所大学中组织了一场选拔赛，结果所选的十名雇员全部是我们大学的毕业生。"[②]

## （六）工商特殊群体——公教学生生活

天津工商大学是天主教创办的大学，创办者一般被认为是天主教中的激进分子耶稣会士。在这种双重关系之下，逐渐形成了被人们视为有着"特殊性格"的学校。耶稣会已经尝到了通过教育事业和传播西方文化，使得部分中国知识分子和富家子弟信奉天主教的甜头。他们认为，只有这样，在东方传教才能称得上有"成绩"，所以，天津工商大学的公教学生就是在这种宗教思想的熏陶之下学习和生活的。

1926年11月7日，天津工商大学成立天津公教青年会，裴化行神甫与会员每月开会两次。1935年，天津工商学院成立公教青年会，凡圣母会员资深者皆可加入。当时在公教组织上，天津工商学院是一个合法单位，具有相对独立性，直属于总指导会的"青年会"，其中学校的邵德基（西）、申自天（法）二神甫及指导神甫籍满良（法）等就是"青年会"的骨干指导。

天津工商学院公教组织中，有一个少数人的团体——"圣母会"，于1927年11月21日成立，最初有4名会员，其中2人是献县公学圣

---

[①] 邓红撰：《工商学院·毕业分配》，见2001年版《河北大学史》编纂委员会编：《河北大学史》第一编第五章第五节。
[②] 尚建勋：《天津工商学院二十五周年校典》，刊于《中国·马达加斯加》杂志双月刊1948年第134期。

九、学生概况　　图志

母会会员，另2人是大名公学圣母会会员。此外还有11名求进会员，由刘斌神甫主管。这个"圣母会"类似"青年会的心脏"，它是维系公教学生的精神支柱。他们号召新来的公教同学"继续并发扬光大之"，"使基督福音之花，栽遍全中国"。1933年6月，得到总会长神甫特准证，定天津工商学院圣母会为第一等会。

1937年，"青年会"创办《工商信友》刊物，其"目的是提醒曾在本院受洗的新教友，使保持'信德真光'进而成为热心教友"。

部分公教生毕业同学合影
（选自《天津工商学院1941班毕业纪念册》）

公教日常生活：早晨6点起床，6点半进堂念早课，望弥撒。每天"领圣体"的同学差不多在半数以上。晚上10点45分念晚课，每星期两次道理，由指导神甫讲授，有时由会员轮流讲谈。每学期开始举行三日避静神工，"这是清理个人的好机会"。

为扩大影响，大学里出版《公教学生》季刊，在校生人手一册，并流传于校外。法国神甫狄守仁组建了公教丛书委员会，由于"成效卓著"，于 1938 年 10 月 30 日该会全体会员在北京受到总主教接见。此"佳绩"直接影响了上海震旦大学和北平辅仁大学。公教丛书委员会发行的书达二十余种，"现在所有本会丛书总计已印行了二十多万本"，甚至有"再版两次、三次之多"。反映学校公教学生生活的杂志还有《公教教育丛刊》等不定期刊物。

1941 年毕业的大中学生，同时举行毕业"避静"，所有同学都搬到学校来住，自 6 月 22 日至 24 日止，"三天苦修工夫"，开毕业生行避静之首例，刘迺仁神甫组织献县赵振声主教前来任道理讲座。所谓"避静"

1940 班毕业生和全体教师合影（左）

1940 班毕业生和全体教师合影（右）
（选自《天津工商学院 1940 班毕业纪念册》）

即"少言谈""养心灵",其秩序约有六端:"望弥撒,看圣书,听道理,念串经,拜苦路,行默想。"入静第一日,克己祈祷,收敛自己,"伏求圣神的护导";第二日教化"苦路善功""天主十诫";第三日道理,"五谢礼"。①

附:

天津工商大学——津沽大学历年大学生注册、毕业、奉教统计表②

单位:人

| 学年 \ 项目 人数 | 注 册 | 毕 业 | 奉 教 |
| --- | --- | --- | --- |
| 1923—1924年 | | | |
| 1924—1925年 | | | |
| 1925—1926年 | 16 | | |
| 1926—1927年 | 40 | | |
| 1927—1928年 | 45 | 11 | |
| 1928—1929年 | 76 | 8 | |
| 1929—1930年 | 67 | 12 | |
| 1930—1931年 | 63 | 13 | 12 |
| 1931—1932年 | 57 | 11 | |
| 1932—1933年 | 63 | 8 | 13 |
| 1933—1934年 | 95 | 10 | 24 |
| 1934—1935年 | 123 | 10 | 37 |
| 1935—1936年 | 139 | 16 | 34 |

① 邓红撰:《工商学院·公教学生生活》,见2001年版《河北大学史》编纂委员会编:《河北大学史》第一编第五章第三节,有删节。
② 此表以2001年版《河北大学史》第一编第五章第三节表九,第五节表十为基础,将上述二表合为一表,其中接受洗礼数字从略,这里仅对该校大学生注册数字和毕业生数字依据《天津工商学院简史》重新进行了核实修正,原表为邓红编撰。

续表

| 项目　　人数　　学年 | 注　册 | 毕　业 | 奉　教 |
|---|---|---|---|
| 1936—1937 年 | 141 | 31 | 33 |
| 1937—1938 年 | 160 | 33 | 40 |
| 1938—1939 年 | 290 | 28 | 55 |
| 1939—1940 年 | 377 | 39 | 56 |
| 1940—1941 年 | 429 | 60 | 62 |
| 1941—1942 年 | 485 | 99 | 61 |
| 1942—1943 年 | 493 | 86 | 37 |
| 1943—1944 年 | 578 | 100 | 44 |
| 1944—1945 年 | 626 | 83 | 29 |
| 1945—1946 年 | 650 | 86 | 20 |
| 1946—1947 年 | 721 | 137 | 41 |
| 1947—1948 年 | 761 | 106 | 62 |
| 1948—1949 年 | 879 | 72 | 86 |
| 1949—1950 年 | 925 | 114 | 70 |
| 1950—1951 年 | 1072 | 148 | |
| 1951—1952 年 | 1250 | 466 | |
| 总　计 | 10621 | 1787 | 816 |

# 十、科学、宗教研究与学术交流[①]

天津工商大学（包括天津工商学院、私立津沽大学、附中）和北疆博物院自创建以来，在科学研究和宗教研究方面成绩巨大。北疆博物院以法国人桑志华、德日进等为代表；天津工商大学中法国人以裴化行、

大楼中央采用法国蒙沙屋顶 标准大钟坐落顶端
（选自《天津工商学院一览》1937）

---

[①] 吕志毅撰：《科学、宗教研究与学术交流》，见2001年版《河北大学史》编纂委员会编：《河北大学史》第一编第六章。

田执中为代表，华人以赵振声、侯仁之等为代表。

桑志华、德日进等人倾注大量心血，从事探求中国北部以及亚洲的人文、地理、地质、气象及动植物为对象的科学考察和研究，其成果为世人所瞩目。裴化行主要把注意力集中于早期耶稣会士在中国的传教以及西方科学传入中国等问题。田执中主要从事将当时中国新出版的各种法律译成法文等工作。侯仁之虽在校执教时间较短，但此期他对历史地理学的研究成果，却已显示出他作为一位当代中国科学院院士的深厚学识功底。而作为职业宗教家的赵振声，无论在宗教方面的译著，还是著述等方面都显示出他高深的学识与能力。

## （一）科学与宗教研究

### 1. 自然科学研究

据目前所掌握的不完全资料，在教会大学时期的 30 年发展历程中，计有德日进、桑志华、暴安良、韩笃祜、贝兴仁、谢宁、华南圭、陈炎仲、侯仁之、林镜瀛等 44 位教师发表和出版了 112 种著述（含译文）。其中，以法国人为主的外籍教师著述占 57%，仅德日进 1 人就有著述 41 种，桑志华有 16 种，韩笃祜、暴安良、贝兴仁等均在 2 种以上；华籍教师参与科学研究人数占 77%，发表著述则仅占 43%，这固然受学校学科所限制，也反映了当时中国科学技术相对落后于西方国家的现实。

韩笃祜（法）著有《栽树之山岭》《蒙古华北十年观察之路程》。暴安良（法）曾任天津工商学院教务长，巴黎科学院曾赠与他 2000 法郎，为奖励他在研究电学上和附带研究的所谓风力学上的新成就，著有《中国北部之电力》（《工商学报》三期，1929 年 5 月）、《Lissajotcs 图形简易绘制法》（《工商学志》十卷一期，1930 年 1 月）、《加筋增强耐力检讨》(《工商学志》十卷四期，1941年7月)。贝兴仁(法)曾任天津工商大学机械系主任，著有《科学与宗教》(中文)、《Natal processing》(专为工科学生研究土木工程的，84页)①、《La genesse ouvrière catholigue》(发表在《China missionary》杂志上，1948年3—4月份，共27页)②。谢宁(俄，Mr. W. Senin)著有《钢板梁边缘缝接焊法》(《工商学志》十卷一期，1930年1月)、《二种计算用具之应用》。③

华南圭著有《钢桥疲惫之主因及补救方法》(《工商学志》七卷一期，1935年5月)、《铁路建设之概计》(《工商学志》七卷二期，1935年12月)、《桥路病情之检查》(《工商学志》八卷一期，1936年5月)、《平津快车二点一刻钟》(《工商学志》北辰特号)、《碱地之房屋》(《工商学志》八卷二期，1936年12月)。陈炎仲著有《杜内嘎尼建筑设计图集短评》(《工商学志》北夸特号)、《建筑学概论》(《工商学志》北辰特号)。吴杰民著有《古代工业摭考》(《工商学志》北辰特号)。赵不寰著有《棉花及地理分布

本科大楼
《天津工商学院一览》(1937)

---

① 《天津工商学院简史》第202页。
② 《天津工商学院简史》第202页。
③ 《工商学志》十卷一期，1930年1月。

及其商业特性》(《工商学志》北辰特号)。周子春著有《统计学》(《工商学志》北辰特号)。米梭著有《中国的鸡子工业概论》(《工商学志》北辰特号)。侯仁之著有《天津聚落之起源》[①]。林镜瀛著有《人之原始》(《工商大学校刊》二期,1928年)、《我对于进化论之意见》(《工商学报》三期,1929年5月)、《低频扩大器》(《工商学报》四期)。附中历史教师张锦光著有《气界几种现象成因的介绍》,连载于《中学生》一卷二期、三四期合刊。

2.社会科学研究

天津工商学院社会科学研究与自然科学相比,更是硕果累累。据目前不完全资料显示,共有田执中、冀子岭、明兴礼、卜相贤、朱星、吴杰民、齐思和、李奎耀、孙家玉、侯仁之、陈炎仲、白峰、问澄、祖吴椿、张锦光等85位教师发表了146种著述,其中既有中文著述,又有英法文著述(含译作)。外籍教师10人,发表著述50种,其中撰著较多者,如田执中将中国新出版的法律译成法文,共25种;卜相贤著有法文著述6种,汉文著述5种。与自然科学领域相比,华人教师参与社会科学领域的科学研究人数有了大幅度增加,而且成果数量也远远超过了外籍教师。这既反映了学校社会科学研究呈迅速发展趋势,也一定程度地显现了中国学术文化传统的特色。

田执中(法)1924年译《保险法》,1929年译《海上贸易法》《贸易公司法》及中华民国的《民事法》卷四《家庭法》、卷五《继承法》,[②]1931—1933年译《中华民国土地法》[③]《民事诉讼法》《民事调解法》《法院组织法》《行政诉讼法》《行政诉讼上诉法》[④]《南京最高法院的判决》

---

① 河北大学图书馆藏。
② 《天津工商学院简史》第42页。
③ 《天津工商学院简史》第48页。
④ 《天津工商学院简史》第53页。

（第 5 年度，1933 年民事）①，1936 年译《26 号法院裁判解释》一集（1929 年 2 月至 1935 年 1 月民事诉讼），1937 年、1938 年译《中国法律裁判案·南京最高法院的裁判案》第七、八年度民事案，②1939 年出版法文书《Elemenes de droit civil chinois》（Premier·fascicule: livre Ⅰ du code Civil, principes genevanx）③，1941 年出版《Elements de droitcivil Chinois》（Livre Ⅱ du code chinois Obligation）④。明兴礼著有《现代中国两位贤士》（1945 年版）⑤、《巴金的生活与著作》。卜相贤著有《Etudiants chinois-silhouettes er tenolances》（国外 Alsatia 出版）、《Etudianbts Catholigues enChine》（"Pax romana" 出版）、《Theare chinois》；《Famclle chinoise》（以

大学生宿舍

（选自《天津工商学院 1940 班毕业纪念册》）

---

① 《天津工商学院简史》第 75 页。
② 《天津工商学院简史》第 83、92 页。
③ 《天津工商学院简史》第 120 页。
④ 《天津工商学院简史》第 130 页。
⑤ 《天津工商学院简史》第 217 页。

上二者由"Au-jourd'hui"出版）、《Visite des hopitanx》《Partir》（以上二者由"China missionary"出版）①、《原子弹与宇宙精神》《唯物主义，唯心主义，实体主义》《社会进化》②《葡萄国》③ 等。冀子岭著有《中国言语典籍学》(《教育丛刊》1937年4月)④、《中国言语典籍学·事物典籍》(《教育丛刊》1938年2月)⑤。

齐思和著有《春秋时代之政治思想》（《工商学院女院成立纪念册》1943年9月）。李奎耀著有《司马迁年表》（《工商学院女院成立纪念册》1943年9月）。孙家玉著有《中世纪教学法述要》（《工商学院女院成立纪念册》1943年9月）。侯仁之著有《黄河故事》《研究地理学应有之基本观念》（侯仁之讲述，宇明记录，《中学生》三卷一期）、《王鸿绪明史列传残稿》。朱星著有《散文之今昔观》（《天津工商学院女院成立纪念册》1943年9月）、《九歌与九章》（《工商学院女院成立纪念册》1943年9月）、《"新学之诗"述评》（《工商学志》八卷一期，1936年5月）、《星元诗集》《论绝句》（《中学生》一卷三四期合刊）、《诗歌排列的艺术》（《中学生》二卷二期）、《漫谈我国的文学批评》（《中学生》一卷二期）。吴杰民著有《评清代文字学家段玉裁氏之说文解字注》（《工商学志》八卷一期，1936年5月）。朱经畬著有《中国诗歌与思想及政治之关系》（《中学生》一卷三、四期合刊）。陈炎仲著有《摩天楼》（《工商学志》八卷一期，1936年5月）。白峰著有《一部小说的解剖》（《中学生》创刊号），并出版多部小说。问澄著有《先秦诸子研究——孔子》（《中学生》三卷一期）。祖吴椿著有《颜李实用主义的教育》（《中学生》三卷一期）。附

---

① 《天津工商学院简史》第217页。
② 《天津工商学院简史》第225页。
③ 《天津工商学院简史》第225页。
④ 《天津工商学院简史》第84页。
⑤ 《天津工商学院简史》第92页。

女部建筑侧面

（选自《工商学院女子文学系成立纪念刊》1943）

中历史教师张锦光著有《近代大事年表》（《中学生》三卷一期）、《两次世界大战的比较》（《工商附中十五周年庆祝特刊》）。

1941年商科毕业生论文入选《工商震旦经济文论》所有四人：李建名的《京津银号业之会计制度》、刘锦涛的《天津之蛋业》、何丕扬的《中国之钨矿》、褚会恩的《汇兑统制与干涉》。

3.宗教问题研究

由于天津工商学院是一所教会学校，所以，有关宗教的一些问题也是当时教师们经常探讨和研究的课题。根据目前所掌握的材料，录其部分著述如下，以见当时的研究状况：

裴化行（法）的著作，刊于《公教教育丛刊》的有《论中国、日本是否都沾了天主教的光》等8篇文章，刊于《北京公教杂志》的有《在明朝天主教会被消灭》《耶稣会士在肇庆府》等3篇，另有《天主教十六世纪在华传教志》等8篇。鄂恩涛（法）著有《北京法国传教士（1688—1775年）》(北京天主教法文月刊出版，1938年10月和11月份)、《直隶传教史（1743—1749年）》(北京天主教法文月刊出版，1939年3、4、5月)①、《Les biens des anciermes missions de Chine》(《北京公教杂志》1948年9月)、《Les sup'erieuns de la vice - provence portugaise ole chine》(只是文科纪念表，《北京公教杂志》1948年12月)②、《顺治、康熙时的天主教》(《北京天主教杂志》1947年7—9月)、《在栅栏的圣母圣堂》(《北京公教杂志》，1947年10—11月)、《在中国十七和十八世纪时教友传教》(《北京公教杂志》，1948年3月)等10种。狄守仁（法）著有《路加传的福音》《若望传的福音》《宗徒大事录》③《九十三题》(1940年三版)④、《天主实义》《正义之友》等14种（含译著）。申自天（法）著有《人生基本问题解答》(1937年版)⑤、《科学方法论》《玛窦传的福音》《玛尔谷传的福音》《教会要理》⑥等8种（含译著）。

刘迺仁著有《宗教与文学》(《工商学院女院成立纪念册》1943年9月)，另与朱星合编《公教文学讨论集》(第一辑)。刘斌著有《默想全书》(献县版，1986年7月河北省天主教教务委员会重印)。H.Bernard著、萧舜华译《加利略和东来耶稣会教士的关系》(《工商学志》七卷二期，1935年12月)、《利玛窦对欧西科学与艺术的输入》(《工商学志》八卷一期，1936年5月)。赵振声译《心灵医法》(著者不详)、《要理全书》(编

---

① 《天津工商学院简史》第108页。
② 《天津工商学院简史》第217页。
③ 《天津工商学院简史》第131页。
④ 《天津工商学院简史》第132页。
⑤ 《天津工商学院简史》第107页。
⑥ 《献志》第143页。

十、科学、宗教研究与学术交流

本科大楼背面
（选自《天津工商学院一览》1937）

译，出版否不详)、《天津工商大学日记（1921—1950年）》（未出版）、《在中国的耶稣会》（著者不详，未出版）、《五十年来的直隶东南教区》（马泽轩（法）著，未出版）等10种，著有《回忆录》（1963年3月23日著，未出版）、《自语录》（1963年9月4日整理，内容为本人1963年5月31日至8月8日的日记，未出版）、《近代天主教侵华史——就梵蒂冈方面而言》（1967年7月30日著，未出版）等5种。

初中中国教师翻译的书有：《露德圣母发显记略》（1933年，刘宝华译）、《真福德约法·文纳尔致命》（1935年，刘宝华译）、《奥国记》（1933年，巨景昌译）、《奇城之王》（1934年，巨景昌译）。[1]

---

[1] 《天津工商学院简史》第61页。

## （二）学术交流

天津工商大学建立后，在搞好自身建设的同时，学校积极开展与外界的学术交流活动，进一步提高了学术水平和在国内外的知名度。

1929年6月25日至12月31日，天津工商大学校长裴百纳旅行欧美，为期半年，为谋求学校发展及解决教育、经济、政治等问题访问各国大学及名人学者、教授等，讨论有关社会经济、教育等问题。在罗马拜会耶稣会最高机关，呈报工商大学工作成绩及将来计划，还曾一度觐见教皇并座谈。

1930年桑志华赴日本皇宫大学讲学。

1933年3月14日，暴安良在天津演讲了名为Stroboscopium的新仪器，它与物理学相关，可以把它用于工业上。例如，把它放在任何旋转校速的机器上，就可清楚地感觉出该机器上的毛病，亦如该机器旋转迟慢时或静止时一样。[①]

1935年12月出版的《工商学志》七卷二期，刊载学术名流于天津工商学院作学术演讲：史密斯《亚洲最古之文化带》、李书田《一个工科大学生应受的训练与应有之努力》、何廉《中国的经济力量在哪里？》、杨豹灵《天津市的建设计划》、陈受颐《明末天主教徒和他们的信仰》、刘豁轩《社会与报纸》、于斌《新意大利》。

1935年10月17日，著名古代人种学博士Schidt在学校大厅内演讲了古代人种，很多听众是天津市各大学的教授和博士。[②]

1936年，天津市各大学的教授和博士们在学校举行了多次公开演

---

[①] 《天津工商学院简史》第58—59页。
[②] 《天津工商学院简史》第72页。

讲会，讨论了各种科学问题。①

1937年以前，南开大学经济研究所来校作学术报告的有方显庭、吴大业、丁佶等教授。②

1938年1月25日，裴化行去日本，作了许多讲演。③9月13日，罗学宾、德日进、汤道平去日本，讲述有关北疆博物院的科学问题。④9月25日，裴化行去印度支那，讲授各种历史问题，尤其是讲述先代传教士和他们所做的事业，后又赴日本（1939年4月18日回校）。⑤12月9日，汤道平被召回欧洲进行地质学研究。⑥

1947年5月10日，裴百纳去上海参加天主教出版事业大会，7月10日回津。⑦

---

① 《天津工商学院简史》第72页。
② 李宝震：《天津工商学院的变迁》，载《天津租界谈往》，《天津文史资料选辑》总第75辑，天津人民出版社1997年。
③ 《天津工商学院简史》第89页。
④ 《天津工商学院简史》第99页。
⑤ 《天津工商学院简史》第100页。
⑥ 《天津工商学院简史》第102页。
⑦ 《天津工商学院简史》第179页。

# 十一、知名教授简介

卜怀礼（André Dubis，1877—1962），法国耶稣会士，神甫，数学家，天津工商大学教务长、教授。曾在法国、中国、黎巴嫩及远东地区生活过。1896年进入法国香槟省天主教初修院。1900年，在里尔（LILLE）攻读理科，获理科硕士学位。1904—1906年到天主教艺术和工艺学院任教，1911—1914年再次任教。第一次世界大战爆发，他入伍从军，起初当炮手，他发明了用声音定位法，察听航空的原理，他所带的班组曾经用数学方法在地图上准确无误地测出1917—1918年间轰炸巴黎的德军大炮位置。1919年复员后，卜怀礼再次回校做学监，并投身于学校重建工作。在重建艺术和工艺学院的过程中，还在新校区组织在战争期间建起的机械学校转让工作，就是LILLOISES工业技校，到1930年这所学校已成为高等职业学校。1926—1930年间，他成为这所学校的院长，仍兼任学监。卜怀礼为欧美闻人，1930年，应天津工商大学校长裴百纳的聘请出任教务长。他知识渊博，工、商科课程无所不通，深受师生

爱戴，兼任机械学教授，教学成绩斐然可观。当时天津工商大学面临资金短缺、师资匮乏的问题，并且准备在中国立案。立案前的系统准备，全部由卜怀礼负责，如教学大纲的制定就是其中非常重要的问题。他全身心投入到工作中，1933年天津工商大学成功立案，并改名为天津工商学院。天津工商学院具有与其他私立或国立大学同样颁发大学毕业文凭的资格，使得这所学校在高等学校领域有了宗教一席之地。（主要参考文献：法国巴黎耶稣会档案馆；河北大学档案）

**李奎耀**（1883—?），中国古代文史专家。字寿光，天津市人，清朝贡生。曾在天津法商学院任国文讲师5年，清华大学国文系任教授15年。1943年至1947年在天津工商学院任教授。在文学系、史地系讲授中国文字学、国文等课程。著有《史记考索》《史记斠读》等。论文有《史记决疑》（清华学报1947年7月），《司马迁年表附说》（商职月刊第一卷5期，1936年）。（主要参考文献：河北大学档案；清华大学档案）

李奎耀

**斐　士**（S.Fischer），美国人，经济学家，纽约大学商学博士。为来华最早的会计师之一。天津各大银行、公司的会计设计，多出自其手。1929—1942年在天津工商大学任财会系教授，讲授审计学。他所教授的都是会计实际问题，每堂课必携带实际账簿，为学生实习练

斐　士

习之用。他教学认真，善于发现人才，如 1936 年天津工商学院学生李宝震读大学四年级时，由于才华出众，被斐士聘为审计学助教，并常常代替斐士授课，颇受同学欢迎。（主要参考文献：河北大学档案）

**慕　乐**（Mr.Muller），法国人，建筑学家，巴黎国立艺专大学建筑工程师。1930—1943 年任天津工商学院建筑学、室内装饰学教授。曾与赫琴（Hunke）合作在天津开设法商永和工程司，共同设计天津工商学院部分建筑及兴隆洋行、劝业场、渤海大楼、利华大楼、交通旅馆、中法工商银行翻修工程等民用建筑与面粉厂、纺织厂等工业建筑，还有上海百乐门舞场、比各的公寓等。（主要参考文献：河北大学档案）

慕乐

**沈理源**（1889—1950），中国近代建筑大师。浙江余杭人，原名琛。1915 年毕业于意大利奈波利大学土木与水利工程专业，工程师。其间，对意大利西洋古典建筑，特别是文艺复兴建筑艺术产生极大兴趣，并注意学习和对有关数据的搜集，为日后从事建筑设计奠定了坚实基础。毕业后，回国任黄河水利委员会工程师。不久，即转向建筑设计工作，在京津地区从事建筑设计。第一个由他自己设计的作品是 1923 年建筑的杭州浙江兴业银行大楼。此后，又取得了国家建筑师执照。1931 年在京津开始主持华

沈理源

信工程司的建筑设计和经营，全面开展设计业务。在北京设计了清华大学多所校舍和住宅及北京大学图书馆和多所商业建筑。在天津为多所银行大楼进行设计，如天津浙江兴业银行、天津盐业银行等，此外，还设计了多处宅邸和新村。沈理源逝世前，还设计过外贸部大楼等建筑，平生作品多达百余处。早在1920年，由他主持的华信工程司曾在杭州对清代巨商胡雪岩故居进行过测绘维修，今天的胡氏故居则是根据沈理源的测绘图纸以及有关人士提供的图片、实物等数据复原的。"中国近代建筑史上较早从事古建研究并保护的两位奠基人（朱启钤和梁思成），其实践活动实际比沈理源保护古建文物的实践要晚十年左右的时间。"沈理源是中国近代重视文物建筑并付诸实践的第一位建筑大师，他在从事建筑设计的同时，在多所大学从事教学工作，曾任北平大学艺术学院建筑系教授，北京大学工学院建工系教授。1940年，受聘就职天津工商学院建筑系教授、系主任，主要讲授建筑设计等课程，直至1950年。在讲授建筑设计课时，沈理源把一些带规律性的东西总结传授给学生，使学生终生难忘。他还开设了西洋建筑史课程，1944年《西洋建筑史》一书出版，成为中国近代建筑教育最早的《西洋建筑史》教材之一。中华人民共和国成立后，他受聘为中央人民政府纺织工业部总工程师和天津市人民政府建设委员会总工程师。沈理源平生设计的优异作品众多，其中建于1925年的天津盐业银行（赤峰道12号）具有鲜明的地域、行业和民族特点，是中西方建筑形式有机结合的范例。它是天津近代建筑中唯一被载入巴尼斯特·弗莱彻《建筑史》第19版的建筑范例，被定为国家级保护单位。沈理源是天津工商学院建筑系的创始人之一，也是天津大学建筑系的奠基人，1952年天津工商学院建筑系并入天津大学建筑系。（主要参考文献：温玉清著：《中国近代建筑教育背景下天津工商学院建筑系历史研究》，天津大学硕士学位论文，2002年；宋昆主编：《天津大学建筑学院院史》，天津大学出版

社 2008 年版；河北大学档案）

**裴化行**（H.Bernard，1889—1975），法国耶稣会士，神甫，数学家，哲学家。1908 年进比利时福罗莱那初修院，接受古典训练，开始传教生涯。创办《青年法国人》杂志。1924 年获数学硕士学位。1924 年 12 月 22 日来到天津工商大学，边学汉语边教数学。1925—1929 年任天津工商大学工科主任。1929 年派到献县传教。1931 年春回到天津工商大学复任工科主任直至 1933 年 7 月，并讲授哲学课。1938—1939 年赴云南、曼谷等地作学术报告。后来成了远东法语学校通信成员（联络员）。1940—1941 年间，他在天津法国领事馆驻地创办"远东人道出版社"，他出版了献县传教团汉学家古务和（Couvreur）和威也热（Vieger）神甫的著作，并发表了有关对中国古典文学的译著和文章。1947 年，他回到法国后，重新编辑了这些书，委托"好文字"出版社出版，后来很多书又再版了。裴化行平生共出版学术著作 20 余部，发表文章 200 多篇。（主要参考文献：法国巴黎耶稣会档案馆档案；河北大学档案；《天津工商学院简史》，手抄本）

裴化行

**田执中**（Francois Theryo，1890—1982），法国天主教耶稣会士，神甫，经济学家，法学家。出生在法国里尔的一个传统的基督教和司法世家，1922 年 8 月被授予神甫职位。

20 世纪 20 年代，天津工商大学建立后，对田执中发出了任教邀请，于是他开始在昂维（Anvers）高等商学院学习贸易法并在鲁文大学（l'Université de Louvain）进修一年。1926 年 9 月 24 日抵达天津工商大学，教授贸易法，虽然学校使用法语授课，但是田执中自学了汉语。同时，在商学院神甫们和教师们的帮助下，他得以和这个大城市的领导阶层建立了联系，这对于他的国内和国际贸易的研究是很重要的。田执中1928年开始准备博士论文，1929年的6月，他利用暑假乘坐西伯利亚大铁路的火车回到欧洲，并于7月在鲁文大学通过博士论文答辩，获贸易学博士学位。1929年9月24日，田执中回到天津工商大学，继续执教贸易法。他曾是学校图书馆主任，长期担任商科主任，任经济学、财政学教授。在天津工商学院任教的这些年里，田执中开始撰写有关中国法庭判例集《中国现代法律》以及有关中国法律的译著。这些书在巴黎和中国出版后，为他日后在台湾任主教团和宗教共同体的法律顾问奠定了基础。1939年天津工商学院增设法律系，首届招生18名，田执中出任法律系主任。由于第二次世界大战欧洲战场的战争爆发，学校经费紧张，法律系于1940年2月停办，学生大多转入商学院各系。1948年，田执中到上海由黎培理（Mgr antonio RIBERI）建立的天主教中央局（CCB，Catholic Central bureau）"天主教中华全国教务协进会"，做法律顾问，后领导《中国现代法律》丛书的编辑工作。1967年到台湾辅仁大学法商学院作神甫协会的"精神神甫"、法律系特别顾问和《中国法律年》的主编。1979年定居台中老年神甫院。其著述大多是翻译中国的法律书，且多是中文、法文对照本。还有用法文撰写的著作，如《Elements de droit civil chinois: Livre Ⅱ. du Code Chinois. Obligafion》《Elements de droit civil Chinois》（Premier toycicule: livre Ldu code civil, principes généraux）。译文（中、法文对照）

田执中

如《法院民事法解释》《法院民事裁判案》等。(主要参考文献:法国巴黎耶稣会档案馆档案;河北大学档案;《天津工商学院简史》)

**阎子亨**(1891—1973),字书通,天津市人,建筑学家。1918年毕业于香港大学土木工程系。1928年,在天津创办中国工程司,自任经理兼总工程师,同当时外国设计垄断行业相抗衡。同时还是中国建筑师协会会员、天津市建筑师公会主任委员。抗日战争期间,因拒绝与日伪合作,曾被抄家和逮捕。抗日战争胜利后,任天津工务局局长兼城市规划委员会主任,任职期间他以"要出国进行学术考察"为由,连续6次向当时的天津市政府提交书面辞呈,最终于1946年12月获准。1941—1951年,阎子亨在天津工商学院——津沽大学任建筑学教授长达11年之久,1948年出任系主任,主要讲授建筑构造与建筑技术等课程,强调理论与实践相结合。授课时,阎子亨带领学生到他设计的工程现场进行现场实测和学习。中华人民共和国成立后,曾任天津市人民政府建设委员会总工程师,河北省建设工程厅副厅长兼总工程师,天津市建工局副局长,中国建筑学会常务理事,天津市建筑学会理事长,天津建工学院院长等职。阎子亨一生在天津设计了100多处楼房,风格独特,堪称艺术精品。代表作有寿德大楼(东方饭店)、茂根大楼(与陈炎仲共同设计)、元隆孙故居(今和平区委办公楼)及南开中学范孙楼等建筑。(主要参考文献:河北大学档案;温玉清:《中国近代建筑教育背景下的天津工商学院建筑系的历史研究》,天津大学硕士学位论文,2002年)

**邵德基**(le Père Pierre Achotegui, 1892—1946),西班牙耶稣会士,

神甫。1892年1月17日生于维多利亚（Vitoria）。曾在巴斯克地区的黑尔纳尼（Hernani）教廷学校学习，1908年9月7日，在佛罗莱纳（Florennes）加入耶稣会。鲁文大学文学学士，1916年获哲学博士。1916年10月18日来华，在大名府（Taming）学习中文并传教，之后返回欧洲学习神学。1923年8月26日，在恩进（Enghien）被授予神甫职位。1925年再次来到中国后，直到逝世都未能返回欧洲。邵德基在天津工商大学任教务长和图书馆馆长，还兼任经济教授、法文教授。他自1925年起，一直任教直到1939年。起初，他首先任惩戒（纪律）长官三年，之后任修会会长，负责已毕业的学生，也任哲学和社会学的课程。教学不是他的强项，因为他个头矮小，声音微弱，在大课堂上，学生听不清他说话。从另一方面来看，因为他总面带微笑，能够滔滔不绝地讲话或耐心倾听，他被任命为传教的神甫，同时负责学习小组的工作。他始终是那一片区域天主教徒以及认识他并与他生活在一起的非天主教徒们的知己，尤其是在天津工商大学有了一些大学生的时候，在他身边会有一种和谐家庭的气氛。邵德基是工商学院校友会创办人、顾问。校友会初期，经他多方扶植，才有了校友会坚实的基础。（主要参考文献：法国巴黎耶稣会档案馆档案；河北大学档案）

**凌安澜**（Leopold Brellinger，1893—1967），奥地利耶稣会传教士，神甫。1893年7月27日出生于奥地利Linz。1913年入耶稣会。他曾加入Juvénistes修道院并参与修道院的建设。毕业于奥国因斯布大学，获哲学博士学位。凌安澜还在进入献县传教会之前进修法语。1926年6月1日，进入天津工商大学学习汉语。1927年被任命为天津工商大学神甫院理家。1928 年成为天津工商大学学监。1929 年任工科主任，在任期间非常重视学生体育运动。1930 年任天津工商大学附中教务长。1931—1935 年先后到南宫、深州传教。1936 年成为上海徐家汇学院院长。1939 年，他离开献县传教会，受命到奥地利耶稣会团——景县传教会，成为景县传教会首席宗座监牧，1947 年升为第一主教，同年 4 月 20 日接受由田耕莘主教 Cardinal Tien 举行的圣职接任礼。因田主教有病不能主礼，改由献县主教赵振声主礼。1947 年至 1951 年任景县教区驻津办事处负责人。同时，自 1943—1951 年他一直是天津工商学院、津沽大学董事会董事。凌安澜自 1949—1951 年在津沽大学任教，担任法文教师。1954 年去菲律宾，1962 年去台湾，1967 年 9 月 18 日辞世。（主要参考文献：法国巴黎耶稣会档案馆档案；河北大学档案）

凌安澜

徐世大（1895—1974），字行健，笔名山石，浙江绍兴人，水利工程专家。1917 年毕业于北洋大学土木科，翌年入美国康奈尔大学水利及卫生工程系学习，1920 年毕业，获土木工程学硕士学位。1921 年回国，历任华北水利委员会总工程师，海河工程局局长，并兼任中国水利工程学会第三届至第六届（1933—1936）董事会负责人，第七届至第九

徐世大

届（1941—1943）总干事，天津市水利学会首届（1946）会长。1947年秋，应国立台湾大学之聘，专任土木系教授兼台湾省水利局顾问，定居台北。1936年、1937年和1947年先后在天津工商学院水利工程学任河工学教授。徐世大还参与滹沱河灌溉工程、金口闸放淤工程、永定河善后工程、永定河治本工程，以及独流减河、永定河官厅工程的建设和诸多河道治本计划的研究。他还曾在上海复旦大学、南洋路矿学院、浙江大学、唐山工学院、北洋大学、中原理工学院等院校任教。著有《徐世大水利论文》初集、二集，《行健水利文存》《防洪十论》等。（主要参考文献：海河志编纂委员会编：《海河志》四卷，2001年）

马 沣（1896—1966），字苣汀，河北省衡水县人，物理学界知名教授。1921年毕业于国立北京大学物理系，获理学学士学位。1922—1925年在英国里兹大学机械系学习，获理学硕士学位。回国后曾在吉林省长春市吉敦铁路局任机务股长。1927年任天津河北省立工学院机械系主任、教授，讲授机械学、材料力学、工程力学等。抗日战争爆发后，积极组织支援国民党爱国将领在冀东的抗日活动，表现出了极大的爱国热情。1938年底到天津工商学院任教

马 沣

授。1945年8月日本宣布无条件投降，马沣在保护原河北工学院财产和战后恢复教学及科学研究秩序方面作出了贡献。而后，再次到河北工学院工作，任院教务主任兼机械系主任。1949年到津沽大学任教，历任天津师范学院、天津师范大学、河北大学教授。讲授理论力学、普通物理学、流体力学和弹性力学等，1966年在"文化大革命"中受迫害，于1966年9月1日凌晨逝世，1978年12月获平反。马沣从事教育工

作40年，在理论物理特别是流体力学方面有较深造诣。他撰写的《理论流体力学》和《弹性力学》书稿倾注了毕生心血，常常带病工作，在病情极度严重的情况下也未曾辍笔，《理论流体力学》书稿于1981年9月整理付梓。（主要参考文献：《河北大学史》编纂委员会编：《河北大学史》，河北大学出版社2001年版）

**狄守仁**（Le Pere Edouard Pettt，1897—1985），法国天主教耶稣会士，神甫。1897年7月24日出生在Roubaix。母亲是英国人，是一位非常虔诚的基督教徒，对他的思想影响很深。他在里尔的St Joseph高中开始了自己的学习生涯，一开始并不出色，也就是在这个时候，他受到了宗教的感召。1917年9月7日，他加入了耶稣会，并参加了一个巡回的初修院。在第一次世界大战即将结束的前几个月先后到了图尔奈、恩亨、布鲁塞尔，1918年他又重新回到了里尔。在家中祈祷和思考时，他听到了到中国去传教的召唤。

1923年，实现了初学修士的梦想后，他乘坐西伯利亚大铁路火车来到了中国。然后，他以满腔热情投入到了中文的学习当中。三年的学习使他加深了对中文的理解，并在大名府、献县和天津胜任了数学和地理的教学工作。

后来，为了神学研究他又重新回到了欧洲，在比利时和英国学习。获比利时神学院文学学士、神学博士学位，1929年8月28日被授予神甫职位。1930年9月他再次来到了中国，担任天津工商大学的法文和方言教授，1931年任大学学监。作为传教者，他为初学教理者的洗礼而不断地忙碌着，为了备案前最后一年的宗教培训，他回法国做了短暂停留。1934 年，他第三次来到了中国，被任命为 Jen kiou 县的负责人。狄守仁对这一年的生活感叹到："我一点也不遗憾，没有这段经历我永远也无法了解中国。"1935 年，他又回到了天津工商学院，开始了他的教师生涯，并教授地理、法语、英语和神学，一直工作到 1950 年，是一个备受好评的老师。（主要参考文献：法国巴黎耶稣会档案馆档案；《天津工商学院简史》，手抄本；河北大学档案）

吴玉如（1898—1982），名家琭，号茂林居士、迂叟，安徽泾县人，文学家、书法家。朝阳大学肄业，久居津门。1936 年任南开大学经济研究所秘书兼文学院教席。抗日战争爆发后，辗转重庆，任国民参政会秘书。抗日战争胜利后返回天津，以"鬻"字课徒为业。1945 年 9 月任教于天津工商学院，任古典文学教授。吴玉如通文史、精诗词，于 1947 年出任国文系主任。他治学治事具有科学精神，提出"有精神，始有事业；有学识，始有思想"的口号。视学生如子弟，循循善诱，被誉为"本系砥柱"。1948 年 9 月，吴玉如聘请古汉语专家裴学海来校任教。1949 年秋，国文系专任教师严重短缺，吴玉如亲赴北京邀请到寿石工、程金造为兼任教授，同时聘请南开大学孟志孙、中央美院杨君武等为兼任教授。1950 年又聘请南开大学中文系主任张清常、华粹深、杨敏如等为兼职或专职教师。1950 年，因家庭变故，吴玉如辞职。此后，他长期从事文史研究、校勘古籍、教授书法。曾任天津文史馆研究员，中国书协名誉理事。他教人书法强调人格、气节在书学中的重要地位，认为颜真卿和傅山才是更了不起的，因为他们有民族气节，有光辉伟大的人格。他书法造诣很高，在探索晋人书法风

吴玉如

韵时，上溯秦汉篆隶及张芝、钟繇等大家书作。四十年来，吴玉如书法，集金石气、书卷气为一体，广集历代神、逸、能品之长，形成了自己的风格，与书坛巨子沈尹默、谢无量、马一浮、林散之等人齐名。有《吴玉如书法集》传世，当代书法家欧阳中石等人即师承吴玉如。（主要参考文献：《津沽大学1950班毕业纪念刊》；吴小如与吕志毅信扎）

袁贤能（1898—1983），号问朴、问不，浙江天台人，经济学家。1921年毕业于复旦大学经济系，文学学士。毕业后进入燕京大学经济研究所继续攻读一年，1922年赴美国纽约大学深造。1927年获哲学博士学位。回国后，先后在复旦大学、南开大学任教。1930—1931年赴中央大学任教。1931年后回南开大学任教授，为经济研究所导师。1937年抗日战争全面爆发，袁贤能在南开的家被日军毁掉。南开大学迁移，袁贤能受聘为燕大教授，同时也在中国大学兼任教授。他同燕大抗日志士一道，共同帮助转送学生到大后方和解放区，被日本宪兵抓捕后，受尽折磨和恐吓，强迫他出任伪中央大学副校长职，袁贤能坚决拒绝。后被保释出狱，回到天津。1938年年底袁贤能在天津成立秘密组织"天津教育促进会"，宗旨是联络不与敌伪合作的教育界人士，共赴国难。1939年秋，创办达仁学院，任院长，旨在招收未能到大后方升学的青年学子。燕大被解散后，伪政府强迫学生转入伪北大，经济系学生纷纷来津转入达仁学院，学生骤增。1944年袁贤能等人再度被捕。1946年，南开大学由昆明迁回天津复校，他重返南开大学任教，同时任教于达仁学院。1951年9月，达仁学院停办，全部学生转入津沽大学商学院。

1942—1948 年，袁贤能应聘兼任天津工商学院（津沽大学）经济思想史、商业理财学、工商管理学、国际贸易学教授。天津解放后，袁贤能任职南开大学财经学院院长。1951 年去杭州之江大学任教。1954 年秋，调往北京对外贸易学院直至退休。袁贤能著作很多，早在 20 世纪 30 年代编写《经济学原理》（与李卓敏合作）教科书，为南开大学正式教科书，出版专著《中国货币考证》等，还有多篇论文和多部译著。（主要参考文献：梁捷《高风亮节的学者袁贤能》《袁贤能与艰难时世》；南开大学梁吉生教授提供部分资料；河北大学档案）

**暴安良**（一名鲍翊华，Henri Pollet，1899—1984），法国耶稣会士，神甫，物理学家，里耳大学物理学博士。1923—1925 年，在 l'ICAM 做学监，并教授普通化学和普通物理学。1925 年被派往天津。1925—1928 年，学习汉语并在天津工商大学教授理科，后赴美国 Woodstock 学习神学。1931 年 6 月 22 日，被授予神甫职位。1933 年再次来到天津工商学院任教。暴安良非常尊重他的中国学生，1936 年，一位德国钢筋混凝土教授对他说："您不是希望您的中国学生将会成为和我们欧洲人一样的能力出众的专家吧？"听后，虽觉得这位教授很有能力，但暴安良还是在学年结束后礼貌地辞退了这位教授。暴安良还是一位不知疲倦的教授，为改善理论教学和实验室的设备花费了巨大心血，受到学校领导的赏识和重视。在学校教师贝兴仁（Pénepetie）神甫（是 ICAM 工程师）帮助下，借助于学校一个高级材料实验室和机械系，他的工程技术研究工作特别显著。同时，他通过了巴黎公共工程专科学院 l'école Spécialt des Travaux Publis 的函授课程，获得

暴安良

了土木工程 ETP 专家文凭。

在天津工商学院、私立津沽大学时期，暴安良潜心致力于工程技术教学和研究。1936 年 6 月，他接任卜怀礼任教务长，长期任工科主任，讲授材料试验、构造设计、高等测量实习、房屋声学、土木构造、线算学、色彩学、天文学、水利试验、金相学及其试验、冶金学等课程。1933 年 3 月 14 日，他在天津演讲，主题是名为 stroboscopium 的新式仪器，与物理学有关，可用于工业上。如果把它置于任何旋转速度的机器上，可以清楚测出该机器上的问题，亦如同该机器旋转迟缓时或静止时一样。暴安良还在电学和附带研究的向风力学方面有新成就，曾获巴黎科学院奖金 2000 法郎。1937 年 9 月—1951 年 3 月任工学院院长。

暴安良著有《中国北部之电力》《Liqqajotcs 图形简易绘制法》《加筋增强耐力检讨》等论文，皆发表于《工商学志》。（主要参考文献：法国巴黎耶稣会档案馆档案；河北大学档案；河北大学校友郑汉钧博士口述）

谭　真（1899—1976），字全甫，筑港工程、航道专家，广东中山人。1917 年毕业于交通大学唐山工学院土木系，同年考入清华学校高等科生，赴美国麻省理工大学研究院，1919 年获硕士学位。回国后曾任天津运河工程总局副总工程师、天津允元实业公司经理兼总工程师，北洋大学、天津河北工学院、唐山交通大学教授。1934—1945 年在天津创办谭真工程司事务所，任负责人。1940—1942 年在天津工商学院任教授，讲授构造设计学等课程。抗日战争胜利后在塘沽新港工程局任总工程师。1953 年改任筑港工程局副

谭　真

局长兼总工程师。1955年至1957年任交通部第一工程局副局长（湛江）。1958年任交通部航务工程建设总局总工程师、交通部技术局总工程师。1959年8月任交通部副部长。谭真还是第一、二、三届全国人大代表。

谭真专长筑港工程、水利、道路、房屋工程等方面。据天津工商学院校友中国工程院院士刘济舟先生回忆："谭真绝顶聪明，富于创造精神。自幼享有'神童'之誉，其主要成就是对我国旧码头的改造和新码头的建设。如他主持天津港一区码头改造工程，采用'穿针引线法'，将原来由日本人设计的单排改为双排，6米深改为8米深，充分显示了他卓绝的技术才能和学术根底。20世纪50年代，他主持湛江新港一期工程的建设，任总工程师。这都是他的代表作。"（主要参考文献：中华人民共和国交通部谭真档案；河北大学校友刘济舟院士口述）

**裴学海**（1899—1970年），曾用名裴会川，河北滦县人。1928年以同等学力考取北京清华国学院，受业于梁启超、陈寅恪、赵元任等人。1950年应津沽大学文学系主任吴玉如之邀到津沽大学文学系任教，历经津沽大学、天津师范学院、天津师范大学直至河北大学（未搬迁至保定）等时期。历任讲师、副教授，古汉语教研室主任。以训诂、音韵见称，其治学用科学方法，实事求是，据证解经，自成一家言。代表著作《古书虚字集释》，这本书订证前人及时人虚词解释的谬误，并多有创见。梁启超赞誉为"治学新颖有征"，傅子东

裴学海

称之为："治小学之精湛，有过于高邮王氏者。"学术论文主要有《王氏经传释词志疑》《尚书成语之研究》《音韵考原》《尚书盘庚篇释义》《古汉语两种否定句式举例》（与王荫浓合写）《几个文言虚词的用法》（与

王荫浓合写)、《隋时"支"、"脂"、"之"同音考》《古声纽"船""禅"为一"从""邪"非二考》《对于〈谈几个识别古文字义的方法〉的商榷》《评高邮王氏四种》《〈古代汉语〉(王力)上册(第一分册)中语法、训诂问题的商榷》(与王荫浓、程垂成、谢质彬合作)。"文化大革命"期间被遣送回乡,1970年平反,重返河北大学任教时,突发脑溢血病逝,享年71岁。(主要参考文献:《河北大学史》编纂委员会编:《河北大学史》,河北大学出版社2001年版)

**张杰民**(1899—1974年),又名张石豪,河北昌黎人,民盟盟员。1921年毕业于清华大学文科。1921—1923年留学美国,获学士学位。1923—1925年留学英国哥伦比亚研究院,获硕士学位。历任北京师范大学历史系教授,清华大学、东北大学、河北省省立工学院、天津北洋大学、达仁学院、天津工商学院、津沽大学、天津师范学院、天津师范大学、河北大学英语教授。1956年任天津师范学院英语教研室主任。张杰民英文实践水平较高,能进行书面和口头翻译,在英国文学教学方面基础知识雄厚,是莎士比亚研究专家。译作《中国矿业法》,在天津汉英报上发表汉英对照社论多篇。张杰民教学经验丰富,教学效果好,教学期间还负责青年教师英国文学原著的学习。(主要参考文献:《河北大学史》编纂委员会编:《河北大学史》,河北大学出版社2001年版)

张杰民

**李书田**(1900—1988),字耕砚,河北昌黎人,水利工程专家。1919年考入北洋大学土木系,在校学期成绩、学年成绩、毕业成绩均独占鳌头。1923年毕业,荣膺"中国斐陶菲励学会会员"称号,并考取清华大学官费赴美国康奈尔大学研究生院深造，继续攻读土木工程专业，从师欧鲁克等名家。他在美国各科平均成绩在99.5分以上，成绩之佳为中国派遣留学生以来第一人。李书田三年内学完四年课程，他的博士论文并非土木工程方面的题目，而是长达60万字的经济学论著《铁道管理的工程经济》。1927年9月回国，应北洋大学校长刘仙洲之邀，返校任教，教授土木工程专业的课程。李书田曾受聘为顺直水利委员会（1928年该会改称华北水利委员会）秘书长等职。他撰写的《北方大港之现状及初步计划》，极为实用，至今仍具借鉴价值。1930年5月，李书田应聘出任唐山土木工程学院院长，并受聘为天津工商大学兼职教授，他讲授的水利工程学，教学效果甚佳，以渊博的学识、条理清晰的思路，深入浅出，使学生触类旁通，受益匪浅，颇受学生欢迎。1931年中国水利工程学会成立，李书田连续6年被选为副会长。他还创办《水利》月刊，出版《中国水利问题》著作，组织十个学术和水利机构，建立第一水工试验所。1932年，李书田被聘为北洋工学院代理院长和院长，直至1937年西迁。1933年他首创"对数图解洪水流量计算"，极具实用价值。几年时间里，他在国内外刊物上发表论文数十篇，并出版《水利学》等专著十余部。1937年抗日战争全面爆发，他率北洋工学院教职员赴青岛转西安，与北平大学、北平师范大学合组为西安临时大学。1938年转迁城固，易名西北联大，李书田任校常委兼工学院院长。1944年国立北洋工学院西京分院成立并于同年招生。1946年1月，国民政府教育部决定恢复北洋大学，李书田带领西京分院师生于4月底率先抵津复校，6月，北洋大学校长

茅以升聘李书田为工学院院长。

1949年天津解放前夕,李书田只身经台赴美。侨居美国期间,继获哲学博士之后,再获土木工程与地质技术工程两个博士学位。1972年,李书田在南塔科它州创办私立世界开明大学和李氏科研院。李书田生前仍对祖国念念不忘,1985年其小女赴美探望,他第一句话即问:"邓小平先生好吗?邓颖超先生好吗?"可见他晚年的心情。邓小平在接见其侄女李幼贞和李继贞时,让她们转达李书田:"欢迎他回国观光"。(主要参考文献:王英春:《情系北洋的李书田先生》,载《天津文史资料选辑》2000年第3期;河北大学档案)

**李吟秋**(1900—1983),原名绪西,河北迁安人,铁路、水利工程专家。中学二年级以直隶省第一名考入清华学校高等科。1922年公派留美,先后毕业于伊利诺伊大学铁道工程专业、康奈尔大学水利工程专业,并在普度大学研究院攻读桥梁建筑和结构学,分别获学士、硕士学位。1927年回国,曾任天津工务局局长等职。1936—1937年任天津工商学院教授,讲授沟渠工程及暖气卫生工程学。1937年由他负责设计施工重建天津西河新桥(大红桥)。1938年春,李吟秋辗转至昆明,投入支援抗战的交通建设,成绩卓著。1949年任云南大学工学院院长。1952年在长沙组建"中南土木建筑学院"。1956年升任二级教授,成为国务院批准首批在中南土建学院第一位带研究生、副博士生的导师,著作主要有《凿开工程》《市政工程》等。(主要参考文献:本文主要根据李靖森(李吟秋之子)提供资料撰成)

**贝兴仁**(Le Père René Petit S.J., 1900—1988),法国耶稣会士,神甫,

机械学家，出生于法国雷恩（Reims）。贝兴仁是法国里尔艺专大学机械科的机械工程师，他在里尔的 Saint Joseph 大学教授物理、化学，后来天津工商大学院务长饶满恒（Le Père Jomin）恳请香槟省省长派遣贝兴仁来华，他写道："我们需要 Le Père René PETIT 来作工程师，因为国民政府教育部发来公函，如果不能在 1937 年在大学设立一个材料实验室，那么就会撤销天津工商大学的大学资格。"

贝兴仁

贝兴仁于 1937 年 8 月在马赛登上船，因抗日战争全面爆发，交通受到影响，10 月 3 日才到达天津工商学院。入职后，他就全身心投入工作，着手安装材料试验设备，建立材料试验室。他长期担任工厂实习和材料试验教授、金工厂主任，在机械系任金工学、机械设计原理教授、机械系主任。贝兴仁还用汉语著成《科学与宗教》一书。1945 年末，当天津的国立大学返回天津重新组建时，因为他们还没有建成自己的实验室，贝兴仁允许他们的学生来天津工商学院实验室上课，在贝兴仁等人的努力下，天津工商的金工厂能自主生产制作机床了，还能对卡车的发动机进行保养。1983 年 1 月贝兴仁回到法国，从事献县天主教耶稣会传教团的档案研究，他撰写编年体的《献县百年传教史》，全书分为五个部分，仅差第五部分的 20 余页尚未修订完毕，便于 1988 年 3 月 17 日辞世。贝兴仁还著有《科学与宗教》《Natal processing》，此书专门为工科学生研究土木工程而作，《La genesse ouvrière Cafholique》（法文），刊于《China missionary》，1948.3—4 期。（主要参考文献：法国巴黎耶稣会档案馆档案；河北大学档案；《天津工商学院简史》，手抄本）

沈　晞（1901—?），字于为，上海市人，上海震旦大学法科毕业，

法国巴黎大学法学博士，法学专家。毕业后在法国巴黎刑事学研究院深造，学习刑事学、监狱警察一年。1931年1月至1933年1月，任东北边防军司令长官公署秘书；1933年1月至1935年11月，任北平军委会北平分会参事；1935年9月至1936年6月，任北平中国大学华北学院教授；1938年到天津工商学院任教授，并兼任达仁学院教授，讲授商事法、财政法规、民法、法学思想概论、契约及规范、比较商法、国际法规等课程。

沈晞

沈晞"讲授细密，研讨独深，同学有疑问时必竭力解释，其诲人不倦之精神令人钦佩"。1949年1月为津沽大学秘书长。1950年9月至1951年1月，校董事会任命其为津沽大学副校长。沈晞通晓法文，著有《模范法华辞典》，上海商务印书馆出版，1923年；《中国抵押制考》，震旦论文，1923年；《青年人犯罪之原因》，巴黎论文，1926年；等等。中华人民共和国成立后，从事新法律的研究。（主要参考文献：河北大学档案；《工商向导》1940年）

邓惠达（Fr. Gastona. Denis, S.J., 1901—1970），生于法国北部瓦朗谢讷（Valenciennes），法国天主教耶稣会士，神甫，物理学家。邓惠达是里耳大学工学学士，1927年10月17日到天津工商大学任教，教授电学、力学、微积分等课程，还兼任电机实验室主任。1933年6月20日在美国马里兰州的悟德斯托克学院（woodstock college）学习神学期间被委任为牧师。1936年回到天津工商学院继续教数学、物理，直至1950年。1946年8月6日，邓惠达曾赴欧洲劝捐，以解决学院缺人缺钱的困难。1950—1962年任教于日本东京的索非亚大学。1963—1970

年在美国俄勒冈州（Oregon）耶稣会任教区神甫。（主要参考文献：法国巴黎耶稣会档案馆档案；河北大学档案）

陈炎仲（1901—1940），字炎仲，四川合江人，建筑学家。天资过人，爱好美术，对于中外绘画艺术，悉数细心研究。1919 年入北京交通大学铁路管理系。毕业后，曾任北京正阳门、唐山新河等车站站长。因感慨于国家公私建筑事业初兴，而设计绘图者都是外国人，于 1923 年毅然离职赴英，进入皇家建筑师协会建筑学院（A·A），研究美术建筑学，获硕士学位。求学期间，曾任英国伦敦苏斯特设计绘图所绘图师、非伯建筑工程事务所实习员。毕业后，游历欧洲，以增长见识。1928 年回国后，任天津工务局建筑科科长、中国工程公司建筑师、北洋大学工业学院教授。1934 年夏进入天津工商学院任建筑学及建筑绘图教授。1937 年天津工商学院增设建筑系，即被聘为建筑学系主任，与暴安良共同努力经营，使建筑系成绩卓著。陈炎仲于 1940 年因病去世。建于 1936—1937 年的茂根大楼（天津常德道 117 号）是他与阎子亨共同设计的作品，这是一所现代风格的高档公寓楼，造型美观，实用价值很高。此外，在天津睦南道与常德道交叉口有一座公寓由他设计，外涂米黄色涂料，有西班牙风格建筑意味。著有《建筑学概论》《杜内嘎尼建筑设计短评》等。（主要参考文献：河

北大学档案;《天津工商学院1940年毕业纪念册》;温玉清:《中国近代建筑教育背景下天津工商学院建筑系的历史研究》附录,天津工商学院建筑系历史研究采访录之(三)据虞福京教授回忆;天津大学硕士论文,2002年)

**高镜莹**(1901—1995),天津市人,水利工程专家。1917年考入清华学校高等科,曾因参加"五四"爱国运动被军警逮捕,拘压长达两周之久。1922—1925年在美国密西根大学工科学习,获工科硕士学位。1925年9月回国,先后在北洋大学、河北省立工业学院、东北大学任教。1932年,因出色完成海河放淤工程而闻名海内外水利界。1934年任华北水利委员会工程组主任。1937年抗日战争全面爆发,因妻子病弱未能随机关南迁,留在天津。以高尚情操、可贵的民族气节顶住了日伪政权的拉拢和利诱,1938年受聘到天津工商学院任教,以渊博知识和诲人不倦精神教育学生,深受学生爱戴。高镜莹任该校土木系主任期间,亲自编写教材,首次为土木系增设定静结构工程、流体力学、土木学、水利工程学等新学科,扩大了学生知识领域,跟上了时代步伐,使学校土木系闻名北方。高镜莹注重理论与实践相结合的教学,以具体工程为实例加以印证,加深学生理解力。他还主持学习班,以研究美国田纳西水利工程为专题,专门派教授带队,利用暑期组织学生进行测量实习,包括导线、水准、地形测量,夜间观星和制图,从外业到内业一整套作业,使学生开阔视野,增强实际工作能力。中华人民共和国成立后,任华北水利工程总局总工程师,提出确立海河防洪体系方案,并付诸实施,此方案奠定了华北治水方针。1951

年主持华北第一座大型水库——官厅水库工程，任工程局局长、总工程师。1955年调任水利部技术委员会主任、技术司司长。1957年率中国赴西欧水利考察团访问瑞、意、法、奥、荷五国并建立联系。高镜莹是我国水利技术管理工作奠基人，他相继拟订了《水利工程等级划分及设计标准》《水利工程隧洞设计规范》等四种文稿，并著有《水利工程概要》等著作。1991年享受国务院政府特贴，其业绩已收入《中国科学技术专家传略》。（主要参考文献：河北大学档案；《河北大学史》编纂委员会编：《河北大学史》，河北大学出版社2001年版；中国科学技术协会编：《中国科学技术专家传略》，中国科学技术出版社1994年版）

**徐忠杰**（1901—1992），广东番禺人，美国米亚米大学英文系文学学士，曾任国立浙江大学、育德大学教授。1944年到天津工商学院任英语会话、修辞学、短篇和长篇翻译，为专任教授。历任津沽大学、天津师范学院、天津师范大学、河北大学教授及外文系主任。任职期间，徐忠杰提议成立读书会，老教师们每人写英语文章，到会上宣读。他还曾给中、青年教师授课，负责他们的进修。著有《汉语成语的英译》，曾任津沽大学民盟小组组长、民盟津沽大学分部主任、第二届民盟天津师范学院区分部主任委员。1980年徐忠杰调北京国际关系学院任教授，出版《唐诗二百首英译》。（主要参考文献：《河北大学史》编纂委员会编：《河北大学史》，河北大学出版社2001年版）

徐忠杰

**安寿颐**（1901—?）北京市人，蒙古族，民盟盟员。1914年9月，在北京外交部俄文专修馆读书，1920年7月毕业。1922年至1934年先后任中国驻海参崴总领事署主事、外交部会计、哈尔滨中东铁路局商务处译员等职。1942年起在庸报、教育总署师资讲肄馆、禁烟局、南京文成钱庄、天津亿中商业银行任职。

1949年7月到津沽大学任俄语教学工作，1951年任天津师范学院副教授，1955年9月兼任外语系副主任，1962年晋升为教授。

安寿颐

安寿颐的俄语基础雄厚，语法知识丰富，实践能力较强，能流利地进行口译和笔译。在河北大学一直担任俄语实践课和俄语语法课，他在教学和培养助教工作上认真，教学效果显著。（主要参考文献：河北大学档案；河北大学郭献庭教授提供部分资料）

**房如晦**（Louis Watine，1902—1982），生于法国Roubaix，法国耶稣会士，神甫，化学家。17岁时到Florennes做见习修士，在完成Vals的哲学学习之后，在里尔待了两年进修化学，并为ICAM提供服务。1928年9月7日，到天津工商大学教授化学并学习汉语。使团中某些神甫并不欣赏他的活泼，认为他有些过于热情洋溢，于是他又返回欧洲，进行了4年的神学学习，并被授予了神学院神甫。此后，房如晦转至英国伦敦大学深造应用化学，获博士学位。之后他再次来到中国。

在天津工商大学，房如晦的教学和管理才能展露无遗。因为擅长化学实验，

房如晦

他入职不久又担任了国贸系主任。1941—1951年期间任商学院院长，兼国贸系、工管系主任、教授，讲授商品学、纺织学、化学、商品试验等课程。是他的服务精神为他博得了中国学生的好感，无论是他在实验室做实验，还是帮助学生完成毕业论文，总能发现他忙碌的身影。他对学生的教育也备加关注，1950年国贸系班史称："院长兼系主任房如晦司铎的详加指导，以博学多才的学者，诲人不倦的精神领导参观，介绍新的资料，不仅能够了解理论，且在实验方面，获得宝贵的效果。"1954年3月回到法国后，他在ICAM工作了一年，负责化学和金属学的两个实验室，同时也做过很多关于中国的报告。后来，他去传道会工作。直到最后，他依然注册在中国地区的神甫目录，并不愿被重新编入法国北部地区的目录下。房如晦晚年继续传教事业。（主要参考文献：Joseph Reinbold著文；法国巴黎耶稣会档案馆档案；河北大学档案）

**王华棠**（1903—1991），字铧鄂，河北赵县人，水利工程专家。1920年考入唐山交通大学，求学期间，因两次直奉战争，学校成为兵站，只好停课放假。王华棠便借机赴北京大学旁听名家讲课，如胡适、陈独秀、辜鸿铭、鲁迅、林语堂、周作人、徐志摩等。北大当时设造型美术研究班，胡佩衡、刘子泉、齐白石等都是导师，这些名人对王华棠影响很深。1926年毕业于交通部唐山大学土木工程系，同年赴美国康奈尔大学深造。1927年获土木工程硕士学位。1931年在天津华北水利委员会负责测量组工作。抗日战争全面爆发后，兼任华北水利委员会总务长。1947年任华北水利工程总局局长。参加了海河放淤，官厅水库前期公路工程等。1949年1月天津解放，

王华棠

任华北水利工程局顾问,天津市水利处首任处长。

1950—1952年任津沽大学教授,讲授铁路工程设计等课程,颇受同学欢迎。同学们说:"铁路设计王华棠教授,从讲课中,更进一步启示我们对祖国的热爱和真正为人民服务的正确认识。"1952年任天津市水利处处长期间,为能解决急需的水利工程人才问题,他举办了水利工程训练班,用一年时间,培养了近百名水利工程人员,同时还下大力治理海河。1958年,完成咸淡水分家的清浊分流工程。王华棠还在天津工程学会会刊《天津工程》任主编。1963年,王华棠为天津特大洪水市内河道堵口复坝工程主要专家之一。主要著作有《华北水利工程三十年》一书及《铁路行车的自动控制》等多篇论文。(主要参考文献:王华棠:《我的一生》,载《天津文史资料选辑》第51辑,天津人民出版社1990年版;河北大学档案;1951年《津沽年刊·土木系班史》)

**李世麟**(1903—1981),号孝鉴,民盟成员,英国语言学家。1929年毕业于燕京大学经济系,文学学士。1929—1933年先后在英国伦敦大学经济学院及文学院研究部语音学系学习并毕业,文学硕士。他还是语言大师丹尼尔·琼斯的弟子。1933年毕业后回国,任河北省立女子师范学院英文系教授。1946—1952年任天津工商学院、津沽大学文学院院长兼外文系主任,专任教授,图书馆馆长,兼南开大学外文系教授。李世麟同时讲授多门课程:文法作文、语音学、英国文学史、演说与翻译、英语教学法、文法、修辞学、英文应用文、19世纪俄文选、英文翻译等。1952年至20世纪60年代末,任天津师范学院和天津师范大学外文系

教授。李世麟擅长英语语音及语法，经验丰富，教学效果好，在语音学和教学法等方面有较深研究，能听、说、读、写、译、讲，同时，他还粗通俄语。

他曾多次赴外地讲学，指导青年教师进修成绩显著。他在黑板上画头部剖面图，显示各元、辅音的唇齿、舌的部位以及气流的走向，画技娴熟，令人佩服。著有《英语语音学》《英语教学法》《英语的拼音和读音》《现代英语》等。（主要参考文献：河北大学档案；《河北大学史》编纂委员会编：《河北大学史》，河北大学出版社2001年版）

**季陶达**（1904—1989），浙江义乌人，别名外方，政治经济学家。1921年在上海上中学，毕业后到上海中华书局工作。1926年冬赴浙江参加革命。1927年，被中国共产党派赴苏联，先后在东方大学和中山大学学习，1930年秋回国。1934年秋，进入私立中国大学经济系、私立朝阳学院、省立东北大学任教。1935年在国立北平大学女子文理学院任教，1936年秋被聘为副教授。1946年任国立山西大学教授。1949年8月任天津南开大学教授。1949年9月20日，华北高教委员会对津沽大学发出任免："季陶达先生任政治经济学教授"。

季陶达

直至1952年8月，季陶达为学校兼任教授。他著作很多，20世纪30年代，曾译苏联学者著作《经济思想史》《政治经济学》等10余部；还著有《货币学原理》《重农主义》《英文古典政治经济学》等。季陶达主编《资产阶级庸俗政治经济学选辑》，撰有《约·斯·穆勒及其〈政治经济学原理〉》和《社会资本再生产和经济危机》等书，还发表论文多篇。（主要参考文献：徐友春：《民国人物大辞典》季陶达条，河北人民出版社 2007 年版；河北大学档案，高教秘字 1524 号；《天津社会科学名人传略》，南开大学出版社 1998 年版）

**过祖源**（1905—1998），江苏无锡人，号基厚，给水排水专家。我国给水排水与环境开拓者之一，在开创环保科学方面做出了重要贡献。1922 年毕业于省立苏州工业专门学校土木工程科，后在天津、武汉、上海等地水利部门任工程师。1932 年在南京任卫生署中央卫生实验院环境卫生系工程师。1934 年派赴美国北卡罗来纳大学研究生院进修深造，1935 年获土木工程硕士学位，同年回卫生署中央卫生实验院工作。1936 年任卫生工程系主任，1938—1939 年在长沙、桂林和贵阳等地任中国红十字会救护总队卫生工程指导员，1940—1942 年在重庆任卫生署中央卫生实验院卫生工程组主任，创建了中国卫生工程学会，并任会长。1942—1946 年升任卫生工程室任技术兼主任。1943 年，中央卫生实验院与中央大学工学院土木系合办卫生工程专业，过祖源兼任教授。1944 年再次赴美国考察卫生工程，一年后回国。1946 年在天津转入城市建设系统，从事卫生工程和市政工程建设工作。先后任市政府卫生工程处主任、市工务局副局长、局长等，在给水排水界与顾康乐有"南顾北过"之誉。中华人民共和国成立后，在天津市卫生工程局任总工程师。1949—1952 年在津沽大学任教授，讲授环境卫生、污水工程学、污水工程设计等课程。1953—1954 年任天津市政工程局总工程师。1954 年调任城市建设部给、排水设计院一级工程师、副院长兼总工程师。1956 年调入城市建设部勘察设计局任副局长，由他组织编制的给水排水工程设

计规范（草案），在我国是个创举。1958—1971 年，任建工部市政工程研究所所长，此时，由他领导的研究所已成为国内给、排水技术研究中心。1971 年该所下放给北京市，改称北京市给、排水研究所。1973 年，该所扩建为北京市环境保护科学研究所，过祖源任总工程师，并兼任中国建筑学会市政工程委员会副主任和中国环境科学学会副理事长。1980—1984 年任北京市环保局总工程师；1984 年任该局顾问。过祖源学术著作主要有：《中国三十年来之卫生工程及战时卫生工作规程》《苏联污水在农田灌溉中的利用与净化会议资料汇编》《污水灌溉及污水综合利用》《给水排水工程，十年来的中国科学——土木、建筑、水利》《国外公害及其防治》等，其业绩已收入《中国科学技术专家传略》。（主要参考文献：中国科学技术协会编：《中国科学技术专家传略·工程技术编·土木建筑卷 1·过祖源》，潘南鹏文，中国科学技术出版社 1994 年版；北京市环境保护局过祖源档案；河北大学档案）

**齐思和**（1907—1980），字致中，山东宁津人，历史学家。1928 年考入燕京大学历史系二年级插班生，当时燕大刚刚迁入西郊海淀新址，校园风光优美，名师荟萃，有洪业、陈垣、顾颉刚、容庚等人，齐思和对顾颉刚讲课及其学问尤为欣赏。1931 年毕业，获史学学士和金钥匙奖。1931 年被洪业选中去哈佛大学历史系研究部深造，攻读西洋史。他成了当时两所世界知名大学进行合作的第一人选，1933 年获历史科文学硕士学位，1935 年获历史科哲学博士学位。回国后，在北京师范大学任教，同时在北大、燕大、清华等校兼任授课。他利用在美国学到的方法建立

齐思和

了独特学风,中国史和西洋史都在他研究范围之内,形成"比较史学"的学术特点。"七七事变"后齐思和回燕大执教。1941年"珍珠港事变"后,燕大被日军强行解散,齐思和又去了中国大学。为了生计,他于1942年来到天津工商学院任教,往返于京津。同年9月10日,学校《工商生活特刊》称:"齐思和先生为我国历史学界之权威者,曾任燕京大学历史系主任,为美国哈佛大学哲学博士,现为我校担任现代史一课,当为我校历史放光荣异彩。"齐思和学识渊博,声望很高,1943年他在天津工商学院女子文学系成立纪念刊上发表了以《春秋时代之政治思想》为题的长篇论文,反响强烈,表现了他深厚的学术根底。1945年抗日战争胜利,燕大复校后回燕大任教,并兼任《燕京学报》编委会主任。1948年为燕大人文学院院长。1952年,高校院系调整,齐思和出任北京大学历史系教授,兼中国社科院世界史研究所学术委员等职。主要有《中国史探研》等多部著作,论文多篇。(主要参考文献:齐文颖:《燕园第一位哈佛博士——追忆父亲齐思和先生的学术人生》。http://www.tecn.cn/data/detail.php?id=9231,北京大学图书馆名人名家首页,齐思和;河北大学档案)

**缪钟彝**(1907—1982),江苏江阴人,民建会员。1930年毕业于上海沪江大学经济系。1935年毕业于美国霍浦金斯大学研究院,获博士学位。历任国民党中央宣传部国际宣传处编译科科员,贸易委员会、中央银行、商业银行专员、顾问、经理等职,兼任复旦大学新闻学院教授。中华人民共和国成立后,任天津津沽大学教授兼企管系主任。1951年11月起在公私合营三合成工厂任经理。1956

缪钟彝

年到天津师范学院外语系任教。英语根底扎实，实践能力较强，能英汉互译，教学效果好，曾翻译过《英汉词汇学引论》。（主要参考文献：《河北大学史》编纂委员会编：《河北大学史》，河北大学出版社2001年版）

**石毓符**（1908—1983），笔名育孚，天津市人，会计学专家。1932年毕业于南开大学商科。1934年经考试到南京政府主审处会计局就职，历任科员、专员。参与统一会计制度和国有营业会计制度的设计、会计法研讨等工作。1938年被聘为重庆中华大学兼职教授。1941—1943年任复旦大学（当时在重庆）商学院教授。1942—1946年在重庆兼作会计师业务，任诚孚会计师事务所主任会计师，重庆三才生煤矿公司总会计及多家公司会计顾问之职。1946年秋到重庆大学、私立华西工商专科学校任教授。1948—1958年在天津南开大学任会计统计系教授和系主任等职。石毓符在这期间于1949—1952年在天津津沽大学兼任教授，讲授政府会计学、公营企业会计等课程。1958年任天津财经学院财政金融系主任。"文化大革命"后任天津财经学院副院长。著作有1945年出版的《普通会计学》（1946年、1947年再版、三版），1950年出版的《企业财产重估价》，发表学术论文20余篇，如《通货膨胀时期用物价指数记账的方法》《现阶段中国的经济核算制》等。去世后，1984年出版《中国货币金融史略》，获天津市社科优秀成果荣誉奖。（主要参考文献：河北大学档案；《天津社会科学名人传略》，南开大学出版社1998年版）

**黄廷爵**（1908—1998），四川内江人，建筑学家。1932年毕业于国立北平大学建筑系。1937年在天津成立建筑设计研究所。1948年至

黄廷爵

1952年在天津工商学院建筑系任教，讲授建筑图案和建筑设计等课程。1952年兼任建筑系主任、教授。1952年秋，随工商学院建筑系并入天津大学建筑系任教授，并任天津大学建校委员会校园设计总工程师，设计教学楼、实验室、宿舍等多所基建工程。1989年任天津市近现代优秀建筑评议委员。1951年获天津市政府设计展览会场特等奖。1987年获中国建筑学会从事建筑科技工作50年荣誉证书。1990年获国家教委从事高校科技工作40年荣誉证书，同年获天津市建筑学会建筑科技工作40年荣誉证书。（主要参考文献：《天津市当代专家名人录》；河北大学档案）

朱经畲（1909—1991），天津市人，中国戏曲教育家。早年毕业于北京师范大学，文学学士。他先在天津工商学院附中任职，后于1945年在天津工商学院任职，勤勤恳恳，无私忘我，为天津工商学院的发展做出了贡献。朱经畲的弟子吴小如在《怀念朱经畲老师》一文中写道："经畲师一生忠诚于教育事业。今天有不少知名的科学家、企业家、文艺工作者和长期战斗在教育第一线的教师，都曾授业于畲师的门下。而他晚年最重要的贡献，窃以为在抢救、整理、振兴、倡导我国的传统戏曲事业，尤其对濒于失传的昆曲，做了大量的工作。"20世纪50—60年代，任河北北京师范学院中文系教授，讲授

朱经畲

传统戏曲课程。他的教学深入浅出，声色具佳，颇受学生欢迎。1991年8月20日在天津逝世。有《中国诗歌与思想及政治之关系》等著作。（主要参考文献：河北大学档案；《河北大学史》编纂委员会编：《河北大学史》，河北大学出版社2001年版）

梁寒冰（1909—1989年），山西定襄县人，中国地方志指导小组副组长，中国地方志协会会长。早年就读于太原国民师范学校、北平师范大学。1931年底至1932年，先后参加北平学生游行卧轨和北平的群众示威游行等革命行动。1933年加入中国共产党。历任北平临时工委成员、共青团北京市委组织部长、北平民族自卫会宣传部长、中共北平市军委书记，参加组织领导了"一二·九"和"一二·一六"学生爱国运动，此后历任中央情报部第四室敌伪组副组长、晋绥军区调查局科长、晋绥公安局情报室副主任、雁门区党委国军部副部长、六地委城工部长、太原工委副书记等职。曾任教于抗日军政大学、延安马列学院。中华人民共和国成立后，先后任天津市军管会文教处副处长、天津市教育局局长、市委文教部长、中共河北省委文教部长、中共中央华北局宣传部副部长、中国社会科学院历史所分党组书记、副所长等职。

梁寒冰

1951年3月，梁寒冰在津沽大学任教授并担任文教政策与法令课程。1952年8月，上级任命梁寒冰兼任天津师范学院院长；1958年天津师范学院改为天津师范大学，梁寒冰任天津师范大学校长；1960年天津师范大学改为河北大学，梁寒冰任河北大学校长，直至1963年3月离任，在任期间对河北大学的发展作出了重要贡献。

1958年至1959年，全校在科学研究方面取得了不少成果，如模拟

电子计算机和输出功率近400W静电加速器及高分子材料等研制成功，受到中央政府教育部领导和有关专家高度评价，扩大了学校知名度。这一时期，学校还成立了校务委员会。

1960年，当得知天津师大改为综合性河北大学的消息时，校长梁寒冰等根据省委书记处张承先"关于应该把河北大学办成全省大学的骨干学校，成为全省科学技术中心，以适应河北省政治、经济、文化发展需要"的指示精神，草拟了河北大学发展规划方案，确定了河北大学奋斗目标方案。

梁寒冰曾出版译著《唯物史观世界史（封建社会部分）》，撰写《殷周社会史》。中华人民共和国成立后，编著《中国现代革命史教学提纲》《唯物论与唯心论》《解放战争大事记》等，发表论文数十篇，并在50年代主持出版《历史教学》杂志。"文化大革命"期间，重新通读马列著作，出版《历史学理论辑要》，并撰写了《中国社会发展史》。梁寒冰长期坚持学习马克思主义和马克思主义史学理论研究，积极推动中国史学会的恢复工作。1980年任中国史学会常务理事兼秘书长，并组织、领导《中国历史大辞典》的编纂与出版。1980年后，从事组织领导全国新方志的编纂工作，出版《新编地方志研究》论文集。1981年，当选为中国地方志协会会长。1983年，经中央书记处批准，为中国地方志指导小组副组长，积极推动全国省、市、县修志机构的建立，长期深入修志第一线，进行调研及修志工作的具体指导。在新编方志理论方面，多有创见，尤其在新方志编纂指导思想、编纂内容、编纂方法、新方志功能、作用以及史志异同等问题进行深入探讨，卓有成效。（主要参考文献：天津市高等教育史志编写组编：《天津高等教育大事记》，1995年；河北大学档案；中国地方志指导小组提供资料）

孙家玉（1910—?），天津市人，字宝琳，化学专家。燕京大学化学系毕业，在美国欧海欧大学研究院化学系研究两年。曾任河北省立女师学院家政系主任兼教授。1942年秋，孙家玉偶然间与天津工商学院训育主任刘迺仁、司铎谈及现代女子教育情况，得知天津市女子高等学府缺乏，苦苦思索解决方案，这件事成为了天津工商学院设立女院的契机。1943年，校董事会决定增设女子文学系，并于同年招生。9月，孙家玉任女子文学系管理主任。女子文学系起初租用圣功中学宿舍，建筑巍然。1945年8月，董事会议决定将女子文学系扩大为文学院，内分文学、史地、家政三系，并将女院迁至校内，孙家玉出任家政系主任，任期直到1951年9月止。所授课程为无机化学、食物化学分析、有机化学、定性分析、营养学、营养试验、家政概要、教育学等。孙家玉解放前曾参加天津妇女会、新生活运动促进会等组织的活动，1948年当选"国大代表"。著有《中世纪教学法述要》等。（主要参考文献：河北大学档案；南开大学梁吉生教授提供部分材料）

孙家玉

**方　豪**（1910—1980），浙江诸暨人，字杰人，中西交通史家，中国宗教史家。1934年毕业于宁波圣保禄神哲学院，在校期间，主攻哲学及神学，兼学天主教史、圣经、教律等课程。1935年晋升司铎，决心献身教会。1940年在重庆任《益世报》主笔。出于爱国之心，在宣传天主教之外，继续光大该报力主抗日的传统，坚定抗战必胜信念，在社论中经常披露日军在华种种罪行。曾任浙江大学、复旦大学等校系主任、院长

方豪

等职。抗日战争胜利后，任南京《中央日报》主笔。1946年9月出任北平天主教上智编译馆馆长，并被聘为辅仁大学历史系教授。此前，应天津工商学院刘迺仁院长之邀，继侯仁之之后，出任该校史地系第二任系主任，往返于平津，不辞辛劳，每两周到校授课一次。方豪擅长教授中外交通史，1948年8月赴复旦大学执教。1949年2月，应台湾大学校长傅斯年之邀为该校历史系教授。曾任台湾中国历史学会理事长、台湾国立政法大学文理学院院长。1975年7月9日，荣膺教宗保禄六世特颁"名誉主教"加"蒙席"衔，以表彰他对教会与学术的贡献。1979年8月，在台湾大学历史系退休，仍为博士生导师。其著作多达二十余种，论文数百篇，主要著有《中西交通史》《中国天主教史论》《李之藻研究》《中国天主教人物传》《方豪六十自定稿》等，还曾对台湾方志研究达30年之久，并主编《台湾方志汇刊》等期刊。（主要参考文献：卢胡彬：《方豪对台湾方志的研究》；《方豪与中西交通史研究》，河北大学档案）

**李建昌**（1911—1995），广东从化县人，日本财政问题专家。国立武汉大学经济学学士，1937年毕业于南开大学经济研究所，获硕士研究生学位，1940年在南昌大学任讲师，后任行政院善后救济总署专门委员兼财务厅平津区办事处处长。1947—1949年在天津工商学院、津沽大学任财政学教授。1950年在上海筹建会计师事务所，1951年回津沽大学执教，同年到南开大学财政及经济系任教授。1958年调河北财经学院（天津财经大学前身）任教授，财金系财政教研室主任。曾任中国税务学会理事，中国财政学会理事，天津市

李建昌

财政学会副会长，天津市人民政府咨询委员会委员，天津市税务咨询高级顾问，天津市日本经济学会会长、名誉会长等职位，享受国务院政府特殊津贴。主要论著有：《国家税收》《官僚资本与盐业》《社会主义国家税收存在的必然性及其作用问题》《财政收入占国民收入比重的比较研究》等。对我国财税问题颇有研究和建树，对西方财政税收问题特别是日本财政问题的研究倾注了大量心血，成果颇丰，如《日本财政》《战后日本财政剖析》《西方国家财政税收问题》《当代美国财政教程》等，是我国公认的日本财政问题研究专家。（主要参考文献：天津市社会科学界联合会编：《天津社会科学名人传略》，南开大学出版社 1998 年版；河北大学档案）

龙　吟（1911—1998），原名龙学乐，海南省文昌县人，经济学家，中国共产党员。出身于爱国华侨之家，1927 年中学时期参加了中国共产党领导的共产主义青年团。1937 年毕业于中法大学经济系，毕业后，进入法国里昂大学、法国政治学校学习，1945 年获法国里昂大学法学博士学位，他的博士论文《中英法预算监督制度的比较》，获得当年毕业最高评语。曾先后在巴黎大学研究院和美国哥伦比亚大学从事科学研究，1946 年回国受聘于天津工商学院教授，1947 年至 1958 年任教于南开大学，

龙　吟

1950 年兼任达仁学院教授，1959 年在河北省科学院经济研究所任研究员，1962 年任南开大学经济研究所教授，享受国务院政府特殊津贴。曾任南开大学校务委员会委员、经济系主任、天津市政协委员、常委、副秘书长，民建天津分会常委、全国慈善协会会员等职位。还曾为南开

大学经济学院捐赠 10 万元人民币用作奖学金，向周恩来、邓颖超纪念馆捐赠人民币 6000 元。龙吟一直从事经济学的教学和研究，讲授过财政学、货币银行学、政治经济学和社会主义政治经济学等专题课程，并注重社会实践、社区调研，科研成果丰硕。专著以《社会主义经济效益论》为代表，发表学术论文多篇，如《试论所有制，所有制形成，所有和占有》《关于中国现代化的几个问题》《宏观调控与提高社会经济效益》《关于政治经济学的导言》《我国的税收》《关于商品生产的问题》等。（主要参考文献：天津市社会科学联合会编：《天津社会科学名人传略》，南开大学出版社 1998 年版；河北大学档案）

张　镈（1911—1999），山东无棣县人，中国第二代建筑大师。1930 年考入东北大学建筑系，得到梁思成、童寯、陈植等建筑大师的真传。"九一八"事变，东北沦陷后，转入国立南京中央大学建筑系。1934 年毕业，张镈开始从事建筑设计实践而终其一生。自 1934—1951 年，加入当时全国最为著名、最大的设计单位——基泰工程司长达 17 年之久。在基泰工程司，得到建筑大师杨廷宝的精心指导和培养，在京、津、宁、沪各地基泰事务所，主持参与了以天津中原公司为代表的多项工程。1940—1946 年，任天津工商学院建筑系教授，并承担建筑理论、中西建筑史和中国建筑构造、建筑设计主课的图案指导工作。任职期间，学校承包了故宫中轴线及其周围的建筑实地测绘，参加此项工作的成员以天津工商学院 1941 年毕业生为主，其中建筑系学生 10 人，土木系学生 3 人，为期三年半，直至 1949 年底才宣告完成，得图纸 360 余张，内

外檐照片多帧及测绘手稿。张镈对此次测绘工作的评价是"工作认真，功底深厚，测量翔实，绘制精细"，反映了工商学院建筑系学生扎实的绘图基本功，这与平时本系严格认真的教学训练有着极为密切关系。傅熹年称，即使在现在科技条件下测绘出来的古建筑图，有些也仍未达到这批图那么精密完整和规范化。这批资料至今保存完好，收藏在国家文物局，此次实测对张镈本人业务提升和深入古建筑实践具有重要影响。后由于掌握了大量实测资料，成立了古建研究所，有几位天津工商学院学生参与做科研工作，其中有张宪卢、虞福京、杨学智、高文铨等人。自1951年3月起，张镈长期担任北京市建筑设计院总建筑师，经其设计、参与、辅导的大型建筑工程设计多达百余项，他的经验之丰富，造诣之深，在国内外建筑界享有盛誉。主要建筑代表作有北京友谊宾馆、北京民族文化宫、北京人民大会堂等建筑。张镈的特点是"手头功夫扎实，方案能力强，画图潇洒自如，一挥而就"，1994年出版《我的建筑创作道路》一书，是他一生建筑设计实践经验的总结，也是我国建筑界第一部回忆录。（主要参考文献：张镈：《我的建筑创作道路》，中国建筑工业出版社1994年版；温玉清：《中国近代建筑教育背景下天津工商学院建筑系的历史研究》，天津大学硕士论文，2002年；宋昆主编：《天津大学建筑学院院史》，天津大学出版社2008年版；河北大学档案；《河北大学史》编纂委员会编：《河北大学史》，河北大学出版社2001年版）

**侯仁之**（1911—2013），河北枣强人，历史地理学家，中国科学院院士。1936年毕业于燕京大学历史系。1940年毕业于燕大研究院，文学硕士，毕业后留在燕大历史系执教。侯仁之师从顾颉刚、洪煨莲、达比等多位名师，治学深受顾亭林经世致用思想影响。1941年12月，燕大遭日军查封，以"以心传心、抗日反日"的罪名，将侯仁之逮捕，并判徒刑一年，缓刑三年，取保开释。侯仁之因此辗转天津，1943—1946年在天津工商学院任教，任经济地理和人文地理教授。任职期间曾应学生俱乐部之邀，为学生作《黄河故事》演讲，以激励同学奋起抗日热情，全文刊载于《工商学院女子文学系成立纪念刊》上。1945年出任天津工商学院首任史地系主任，创建"史地学会"。除讨论史地问题外，更请名人前来作学术讲演，组织市外旅行团作史地考察。侯仁之任教期间，还兼研史地，著有《天津聚落之起源》《王鸿绪明史列传残稿》《研究地理学应有之基本概念》等著作。

侯仁之

1945年10月燕大复校，侯仁之往来京津，每周三天在天津工商学院、三天在燕大授课，不辞辛劳。1946年8月赴英国利物浦大学从师德贝（H.C.Darby）教授深造。1949年获地理学博士。于中华人民共和国成立前夕回国，参加开国大典。1952年为北大地质地理系教授，开始系统学术研究，深究北京城起源和演变，为首都建设作出巨大贡献。他还考察西北沙区历史地理，探讨西部环境变迁。他是中国现代历史地理学的开创者、奠基人之一，1980年被选为中国科学院院士，同年加入中国共产党。其著作多部，主要有《历史地理学的理论与实践》《历史地理学研究中的认识问题》等，主编《北京历史地图集》一、二集。系北京大学地理系教授、博士生导师，社会兼职甚多。1984年英国利物浦大学授予他"荣誉科学博士"称号。1999年获何梁、何利基金科学与技术成果奖，同年11月，获美国地理学会（AGS）"乔治·大卫森勋章"。2001年，获美国国家地理学会（NGS）"2001年度研究与探险委员会主席奖"。（主要参考文献：北京大学侯仁之档案；河北大学档案；侯仁之：《晚晴集·自序》，新世界出版社2002年版）

朱　星（1911—1982），江苏宜兴人，字星元，语言学家。1921年入天津教会学校学习拉丁文和法文，后入上海震旦大学和无锡国学专修馆学习。1933年在上海美国教会学校Consage College中国学生部任教，甚得震旦大学校长马相伯赏识。1935年经马相伯介绍到天津工商学院附中任教。1939年出版《星元诗集》。1940—1945年在天津工商学院任教，讲授新闻学及语言学等课程，任教时除撰写工商附中校歌歌词之外，还在本校刊物上发表多篇论文，如《散文之今昔观》《九歌与九章》《论绝句》《"新学之诗"述评》《诗歌排列的艺术》《漫谈我国的文学批评》等。在此期间，朱星拜陈垣为师。1946年到北洋大学任教，积极参加北洋大学师生反内战、反迫害斗争。1949年后，历任河北天津师范学院中文系语言学教授、系副主任、副教务长、副院长，天津市语言学会副理事长，天津市科学联合会社会科学部副主任委员，河北北京师范学院中文系语言学教授、副院长，河北师范学院副院长，1979年调中国大百科全书出版社任编审，并任天津师范学院副院长、中国语言学会理事、中国音韵学研究会理事等职位。朱星研究范围广泛，著作很多在古代汉语研究方面，著有《古代汉语概论》，主编《古代汉语》一书及《学习古代汉语必须重视古音韵》等论文；在现代汉语语法研究方面，以《汉语语法学的若干问题》一书为代表，还发表论文多篇。（主要参考文献：河北大学档案；www.china-language.gov.cn.《河北大学史》编纂委员会编：《河北大学史》，河北大学出版社2001年版）

朱星

雷石榆（1911—1996年），广东台山县人。1933年赴日本留学，毕业于东京中央大学经济系。1935年参加中国左翼作家联盟东京分盟，

雷石榆

主编盟刊《东流》《诗歌》，用日文进行诗歌创作，在《诗精神》《文学评论》《诗导标》《诗人泰晤士》《诗人》等刊物上发表诗歌多篇。他还参加郭沫若主持的《质文》社，经常为《质文》社写稿，主要反映对现状不满，渴望民主、自由，在当时具有一定进步性。雷石榆的日文诗集《沙漠之歌》出版后，引起日本当局注意，1937年被逐出境。抗日战争全面爆发后，雷石榆参加中华全国文艺界抗敌协会，投身抗日救亡文化活动。1938年，雷石榆在广州任《救亡日报》的义务撰稿人，后主编刊物，身赴战区，发表了大量的文艺作品。1939年，雷石榆到昆明，作为第三届文艺界抗敌协会理事，主持昆明分会工作，并主编分会会刊《西南文艺》。1946年，应邀赴台任《国声报》主笔兼副主编。1947年，转任台湾大学法学院副教授，后到香港任南方学院副教授、中业学院教授。1952年，应聘任津沽大学教授，先后曾任中国现代文学教研室和外国文学教研室主任。数十年来雷石榆坚持在教学科学研究第一线，教书育人。1986年，应邀赴日本进行国际学术交流，产生了深远的国际影响。雷石榆一生著作无数，属于学术研究方面的主要有：专著《日本文学简史》《文艺一般论》《写作方法初步》；论文《评李煜词的基本问题》《关于贾宝玉的典型性格》（与胡人龙合写）、《新诗的格律问题》《但丁和他同时代的抒情诗派》《诗歌审美判断的探索》《略评川端康成及其创作道路》《1930年代以〈诗精神〉为中心的中日文化交流》《关于汉诗与日本民族诗歌的关系》《试评石川啄木的创作思想及其艺术成就》《试论小熊秀雄童话诗的特色》《绝代歌手与斗士——海涅》；讲义《文学概论》《世界文学》《世界文学作品选》《外国文学参考资料》（合编）等。属于创作方面的有：诗集 7 部，译诗 2 部，小说集 3 部。（主要参考文献：《河北大学史》编纂委员会编：《河北大学史》，河北大学出版社 2001 年版）

**刘豁轩**（？—1976），河北蓟县人，新闻学家。1928 年毕业于南开大学新闻系，毕业后应族兄刘浚卿之邀出任天津《益世报》总编辑。刘豁轩具有卓越办报才华，同兄长一道使《益世报》走出低谷，成为民国时期中国影响力最大的报纸（上海《申报》和《民国日报》、天津《大公报》和《益世报》）之一。在天津，《益世报》与《大公报》皆以特色鲜明著称，其竞争十分激烈，事实证明，《益世报》毫不逊于《大公报》。周恩来赴法勤工俭学时，应《益世报》之约，自 1921 年 2 月 1 日至 1922 年 2 月，由欧洲连续发回 56 篇通讯，即刊于《益世报》。为扩大报纸竞争力，刘豁轩建议将天津《益世报》改组为股份有限公司，增发股票，扩充资本，1931 年《益世报》股份有限公司成立。"九一八"事变前，《益世报》预报了大风暴即将来临。1934 年，刘豁轩为该报社总编辑兼总经理。《益世报》主旨一贯明确，主张坚决抗日，备受读者欢迎。为强化社论效用，刘豁轩重金礼聘上海新月派文人罗隆基为天津《益世报》主笔。罗隆基在报刊上发表多篇社论提倡武力抗日，揭露国民党政府的不抵抗主义，大长国民志气，报纸发行量与日俱增。后国民党当局下令停止天津《益世报》对邮政和电报的使用，《益世报》曾一度被迫停刊。1936 年，刘豁轩因健康原因，辞去天津《益世报》职务，到燕京大学新闻系教书，出任系主任。1944—1945 年和 1947—1948 年先后任天津工商学院教授，讲授新闻学和广告学等课程。由于他具有丰富的办报经验，以及对学生循循善诱、诲人

不倦的精神，使学生受益良多，博得学生喝彩。（主要参考文献：罗隆基：《天津〈益世报〉及其创办人雷鸣远》，载《天津文史资料选辑》第四十二辑，天津人民出版社 1988 年版；韩幄奇：《抗战胜利后的天津〈益世报〉》，载《天津文史资料选辑》第四十二辑，天津人民出版社 1988 年版；徐景星：《重振〈益世报〉的刘豁轩》，载《近代天津十二大报人》，天津人民出版社 2001 年版；河北大学档案）

**明兴礼**（P.Jean Monsterleet，1912—2001），出生在法国 Hondschoote，法国耶稣会士，神甫，文学家。上中学时，受其在斯里兰卡传教的耶稣会士叔父的影响，明兴礼希望能去那里继续叔叔的传教事业。1929 年，他开始初修期学习，后被派往伦敦使用英文进行教士教师实习，先后获昂西巴尔塞尔大学文学学士、伦敦大学硕士学位。1934—1937 年间，明兴礼在南锡服完兵役后，到 Vals 学习哲学，此时斯里兰卡的情况发生了变化，法国耶稣会为了加强在华的传教活动，于是把锡兰（斯里兰卡）的宗教活动让给了加拿大、意大利和斯里兰卡本地的传教士。1937 年，明兴礼踌躇满志地登上了开往中国的航船。10 月抵达天津后，开始学习汉语。1939 年 10 月，明兴礼到耶稣会创办的天津工商大学工作。在课余与学生们交流后，明兴礼在他的书中写道："为了学习汉语，我问他们读哪些文学作品好时，他们给我推荐了他们都很喜欢的作家——巴金。"不久后，明兴礼赴沪并邂逅了巴金。1943 年 6 月，他被授予神甫职位。三年后，明兴礼返回华北，在天津完成他的博士论文《中国作家，他们时代的见证者》（*Les ecrivains temoins de leur temps*）。为了参加巴

黎大学的论文答辩，明兴礼在上海等待三个月才登上了返法的航船。在上海他再一次与巴金偶遇，使两人对对方有了新的认识，并使得两人惺惺相惜。1947年明兴礼再一次来到中国，在去往天津的途中他再一次遇见了巴金。在天津工商学院和私立津沽大学任教期间，明兴礼主要讲授法文、戏剧学和比较文学，还曾兼任学校的体育主任，著有《现代中国两位贤士》《巴金的生活与创作》等。1951年明兴礼离开中国，到新加坡传教。1952年1月，回到法国，此后应邀赴日本东京索非亚大学讲授法语，一直工作了12年。1968年赴巴西传教3年之后回到法国里尔。在日本和法国期间，他一直与天津和东京的学生保持联系，撰写了大量有关中国政治和宗教的著作，如《毛泽东时代》《巴金》等。（主要参考文献：法国巴黎耶稣会档案馆档案；河北大学档案）

**钱君晔**（1912—1989年），天津市人，天津工商学院、津沽大学、河北大学教授，中国共产党员。曾任津沽大学历史系系主任、系副主任等职，中国台湾研究会理事。1936年毕业于辅仁大学历史系。1946年任教于天津工商学院史地系。1949年任系主任，同年当选津沽大学教职工委员会主席。1950年11月加入中国民主同盟，曾任天津市民盟委员。1951年他以校方代表之一参加了与法国教会方面的谈判，为收回津沽大学办学权做出了贡献，后被选为校工会主席。1951—1966年任历史系副主任。1953—1966年连续被选为天津市河西区第一至第六届人大代表。钱君晔是《历史教学》创始人之一，并历任编委。与李光璧教授合编《中国历史人物论集》《中国农民起义论集》和《中国科学技术发明和科学人物论集》，与杨思慎教授合著《台

钱君晔

湾人民斗争简史》，钱君晔还撰写《论士族门阀制的没落》《宋代卓越的科学家沈括》等论文多篇。钱君晔教授从教数十年，桃李满天下，把一生积累的大量书籍捐给了河北大学。（主要参考文献：《河北大学史》编纂委员会编：《河北大学史》，河北大学出版社2001年版）

**黄　绮**（1914—2005），原名匡一，号九一，安徽安庆人，祖籍江西修水，中国共产党员。1940年毕业于西南联合大学中文系，曾师从闻一多、朱自清、罗常培、王力等学界名宿，特别受罗常培影响较深，在科研上受过严格训练，治学态度严谨。毕业后留校任清华大学文科研究所助理，西南联大助教。1942年考入北京大学研究院，专攻文字学，在此期间，曾任中法大学讲师。1945年任安徽大学中文系讲师，讲授诗词。

黄绮

中华人民共和国成立后，到华北大学政治研究所学习。1950年到张家口工程学校任教，1951年3月到津沽大学附中任教，同年8月到津沽大学文学院任讲师，历经天津师范学院、天津师范大学、河北大学，1962年为副教授兼中文系副主任，1979年晋升为教授，在中文系讲授现代汉语、语言理论、文字学专题、毛主席诗词专题等课程。1981年创建河北大学汉语言文字学硕士点，为该硕士点研究生导师、第一学术带头人。黄绮在河北大学任教长达30年之久。

1981年黄绮教授调入河北社会科学院任研究员，后为顾问，仍兼任河北大学中文系教授和硕士生导师。1991年开始享受国务院政府特殊津贴，1993年，被评为"河北省管优秀专家"。1988年任河北省政协第六届常委。曾任中国书法家协会副主席，河北省书法家协会主席，

2002年当选为河北省文联名誉主席。黄绮还曾任中国语言学会理事、中国音韵研究会理事、中国训诂学会学术委员会委员、河北省语言学会名誉会长、中国美术家协会河北分会常务理事、中国作家协会河北分会理事等职。

黄绮在现代汉语和古代汉语的语音、文字、词汇和语法等方面都有较深入的研究，尤对古文字形体、古音韵和方言等方面造诣颇深，其著作主要有《说文部首讲解》《解语》和《说文解字三索》等，还发表学术论文20多篇，在学术上有一定影响力。黄绮对旧体诗词也有较深入的研究，出版有《归国谣集》《双辙集》《春雪集》和《黄绮词曲钞》等。

黄绮是中国当代著名书法家。幼时开始学黄、学颜柳等各帖，上寝"二王"。真、草、隶、篆、行书以至金文、甲骨文等均在研习之列，加之具有深厚文字学基础，故其书作兼容并包，凛然独步，深为世人称道。他创"铁戟磨砂体"和"三间书体"，在书法界具有一定影响力。他擅长篆刻和绘画，有《黄绮八十寿辰书画展览作品选》《归国谣无弦曲合集》和《黄绮论书款跋》等作品和著作问世，黄绮的书法作品在日本书道界颇具影响力。

1998年，黄绮将自己创作的412件书画篆刻作品捐献国家，交由河北省博物馆收藏。2002年，黄绮书画专场拍卖在河北省博物馆举行，共拍出139万元，当场捐赠希望工程并作为辅助扶贫儿童基金。2004年，河北邮政为祝贺黄绮90大寿，特发行"一帆风顺，黄绮九十寿辰——盛世同心特别纪念版邮票"。（主要参考文献：河北大学档案；河北大学人文学院网·学者风采·黄绮简介）

**张肖虎**（1914—1997），天津市人，音乐教育家、作曲家，音乐理论家和指挥家。1936年毕业于清华大学土木工程系，工学学士。因为酷爱音乐，所以张肖虎入大学不久即参加学校管弦乐队，大学四年级到燕京大学选修音乐课，参加燕大乐队与合唱团。为更好地学好音乐，张

张肖虎

肖虎将大学学习时间由4年延长至5年，毕业后留校任音乐部助教。抗日战争全面爆发后，在天津从事音乐教学并组建了天津音乐专修院，把众多音乐人才聚拢在一起，从事艺术活动，并用演奏、演唱古典名作和渗透着正义与反抗情绪的新作来抒发爱国情怀，抵制敌伪文化。1941—1945年，张肖虎出任天津工商学院管弦乐队导师，这是他音乐生涯极为重要的阶段。1941年在学校组建管弦乐队，9月1日，首次以莫扎特作品音乐会公演于天津大光明戏院，轰动津门。张肖虎连续排演并指挥了海登、莫扎特、贝多芬、舒伯特、比才、瓦格纳、李斯特、门德尔松等人的交响管弦作品。由他创作的《幻想曲》《苏武交响诗》也由天津工商学院管弦乐队演出，被当时在津的中外报刊誉为"天津音乐之雄"，声威大震。他还在基督教青年会组建了最大的歌咏团，为青年会举办"音乐专修科"，并举行了多种学习班和音乐会，为青年会及工商管弦乐队培养了大批音乐专业人才和教师。张肖虎拒绝与敌伪合作，具有高尚民族气节。抗日战争胜利后，回清华执教。1956年张肖虎创作了管弦乐曲《浔阳曲》，播放后引起国内外音乐界广泛赞誉。1956—1957年，他完成中国第一部大型民族舞剧《宝莲灯》的音乐创作，这是他最优秀、影响力最大的代表作。20世纪50年代他创办指挥的北京师范大学音乐合唱队，在北京声誉颇高。曾任北京师范大学艺术系主任、国家教委艺术委员会委员、中国音乐教育研究会会长等职。张肖虎创作曲目很多，有《张肖虎艺术歌曲集》《海盗船》等，并著有《乐学基础》《五声性调式及和声手法》等。张肖虎去世后，他的遗著《和声学学习新法》出版。张肖虎的生平事绩已收入《中国近代音乐家传》。(主要参考文献：张小梅：《我将来要当一名教师——音乐教育家张肖虎》，载《中国近代音乐家传》，春风文艺出版社 1994 年版；张肖虎：《沦陷时期的天津音乐活动》，刊于《天津文史资料选辑》95；《中国教育报》2004 年 4 月 24 日 4 版，石一《纪念音乐教育家张肖虎先生 90 诞辰座谈会举办》；河北大学档案)

**杨从仁**（1915—1996 年），四川成都市人。1939 年毕业于四川大学数学系并留校任教，1943 年任讲师。1950 年受聘东北师范大学副教授。1951 年到天津津沽大学任副教授，1952 年任数理系主任。1953—1966 年和 1977—1982 年任数学系主任，1979 年晋升为教授。1980—1983 年任河北大学副校长，1983—1987 年为顾问。杨从仁一生追求进步，1943—1946 年参加成都教授联谊会。1946 年加入中国民主同盟，1950 年受聘四川大学管制委员会任校务委员，

杨从仁

1984 年在河北大学加入中国共产党。在系的建设中尤为关注师资队伍建设，通过送出去进修，举办青年教师进修班、讨论班等方式，使一大批青年教师成为教学骨干。1977 年重新担任系主任后，又抓了教师的科学研究工作和系的学科建设工作，并于 1984 年获得基础数学硕士学位授予权。1978 年开辟了"增生算子扰动理论及其应用"的科学研究方向。50 年代，杨从仁先后翻译并出版了（苏）奥库涅夫的《高等代数》（上、下册），（苏）格列本卡的《数学分析简明教程》（两卷），（苏）列斯铁尔尼克、索伯列夫的《泛函分析概要》（第一版）（该书为中国泛函分析学科的第一本译著，后应读者要求，1985 年他重译此书第二版），并在国内重要期刊上发表过多篇论文，1985 年在《数学学报》上发表

了《Hilbere 空间内 m—增生算子的扰动》的论文，1988 年在《数学年刊》上发表了《Banach 空间内 m—增生算子的扰动的几点注释》。1985 年，成功地组织了全国非线性泛函分析第四届学术会议。杨从仁曾任中国数学会理事、天津市数学会副理事长、河北省数学会理事长、民盟天津市委委员、民盟保定市副主任、河北省政协委员、保定市政协副主席、河北省科协副主席等职位。（主要参考文献：《河北大学史》编纂委员会编：《河北大学史》，河北大学出版社 2001 年版）

**聂国屏**（1915—1998 年），河北抚宁县人。1939 年毕业于燕京大学西语系，后任天津智德中学英语教师。1946—1951 年任天津工商学院讲师。1946 年加入民盟地下组织，在中国共产党地下党引导下，组建民盟小组，拒绝国民党反动派的诱惑，支持中国人民的解放斗争，跟随地下党员吴景略三次去邯郸会见起义将领高树勋，接受为解放区运送文具、生产机械等任务。1947 年兼任《益世报》协理。1950 年建立民盟天津市临工委，聂国屏为委员。1951 年任津沽大学民盟小组组长，参加校政改革，并取得成功，受到民盟天津市支部临工委的表彰。1950 年聂国屏发起组织天津市天主教三自革新运动促进会，任秘书长、副主任，并在 1951 年受到周恩来总理接见。1951 年任天主教全国委员会委员。1954 年被选为天津市第一届人民代表大会代表。1955 年任对外友好协会天津分会理事，在知识界和宗教界具有一定声望和代表性。1951—1957 年任天津津沽大学、天津师范学院副教授兼总务长。历任天津师范大学、河北大学外文系副教授。聂国屏特长英语，略懂法语、俄语，自编教学讲义，曾翻译英国文学选读

聂国屏

和一、二、三册英国戏剧选,于1947—1948年由校方印发给学生。他多次被评为校系级先进工作者。1981年接受了指导外文专业研究生任务,任河北大学外文系副主任兼学校外办顾问。1986年离职休养。(主要参考文献:《河北大学史》编纂委员会编:《河北大学史》,河北大学出版社2001年版)

**李宝震**(1916—1993),江苏昆山人,会计学专家。幼承家学,英语功底深厚,1933年考入天津工商大学商科,大学四年级时,被美籍教授斐士(Fscher)聘为审计学助教,时常代替斐士教授讲课,深受师生欢迎。1937年毕业,获商学学士学位,留校任教。李宝震是当时会财系唯一华籍会计学教师。1942年晋升为教授,年仅26岁,在校讲授会计学、统计学、审计学、商业实践等多门课程。1945年任会财系主任,李宝震聘请有真才实学富有教学经验的教授执教,强化学生实际训练,对爱国的

李宝震

优秀教师,在精神给予很大鼓励;对不称职的教师,无论华人或外籍,即刻撤换,绝不迟延,保证了教学高质量。抗日战争时期,授课时渗透爱国主义思想教育。针对教学需要,李宝震编写了多种中英文教材,介绍西方会计,相较于部定标准,高出很多,名冠华北。1950年,以发起人身份到北京参加中国金融学会成立大会,受到毛泽东接见。1951年任津沽大学副校长。1952年高校院系调整,随津沽商学院并入南开大学,任经济系教授。1958年调至河北财经学院。1979年,任天津财经学院财政系主任、会计系名誉系主任等职。编写教材多种,他发表的论著、教材、论文已超过300万字,其中所著《三论》(即会计的性

质、作用、原则）为多种教科书所引用，主编《会计制度设计》，被中央电大指定为全国通用教材。80年代以来讲授英文会计、国际财务会计、会计制度设计、国际审计等课程，历任《现代会计》编委会主任、中国会计学常务理事兼会计史组组长、天津会计学会名誉理事长等职。1986年批准为博士生导师。1988年获全国"五一"劳动奖章。1989年被国务院授予全国先进工作者称号。（主要参考文献：冯桓墀：《会计专家——李宝震》，载《天津文史资料选辑》1994年第1期；河北大学档案）

**管锦康**（1917—2013），浙江海宁人，经济学家，中国共产党员。1936年夏考入上海东吴大学法学院会计系，1943年毕业获法学学士学位，受聘于四川立信会计专科学校，后赴美国伊利诺伊大学研究院深造，获会计学硕士学位。曾任教于上海立信会计专门学校，1948年受上海立信会计师事务所委托，赴天津开办分所。1947—1948年和1950—1951年任天津工商学院、津沽大学商学院专职教授，讲授初等会计、高等会计和会计制度等课程。管锦康曾兼任南开大学和天津财经学院教授。系天津财经大学终身教授，博士生导师，还兼任中国会计学会荣誉理事，中国成本研究会常务理事，中国审计学会副会长，天津市人民政府咨询委员会委员等职。管锦康在成本管理和审计学等方面的研究在国内具有较大影响，主要著作有：《成本检查与监督条目》《试论我国审计工作体系的建立》《我国成本管理体系改革的探讨》，主编《审计学》《审计学原理》等，参编《成本管理大辞典》《成本基础之会计理论》《审计学基本概论》等，发表各种有关理论文章80余篇。（主要参考文献：《天津社会科学名人传略》，南开大学出版社

1998年版；河北大学档案）

**杨生茂**（1917—2010），字畅如，河北涿鹿人，美国史学家。1938—1941年就读于燕京大学，学习兴趣广泛，除选学理学院课程外，还选学文学院的语文、中外历史及莎士比亚和十八、十九世纪英国文学等课程。1941年秋入读美国加州大学伯克利分校，选定历史为主攻专业，主要研修欧洲史和美国史、美国文化史、美国社会史、美国与第一次世界大战等方向。1944年毕业后，转入斯坦福大学研究院，主修美国外交史，师从美国外交史巨擘托马斯·贝莱。

杨生茂

1946年毕业，获硕士学位，同年年底回国。1947年9月到南开大学任教，主讲西洋通史等课程。1949—1951年在津沽大学兼任西洋近代史课程。杨生茂学术根底深厚，颇受学生欢迎。1964年南开大学美国史研究室成立，杨生茂潜心研究和讲授美国史，是中国美国史研究会的发起人和主要负责人之一，他在美国史领域成绩最为突出的是美国外交政策史、美国史学史的研究和美国通史的编纂。著作主要有《美国外交政策史》《美国史新编》（合著）《美国通史》六卷本（合编）。杨生茂曾任南开大学美国史研究中心主任、教授、博士生导师、顾问，国务院学位委员会学科评议组成员，中国社科院美国研究所兼职研究员，中国美国史研究会副理事长等职。（主要参考文献：南开大学校史研究室、《南开学人自述》编辑组编：《南开学人自述》（第一卷），南开大学出版社2004年版；王炜：《我国世界史学界一棵不老松：记杨生茂先生及其学术思想》）

**冯建逵**（1918—2011），天津市人，建筑学专家。1938年考入北

冯建逵

京大学工学院建筑工程系，师从沈理源、朱兆雪、华南圭等名师，成绩优秀，1942年毕业留校任助教。1945年至1952年，到天津工商学院、津沽大学任教，讲授中国建筑学、徒手画、水彩画等课程，同时在天津华信工程司任建筑师，曾任基泰司测绘技师。1952年，高等院校院系调整，随津沽大学工学院并入天津大学建筑工程系。历任天津大学建筑工程系教授，建筑设计教研室主任、副系主任，兼任天津大学基建处和设计院总建筑师，负责天津大学、南开大学、天津化工学院等校的建筑设计。他和徐中、卢绳、沈玉麟等教授共同为天津大学建筑学科的开拓与发展作出了重要贡献，由他领导的古建测绘组曾获全国高校优秀成果国家级特等奖。早在40年代，冯建逵就参加了张镈领导的北京故宫测绘工作。1952年后，他倡导并主持天津大学建筑系古建测绘课程的实施。1953年以来，对承德避暑山庄、古代园林、明清皇家陵墓等进行测绘。他的课程曾获全国高校教学成果国家级特别奖，由他主编或与人合编了有关古建筑书籍多种，如《清代内廷宫苑》《清代御苑撷英》《承德古建筑》和《古建写生与透视画辑》等，其中《承德古建筑》荣获全国优秀科技图书一等奖，日本朝日新闻出版社将此书译成日文在日本发行。

"风水理论是一门科学，绝不是迷信。而长期以来加给风水理论迷信外衣掩盖了它的科学价值。"冯建逵认为，我国的建筑活动，无论都邑、村镇聚落、宫宅、园囿、寺观、陵墓，以至道路、桥梁等，从选址、规划、设计及营造，几乎处处都受到风水理论的影响，它具有我国古代哲理、美学、心理、地质、地理、水文、生态、景观诸方面丰富内涵，并包含着人如何顺应自然的大量论述。他同王其亨教授共同组织编写了一批关于风水研究的论文，在《天津大学学报》"风水理论研究"专号（1989年）发表，是他们在这方面研究的重要成果。（主要参考文献：河北大学档案；温玉清：《中国近代建筑教育背景下天津工商学院建筑系的历史研究》，天津大学硕士学位论文，2002年）

**魏　埙**（1919—2004），河北安新县人，马克思主义经济学家。1939年考入燕京大学物理系，由于色盲原因，于1942年转入北京大学经济系。1943年毕业，获法学学士。1947年开始在天津工商学院任讲师，讲授货币银行学等课程，为学校商学院各系开设马克思主义政治经济学公共基础课。1951年晋升为副教授，兼津沽大学秘书室主任。1952年，院系调整，津沽大学商学院并入南开大学财经学院，魏埙随之并入其中，1962年晋升为教授。魏埙终其一生在南开大学从事政治经济学及《资本论》

魏　埙

现代资本主义经济理论的教学与研究，取得了令人瞩目的成就。他是南开大学学术委员会和学位委员会委员、博士生导师，南开大学及全国重点学科政治经济学科带头人，还兼任燕京研究院理事、河北大学兼职教授等职。魏埙的论著很多，如1955年与谷书堂合著的《价值规律在资本主义各阶段的作用及其表现形式》，1956年又扩展为专著出版，1959年再版，1961年三版。在生产价格理论研究方面，他发表了《关于价值到生产价格的"转形"问题》等论文。他对《资本论》的教学与研究一贯强调一定要和当代资本主义现实结合起来的观点。90年代以来，针对所谓《资本论》"过时"思潮，魏埙主编了《评当代西方学者对马

克思〈资本论〉的研究》专著，还出版了多部有关政治经济学的译著。（主要参考文献：刘景泉、梁吉生主编：《南开的脚步》黑龙江少年儿童出版社1999年版；南开大学校史研究室、《南开学人自述》编辑部编：《南开学人自述》，南开大学出版社2004年版）

# 十二、知名职员简介

**林多禄**（Fr. Théodore moegling., 1885—1945），法国天主教辅理修士。1885年5月4日出生于阿尔萨斯的慕戴尔守斯（Muttersholz），于1901年12月24日进入了阿尔萨斯的Arlon初修院。1903年，他被派往佛洛朗纳（Florennes）的中学，随后又被派往里尔的玛海Marais街教区，在1909年10月，他24岁的时候，来到了中国。从此他的一生就在直隶献县和天津两个地方度过。1912年林多禄开始担任一些诸如护理、财务及后勤管理等重要职务。他是一个办事有条不紊、善于安排的人，能够出色地完成各种不同的工作。作为帮助威尔盖神甫的护士，他负责照料重病患者和一些老人。他所做的事总是能非常出色的完成，在他离开献县之前，他成了当地传教会药房和负责药物配置的主管。1924年，他被派往天津，在这里他担任了非常重要的工作——辅助教会的财务管理，任天津工商大学庶务主任，负责为学生和教师提供住房、分配宿舍，以及学校的后勤供给和购置设备等工作。由于他优秀的品质和出色

林多禄

的工作，天津工商大学称赞他是"谦逊的创建者之一"，并在饭厅备盛宴，以表谢意。1943年因为高血压，林多禄不得不在医院住上一段时间，但几个月后，又一次打击来临——半身不遂，他不得不放弃所有的工作。这对一个四十年来一直在积极工作的人来说，确实是一个痛苦的牺牲。由于脑部充血，他无法进行长时间的阅读。在医院住了一段时间后，他于10月下旬回到了献县，于1945年辞世。（主要参考文献：法国巴黎耶稣会档案馆档案；《天津工商学院简史》；河北大学档案）

**卫秉仁**（f.leineweber，1888—1945），德国天主教辅理修士。1921年11月24日来到中国，1924年返回欧洲。为了帮助组建天津工商学院的木工车间，他于1938年10月再次来到中国，任木工厂主任。在修道会上级的同意和支持下，他组建了一间装备有当时最好质量的机器设备的细木车间。尽管当时还在战争，5架做木工用的由德国制造的机床还是在1939年到1940年间被运抵于此。在这几年间，他也忙于工商学院所有建筑的供暖系统（如锅炉房、暖气片）并使之正常运作。但他于1942年因身体原因被免除了职务，在他被免职前不久，就开始消瘦，他的体力越来越差。1945年12月7日卫秉仁因病辞世。（主要参考文献：法国巴黎耶稣会档案馆档案；河北大学档案）

卫秉仁

**毛羽鸿**（1895—1980），字质宾。辽宁法库县人，医学家。1912年加入同盟会。1915年考入北平医学专门学校，攻读医学。1924年冬任京奉铁路锦县铁路医院院长及北宁铁路天津总医院院长等职。1925年5月，经张学良派遣赴德国柏林医科大学学习，1928年5月获博士学位后回国。历任国立北平医科大学助教，私立民国大学校医，奉天南苑总医院主任医官，京师宪兵司令部卫生课课长，镇威第六军军医处处长，兵站医院院长，井陉矿务局医务处主任兼矿厂医院院长，津浦铁路局副总医官，北宁铁路管理局医务顾问及地亩课课长，卫生课课长，兼天津医院院长，医学传习所所长，禁烟委员会分会主任委员等职位。抗日战争期间，毛羽鸿坚决不为日伪做事，弃官行医，在天津法租界生成药房坐堂出诊，此间曾掩护过抗日地下工作者，被关进日本宪兵队。40年代发明"毛羽鸿膏药"，治疗手足疥癣、皮肤诸症，疗效甚佳。1949年任天津市防疫委员会常务委员。1950年1月，任天津市医务纠纷鉴定委员会副主任委员并兼任市卫生局顾问；1950年7月作为正式代表，出席了中华全国第一届自然科学工作者代表大会；1950年11月，任天津市医务工作者抗美援朝救护委员会常务委员。1951年2月，任天津医药界代表抗美援朝医疗队慰问团团长；1951年5月参加西南土改工作团第二团，赴四川投身土地改革运动。1953年任天津市人民代表会议代表。1955年1月任天津市医疗纠纷鉴定委员会内科委员，同年2月任政协第一届天津市委员会委员。毛羽鸿自1951年11月任国立津沽大学医务室主任，长达十五年之久，医术精湛，为师生和医学界所敬重。1956年加入中国农工民主党，任二支部主任委员。（主要参考文献：河北大学档案；徐友春主编：《民国人物大辞典》，河北人民出版社2007年版；《河北大学史》编纂委员会编：《河北大学史》，河北大学出版社2001年版）

**张新堂**（1905—1967），河北衡水市人。早年毕业于天津法汉中学。1921年到天津工商大学工作，参与并组建了工商大学图书馆，曾任天

张新堂

津工商学院图书馆副主任，是学校图书馆主要奠基人之一。他与国内外有关单位建立了广泛的联系，采购了大量珍贵的资料，其中有些中、西文古籍堪称珍品。1939年，洪灾波及学校图书馆，他带头奋力抢救图书，直至图书全部安全转移至原北疆博物馆内。张新堂率先使用美国人杜威十进分类法，而后在学校发展的不同阶段，分别使用了王云五分类法、四部分类法、刘国钧中国图书分类法等，使库藏井然有序，方便图书的保管利用。编写了许多馆藏书目，其中有分类目录、书名目录、著者目录等。张新堂学识渊博，精通法语，熟悉英语、俄语等，专攻图书馆业务，在图书馆界颇有影响，时称"活目录"。是天津知名的职业图书馆管理专家。（主要参考文献：河北大学档案；《河北大学史》编纂委员会编：《河北大学史》，河北大学出版社2001年版）

# 十三、知名校友简介

林镜瀛（1910—1989），浙江瑞安人，水利工程专家。1932年毕业于天津工商学院土木工程系，工学学士。1934年夏赴美国康奈尔大学研究院攻读工程力学，1937年获工学博士。在美国三年多，读书之外，当过讲师，到过许多大工程施工现场见习，学业精进。1938年春回到母校天津工商学院任给水工程教授，直至1952年，任教长达14年之久。虽然期间几度更换工作，但在母校教书从未间断。他对教学极有兴趣，教书极为认真，是闻名遐迩的著名教授之一。林镜瀛专长水利工程流体力学和结构工程。中华人民共和国成立后，曾任水利部北京设计院副总工程师等职。1957—1962年任水利部黄河设计院副总工程师。1962—1980年任黄河水利委员会副总工程师，后任顾问、咨询等职。擅长结构设计和水工设计，主要工程设计有："独河入海工程""北京永定河引水工程"等10余项，出版《防洪研究》《液体紊流研究》等论著，编纂《水工混凝土及钢筋混凝土设计规范》《水利、水电规划编制规程》等章程规定。林镜瀛在天津工商大学任教时著

有《人之原始》《我对进化论之意见》《低频扩大器》等文。(主要参考文献:黄河水利委员会档案;河北大学档案)

**袁家骝**(1913—2003),字叔选,号用龙。河南安阳人,国际高能物理学家。袁世凯次子袁克文第三子,早年上学期间因学习优秀,多次跳班。1928年考入天津工商大学工科,对物理学、数学兴趣极大。1930年转入燕京大学,1932年毕业,进入研究院。1934年获燕大硕士学位,1936年赴美国加州大学柏克莱物理学研究所。1937年到加州理工学院学习,1940年获博士学位。1942年与吴健雄结为夫妇(吴健雄,著名物理学家,有"物理皇后""中国居里夫人"之称),同年,袁家骝受命到美国RCA公司从事国防军事设施连波雷达的研制工作,并成功地用于军事。第二次世界大战后应用于民航及轮船,有效地提高航行安全系数。1943年随吴健雄去普林斯顿大学从事研究工作。1946年后,任物理研究员,1949年,离开普林斯顿大学到纽约长岛布鲁克海汶国家实验室任研究员,从事高能加速器高频系统制造并从事高能实验工作,在共振子领域得到新的认知,其中"穿越辐射"研究是他最具心得的一项。他在高能物理研究中,有些已超出物理学范围,成绩卓著。1973年袁家骝、吴健雄夫妇回国省亲,此后袁、吴多次回国讲学。曾受到周恩来、邓小平等亲切会见。1978年以后,任美国布鲁克海汶国家实验室顾问,1979年退休。1983年以来任中国台湾同步辐射研究中心指导委员会主席,并被南京大学、南开大学、东南大学、中国科技大学等聘为名誉教授。天津实验中学(前身为天津工商学院附中、津沽大学附中)名誉校长。

1961年和1963年出版袁家骝、吴健雄合著《实验物理学方法》上、下册；1964年袁家骝出版《物质的本性·高能物理学的目的》一书；还著有《粒子物理研究与科学技术的交互作用》等书。袁家骝曾发表科学论文79篇，早年从事高空宇宙射线的研究并有重要建树，而在高能加速器、粒子探测系统和调频雷达系统的研究成绩更为突出，曾两次荣获美国科技大奖。（主要参考文献：其弟袁家楫提供资料；江才健著：《吴健雄，物理科学的第一夫人》，台北市时报文化出版企业股份有限公司1996年版；河北大学档案）

**翁开庆**（1915—2012），江苏常熟人，翁同龢后裔，土木工程专家。

1936年考入南京中央大学电机工程系，后中央大学内迁重庆，他临时去燕京大学借读，该校不设工科，只有选修物理系课程。1938年秋，转入天津工商学院土木工程系二年级，学校课程均采用美国大学教材，1941年毕业，获工学学士学位。毕业后，翁开庆赴唐山开滦矿测量处作见习生，完成唐山矿区及市区地形图的测绘，受到方颐朴处长赞许（方颐朴原为北洋大学教授，大地测量专家）。1946年，到天津自来水厂任工务课长。1951年，到天津市建筑公司从事设计工作，后升为设计室主任工程师。1957年，主持设计了天津第二工人文化宫大剧场、国营沈阳重型机器厂金工车间、北京军事学院、南斯拉夫萨格拉布中国展览馆，还主持审核援越火柴厂工程设计。连续两年被评为设计公司的先进工作者，此后，承担塘沽万吨冷藏库设计，1959年完成。1962年，天津建筑公司改为隶属建筑工程部的城市煤气设计院，从这一年开始至1966

年，翁开庆先后完成了丹东、抚顺、沈阳、大连、鞍山和上海等地的由1万至10万立方米大型低压湿式储气罐设计，并顺利投入生产。1974年初，翁开庆调回院内工作，为解决储气罐施工问题，以及解决四川三线工程天然输气管道跨越成都附近两条大河的设计问题，三次去成都。1981年出版专著《低压湿式贮气罐设计与施工》一书，填补了国内相关领域的空白。1981年秋被提升为院副总工程师，1984年为顾问总工程师。1984年受聘为《特殊结构》杂志编委，并在该刊物上发表论文多篇。1980年受聘为全国贮藏构筑物标准技术委员会副主任委员，负责执笔《贮藏构筑物常用术语标准》中贮气部分，1989年经中国工程建设标准化协会批准作为协会标准CFCS11：89出版。翁开庆是天津市土木工程学会第四届荣誉理事，中国民盟天津市委第八届委员会顾问，教授级高级工程师，1994年享受政府特殊津贴。自1977年起，整理出先高叔祖《翁同龢自订年谱》，刊于《近代史资料》1994年总86号。1986年审阅上海华东师大谢俊美著《翁同龢传》。1988年，在院所属的新潮设计所再度任顾问总工程师。(主要参考文献：翁开庆：《八十自述》，载《天津文史资料选辑》1995.3；河北大学档案)

**姚依林**（1917—1994），安徽贵池人，无产阶级革命家、政治家。清华大学肄业。1935年加入中国共产党，同年，参与领导"一二·九"运动，任北平市学联党团书记。1936年夏，根据中共中央北方局指示，姚依林从北平到天津进行党的地下活动，同时考入天津工商学院商科会财系二年级，注册学名姚克广，化名老徐、徐文信和许志庸，以此掩护身份。任中共天津市委宣传部部长、市委书记，领导各界抗日救国活动。1936年寒假期间，姚依林深入南开大学地下党支部新党员学习班，亲自主持并担任辅导。1937年2月，他指示南开大学刚入党的李文定（李鳌）创办党内刊物《世界》，"七七事变"时停刊，8月，姚依林重新组建"中华民族解放先锋队"（简称"民先"），并创办"民先"队刊——《灯塔》，该刊物在天津工商学院及其附中以及天津"民先"队员中产生强烈反响。不到一年时间，天津"民先"组织基本恢复和稳定；同年，姚依林调任中共河北省委秘书长、宣传部长。1938年夏，姚依林参与组织了冀东暴动；1939年2月，在新成立的冀热察区党委任宣传部长，为坚持和发展冀东抗日游击战争做出了贡献。中华人民共和国成立后，曾任中央办公厅主任、国务院财经委员会秘书长、国家计划委员会主任、国务院副总理等职。1987年，姚依林当选为中共第十三届中央政治局委员、政治局常委，1994年逝世。（主要参考文献：徐友春：《民国人物大词典》，姚依林条，河北人民出版社2007年版；河北大学档案）

姚依林

**陈平舟**（1918—2009），原名陈本坚，广东南海人，中国共产党党员。原北京市出版事业管理局副局长、顾问。1935年在北平崇实中学读书，"一二·九"运动后加入"中华民族解放先锋队"（简称"民先"）。1937年夏，中学毕业、准备考大学，"七七事变"爆发，他立即深入群众和二十九军中开展抗日宣传活动。北平沦陷前夕来到天津，进入耀华中学"特班"补习，与同期自平津来的"民先"骨干五六人为主，建立"民先"地方领导机构。此时，陈本坚领导"特班"的"民先"工作，他帮助班里的"民先"队员赵恩沐（桑平）

陈平舟

把同班的进步同学吸收为"民先"队员。1937年10月末11月初,陈本坚经姚依林、郝贻誋介绍加入中国共产党。1938年,陈本坚与郝诒纯共同负责天津"民先"的领导工作。1938年暑假后耀华"特班"解散,赵恩沐考入天津工商学院附中。1938年9月陈本坚考入天津工商学院国际贸易系,除继续参加"民先"的领导工作外,还积极执行党交给的其他各项任务,例如,在党的安排下,他奉命做"河北民军"的潜伏瓦解工作,并组建了党支部等。陈本坚于1938年下半年发展了赵恩沐入党,他们分别负责领导了几个学校的革命工作。赵恩沐是工商附中第一名中共党员,陈本坚还在天津工商学院及其附中建立了校内的"民先"组织,并任队长,当时仅在工商学院大学部的"民先"队员就有七人。

1938年3月末,受上级指示,陈本坚离开天津工商学院,前往平西抗日根据地(当时冀热察区党委和萧克将军领导的挺进军司令部驻平西),改名陈平舟。中华人民共和国成立后,陈本坚主要从事党的印刷事业并担任领导,成绩卓著。陈平舟忠于党、忠于人民、忠于党的印刷事业,是党的优秀党员和优秀领导干部,是天津工商学院著名校友,永远值得怀念。(主要参考文献:陈平舟与吕志毅通信;《陈平舟同志生平》,北京出版事业管理局2009年版)

**胡庆昌**(1918—2010)浙江永康人,建筑抗震专家、工程结构设计大师。出身官宦书香门第,祖父胡凤丹,父亲胡宗懋为江浙地区有名的文学家、慈善家和企业家。10岁时进入天津南开中学初中部。14岁时考入天津工商学院附属高中部,当时受詹天佑、茅以升等"科学救国""工程建国"等思想影响,决定报考工科。1935年,考入天津工商学院土木工程系,时年仅17岁,品学兼优,以数学、英语最为擅长。1937年毕业,获工学学士学位。

1938—1945年在中英合办的唐山开滦矿务局土木工程处任工程师,主要从事房屋、公路、桥梁设计及井下测量。抗日战争胜利后,先后在平塘公路做桥梁设计，在北平救济总署冀热平津公署从事战后恢复工作。历任淮南煤矿、交通部第八区公路局工程师，天津美孚石油公司工程处结构工程师等。1952年进入北京永茂设计公司（北京市建筑设计研究院前身），自此，胡庆昌在北京建筑设计研究院长期从事结构工程设计及理论研究，先后任工程师、总工程师、顾问总工程师，1994年国家建设部授予"工程设计大师"称号。胡庆昌

胡庆昌

主要从事的设计、研究及学术活动，有主持北京友谊宾馆、民族文化宫、民族饭店、昆仑饭店、亚运会游泳馆、速滑馆等工程结构设计；20世纪60—70年代多次参加邢台、海城、唐山、自贡、河源等地的地震考察；1964—2001年，多次负责编写国家建筑抗震设计规范；80—90年代在院研究所主持有关结构抗震试验研究，在钢筋混凝土结构抗震方面取得成果；多次参加世界地震工程会议及世界结构工程师大会进行学术交流；发表学术论文多篇。

代表作有：1992年，主持出版《钢筋混凝土装配整体式框架节点与连接设计规程》一书；2008年，与孙金墀、郑琪合作编著出版《建筑结构抗震减震与连续倒塌控制》一书。（主要参考文献：胡庆昌提供资料；河北大学档案；《北京规划建设》记者文爱平：《胡庆昌：安全——结构工程师的天职》，2008年）

**宋秉泽**（1920—2009），河北交河县人，建筑学家。1942年毕业于天津工商学院土木工程系，工学学士。1946年在南京市、上海市注册建筑师，水利部荐任技士。1949—1951年为津沽大学讲师、副教授，讲授建筑工程学、建筑估价学、结构力学、桥梁设计等课程，同年代

宋秉泽

理建筑系系主任。1951年任国立津沽大学建校工程设计组组长。1952年任天津三大学院系调整委员会基建委员会总工程师兼工程组组长。1952年10月并入天津大学土建系，任副教授、建筑施工教研室主任、校务委员会委员、基建处总工程师，主要讲授营造学、建筑估价学、建筑构造、建筑施工技术、建筑结构架设、建筑结构检验、薄壳结构选课、毕业设计建筑结构抗震理论、建筑结构方案及造型设计、建筑结构抗震加固技术等课程。1979年任天津大学建筑设计研究院教授、硕士研究生导师、总工程师。1989年11月退休后继续教学和从事建筑设计。

宋秉泽曾从事国家建委及天津市科研项目多项，其中"钢筋混凝土框架结构抗震加固"，获天津大学科学科技进步一等奖；"配筋砖砌体抗震试验研究"，获建设部科技二等奖；《天津市地基基础设计规范编制》，获天津市科技进步一等奖。还发表学术论文多篇，主要有《工业建筑钢筋混凝土薄壳屋顶结构构造及施工》（国家课题）等。宋秉泽从事建筑工程设计70余年，主持完成大型工程设计近百项，如津沽大学、天津大学、南开大学、北京语言大学、山东大学等多所高校的教学大楼、礼堂、饭厅、宿舍楼的设计和一些城市机关的办公大楼、百货大楼等，曾获建设部优秀设计银质奖。1992年享受国务院政府特殊津贴。宋秉泽历任天津市地震工程学术委员会主任、名誉主任，市建筑防火委员会主任，中国建筑学会地震工程学术委员会理事，中国抗震防灾委员会理事，天津市建委技术顾问委员会委员，天津市建筑抗震设计审查专家，天津市超限高层抗震设防审查专家委员会专家等职位，是民盟成员，天

津市劳模,还曾当选建设部全国抗震系统先进工作者。(主要参考文献:宋秉泽提供资料;河北大学档案)

张　准(1921—2016),广东番禺人,世界银行高级顾问,土木工程和水利工程专家。1941年毕业于天津工商学院土木系,工学学士。1945—1950年任天津济安自来水公司输水科长。1947—1948年任天津工商学院讲师。1949年毕业于巴黎土木工程学院,获法国工程师资格证书,同年任法国巴黎通用水务公司实习工程师。1958—1961年任天津市建设局设计处设计四科科长。1964—1972年任天津市自来水公司总工程师。1972—1976年任天津市公用局技术处副处长。1979—1981年任天津市建委城建处副处长。1981—1988年任天津市对外科学技术交流中心理事长。1985—1986年任天津市科委副主任。1989年后,历任世界银行项目高级顾问、机构专家和市政工程师,涉及印度与中国国内13个省和30个城市的城市环境项目,是英国宾尼公司(1999)、英国麦克唐纳公司(2004)、法国索各利公司(2004)在中国项目的咨询顾问。张准在科学技术研究方面取得了骄人的成绩,他是《京津地区水资源政策和管理的研究》《天津市交通综合治理的研究》等国家重点课题组组长,并分别获国家科技进步二等奖及天津市科技进步一等奖;是《天津市海岸带及海涂资源调查的研究》国家重点课题技术负责人,获天津市科技进步二等奖;有多篇水资源及排水方面著述,在国内外学术会议发表或出版。张准曾是天津市政协常委、天津市人大代表,天津市土木工程学会副理事长,天津市水利工程学会名誉理事长,天津市节水水处理技术研究会理事长,九三学社中央

张　准

委员，九三学社天津市委员会副主席、常委、委员、顾问，享受国务院政府特殊津贴。（主要参考文献：张准提供资料；河北大学档案）

陈学坚（1922—2003），广东南海人，建筑学家。1940—1944年就读于天津工商学院建筑系，工学学士。1944—1946年在天津铁路局工务课任实习生、技术员，在天津交通银行工程科任助理工程师。1949年初，受城工部委托协助接收交通银行。在天津市登记注册建筑师后，开设太平工程司任建筑师。1950年以后在中央贸易部基本建设工程处设计室、国务院所属黄河规划委员会、黄河三门峡工程局设计分局任工程师。1957年11月调至建设部东北工业建筑设计院（后改为中国建筑东北设计研究院），任工程师、高级建筑师、教授级高级建筑师，并先后担任专业组长、主任建筑师和副总建筑师的工作。之后，在建设部开始考试注册建筑师时被批准为国家一级注册建筑师。

陈学坚到中央贸易部工作后，主要承担了北京东长安街贸易部办公大楼建筑群的总体布置与各建筑设计的工程主持人等工作，亲自设计了建筑群中的办公主楼；在黄河规划委员会工作时，主要参加了"黄河阶梯式开发规划"的编制工作；到黄河三门峡工程局设计分局工作后主要负责主持"黄河三门峡大型水力枢纽"和三个居住区的规划与建筑设计，总计面积近30万平方米；到建设部东北设计院工作后，亲自主持设计的工业与民用建筑主要包括沈阳市委书记处小会堂、沈阳市委书记处小住宅、沈阳市12层联合办公大楼等；到北京参加建设部所组织的中央政法大楼方案设计；为佳木斯600床综合医院方案设计；吉林工业大学

图书馆与教学楼等设计,以及吉林电力学院教学楼设计等。此外,陈学坚还曾为大连大厦设计方案,是一个40层的综合大楼设计;参加香港顶峰综合大楼设计方案;沈阳中华路与太原街交口立交桥设计等。(主要参考文献:陈式桐提供资料,陈式桐系陈学坚夫人,建筑学家,曾在天津工商学院、津沽大学建筑系任教;河北大学档案)

吴小如(1922—2014),本名同宝,安徽泾县茂林人,文学家。1938年以同等学历考入天津私立工商附中高中,1941年毕业后升入天津工商学院商科会计财政系。1943年先后在天津私立达文中学、志达中学、圣功女中等校任教。1945年抗日战争胜利后,又重新读大学,考入私立燕京大学文学院,但入学不久即离去。1946年夏以商科二年肄业学历考入清华大学中文系三年级插班生,1947年又转入北京大学中文系三年级,1949年于北大中文系毕业。

吴小如

1949—1951年,在天津津沽大学中文系任教员,先后开设《现代文选及写作》《文艺学概论》《历代诗歌选》《论语》《诗经》等课程。1951年秋,到燕京大学国文系任助教。1952年进行全国高校院系调整时,留北大中文系任讲师,后一直工作近30年。吴小如主要讲授中国文学史,也开设过中国小说史、中国戏曲史、中国诗歌史、古典诗词、散文等课程,1980年晋升为教授。1982年末,调北大中国古代史研究中心任职。1991年退休,1992年2月,被聘任为中央文史研究馆馆员。他还曾任北京大学历史系教授、中国作家协会会员、中国楹联学会顾问、《燕京学报》常务编委等职位。1953年在北大参加九三学社。吴小如曾出版《中国小说讲话及其它》《古典小说漫稿》以及与人合撰的《小说论稿合集》；写过《台下人语》《京剧老生流派综说》和《吴小如戏曲文录》（曾获北京大学优秀文化著作奖）。吴小如对古典诗文的研究成绩卓著，先后出版《古典诗词札丛》《古文精读举隅》《古典诗文述略》等专著。此外，他的综合类著作《读书丛札》，先后在香港、北京两地出版，另外有一本《中国文史工具资料书举要》，也先后在香港和北京两地出版，受到好评。吴小如出版的著作还有《书廊信步》《当代学者自选文库——吴小如卷》《莎斋笔记》《今昔文存》《读书拊掌录》《心影萍踪》《常谈一束》《霞绮随笔》《皓首学术随笔——吴小如卷》《吴小如戏曲随笔集》《续集》《补编》等。（主要参考文献：《中央文史馆馆员传略——吴小如》，中华书局2001年版；吴小如与吕志毅通信；河北大学档案）

**吴健生**（1923—1998），福建闽侯人，结构工程和结构理论家。1945年毕业于天津工商学院土木工程系，工学学士。1947—1949年在美国维拉诸瓦学院及诸特达姆大学土木工程研究院学习并获土木工程硕士学位，后在美国西北大学土木系任教一年。1950年回到母校（已更名为津沽大学）任教，任土木系代理系主任。1951年为系主任、副教授，讲授《结构力学》《钢结构》《木结构》及《土埌力学》等课程。1952年院系调整后，并入天津大学土木系任教，任钢筋混凝土预制件专业教研室主任，天津大学建筑设计研究院第一副院长、名誉院长，结构工程研究所所长，教授。1984年批准晋升为博士生导师，是天津大学结构工程学科带头人和该专业博士点创建人，主要讲授《结构力学》《高等结构力学》《土埌力学及地基基础》《钢筋混凝土结构学》《混凝土流变学》《复杂结

构及抗震理论》《计算机大型程序处理》《膜结构理论杆件和曲梁的复杂结构计算研究》等课程。吴健生的主要论著有《含螺旋杆件和曲梁的复杂结构计算研究》，获 1985 年国家教委优秀科技奖；《圆柱面及椭圆柱面螺旋楼梯的空间刚度、内力与位移的计算》，获 1980 年天津市优秀论文一等奖；还发表《膜结构 CAD 和非限性有限元分析》等论文，出版《钢筋混凝土螺旋楼梯结构计算手册》等。1990 年吴健生荣获天津大学最高荣誉——金钥匙奖，1991 年享受国务院政府特殊津贴。他是国家教委和国务院学位委员会第二、三届学科评议组召集人，曾任东亚太平洋结构工程学术委员会委员等职位。（主要参考文献：左森主编：《天津大学人物志》，天津大学出版社 1993 年版；河北大学档案）

**龚德顺**（1923—2007），浙江杭县人，建筑设计大师。1945 年毕业于天津工商学院建筑系，工学学士。1949 年 2 月起，先后在华北公路运输总局建筑公司、中央设计公司、中央建筑工程部设计院、北京工业建筑设计院等单位工作。1978 年任中国建筑工程总局副总建筑师。1982—1985 年任城乡建设环境保护部设计局局长，1983 年任第六届中国建筑学会秘书长。1989—1993 年任建筑师学会会长。1987—1993 年任建设部建筑设计院中港合资企业——华森建筑与工程设计顾问有限公司董事、总经理、总建筑师。1993 年后一直任建设部建筑设计院高级顾问。历任北京市政府二、三、四、五、六届专业顾问。1989 年被授予中华人民共和国建筑"设计大师"称号。1992 年 10 月受到国务院表彰"为发展我国工程技术事业作出突出贡献"。

龚德顺

龚德顺负责设计的工程项目总面积达六十余万平方米，主要设计项目有：建筑工程部办公楼、总后军训部办公楼、装甲兵司令部办公楼、军委政治大学主楼及附属建筑、清华大学南园中国科学院数学研究所、交通部某办公楼、甘孜飞机场、北京机场候机楼扩建工程、人民日报印刷厂；此外，援助蒙古人民共和国的项目有政府大厦装修、百货大楼、毛纺织厂、乔巴山国际宾馆、国家领导人的高级住宅、总工会疗养院等三十余项。

龚德顺在出任华森建筑与工程设计顾问有限公司总经理、总建筑师期间，领导香港、深圳两地公司完成宾馆、高层住宅、别墅、电影院、艺术中心、商业中心、大型综合写字楼、大型综合建筑群体等各类建筑设计一百余项，方案投标中标率74%以上。他与香港建筑师合作设计远洋中心方案、大梅沙旅游区总体规划，主持完成由六家设计单位参加的深圳112层"蓝天大厦"技术可行性研究报告。这期间，华森公司1992年被深圳市政府评为优秀单位。

龚德顺的获奖作品有：援助蒙古人民共和国的工程设计获蒙古政府奖；1962年古巴吉隆滩胜利纪念碑方案获古巴政府奖；深圳华厦艺术中心方案构思获建筑学会构思奖。已出版的主要作品有：《建筑设计资料集》〔1〕〔2〕，为总编三人之一；《建筑设计资料集》〔3〕，编委之一；《中国现代建筑史纲》，作者之一；《大百科全书·建筑设计卷》，负责人；《现代建筑室内设计》，作者之一；《约翰·波特曼的建筑设计与事业》，编译；另有报纸、刊物、学报刊载的文章、设计工程介绍等十余篇。龚德顺2005年被中国建筑设计研究院评为功勋员工；2006年3月获华森建筑与工程设计顾问有限公司创业奖。（主要参考文献：龚德顺提供资料；河北大学档案）

**虞福京**（1923—2007），福建闽侯人，中国共产党党员，建筑设计专家、全国优秀工程建设质量管理专家，教授级高级工程师。1945年毕业于天津工商学院建筑工程系，工学学士。毕业后应老师张镈邀请进入北京基泰工程司工作3年。当时许多大学急待恢复建设，虞福京负责北京大学工程（含预算设计）和北大农学院礼堂、宿舍的恢复工作。1948年虞福京设计天津第五医院门诊楼后，随即去上海为杨廷宝设计高层大楼作施工图。1949年初，与朋友合作组建了建筑设计公司。1952年成立天津市建筑设计公司，任设计二室主任、工程师，并在津沽大学兼课一年。建筑设计代表作主要有：1951年天津市自来水公司办公楼（建设路与保定道口）；1954年天津体育馆（成都道）；1952年天津二宫礼堂；1953年天津市公安大楼（常山道）等。1955年当选天津市人大代表，同年任天津市建工局副局长。虞福京总结出三级砌墙法，曾参与地下电厂、天津地铁（耀华段）即7047工程施工与管理。1973年随团赴意大利参加国际建筑设备展，并赴法国学习高层建筑，收获甚丰。1980年至1983年任天津市副市长。1983年至1993年任天津市人大常委会副主任，享受国务院政府特殊津贴。虞福京曾任中国建筑学会副理事长、顾问，中国工程质量管理协会副理事长，中国建筑工程鲁班奖评委主委，天津市建筑学会理事长，天津市质量管理学会会长，天津市建筑师学会名誉理事长，中国工程建设质量管理协会名誉会长，天津市建筑学会名誉理事长，天津市质量检验协会名誉会长，天津市用户委员会会长，美新（中美合作，甲级）建筑设计有限公司名誉理事长等职位。1985年10月虞福京在《质量管理》杂志国际版发表题为《TQC在企业管理中的地位和企业管理的关系》论文，并在第3届亚太地区质量管理国际学术会议上宣读，被选为10篇有代表性论文之一（外国5篇，中国5篇）。虞福京于1984年获"全国优秀

质量管理工作者"称号；1989年获中国质量管理协会颁发的"质量杯"荣誉证书。1988年他主编的《唐山大地震震害》一书，获国家地震局科技进步一等奖和国家科技进步二等奖。（主要参考文献：虞福京专访笔录资料；河北大学档案）

**麦璇琨**（1923—　），广东省番禺县人，中国共产党员，为天津解放做出了巨大贡献。1941年毕业于天津新学中学高中，同年夏保送上燕京大学。1942年考入天津工商学院土木工程系，1946年毕业获工学学士学位。麦璇琨1947年7月加入中国共产党。早在1941年在燕京大学上学时，麦璇琨就曾受地下党组织委托，翻译斯诺《西行漫记》部分内容。1946年至1949年在天津市工务局负责市政工程和城防工程施工，麦璇琨秘密绘制了详细的《天津市城防图》，经地下党领导人送到解放区，为解放天津做出了巨大贡献，被授予"解放天津有功之臣"荣誉称号。1949—1957年任塘沽区市政建设管理处主任和塘沽区副区长时，主持塘沽区城市规划制订和城市建设施工，曾受到苏联城市建设专家肯定。1957—1968年在天津公安部门工作期间和在天津市科委情报处任处长时均负责技术业务工作。1969—1978年任天津地铁公司工区副主任、天津职工大学副校长和市政工程研究所期间，负责地铁工程施工和教育工作，并讲授"高等数学"和"钢筋混凝土构件设计"等课程。1978—1988年任市科技情报研究所副所长时，讲授"科技英语"，并审校多篇译文、报告。1989年被评为天津市优秀共产党员。

麦璇琨当年绘制《天津城防堡垒化防御体系图》时所用的德国进口

绘图仪，现存于平津战役纪念馆。当时，天津是傅作义集团由海上南撤的重要通道，国民党守军多次加筑天津城防工事，自以为"固若金汤"。为了取得天津城市攻坚战的胜利，1948年6月，华北局城工部向天津地下党市政工委书记王文源传达了一项秘密任务：设法搞到一张完整的天津城防图。王文源将这一任务交给了中共地下党员麦璇琨。麦璇琨当时任天津城防工程第八段的现场总监工，自己直接掌握第八段的图纸，但要想绘制一张完整的天津城防图，还须设法拿到其他工段的施工图纸。他利用开会、考察的机会与相关技术人员搞好关系，看到人家有多余的备份图纸就直接索取，有的则以参考的名义借阅后绘制下来，再加上到施工现场实地勘察，不久就搜集到了全部图纸。在麦璇琨收集到的图纸中，全市城防全图只是一张绘有城防线位置粗略的小比例示意图，很不精确，也没有标注市区街道。各段的施工图则比较准确详细，比例较大。这两种不同比例的图纸无法重叠在一起，所以要准确反映全天津市城防的情况，必须要亲自绘制一张新图。麦璇琨随即找来一张比例适当的天津市区街道图，用做基本图，然后以绘图仪为工具开始绘图。第一步，先将该图的主要内容，如主要市区街道、铁路、河流、堤埝、桥梁等描在一张透明的描图纸上；第二步，再将收集来的标有城防线位置的图纸和实际情况，按不同比例套在上述描好的纸上；第三步，将各个碉堡的实际准确位置标注在城防环线上，并用大中小圆圈来区别碉堡的不同类型；第四步，在这条城防线之外和长方型图框之内的空白地带，画上这城防线上土方工程的横剖面图，其中包括壕沟的上口、下底、深度、两边坡度及堤埝的高度、顶宽、内外坡度及人行道、交通道等的详细尺寸；第五步，其余空白地方画上城防线不同类型碉堡的立面图、平面图和断面图，这些图都是从现成的施工图纸中按不同的比例缩小后画在空白处的。

城防图绘好后，麦璇琨交给了王文源。王文源找到他领导的地下党员、隐蔽在天津市地政局测量队任绘图员的刘铁铮。二人一起来到天津西北角大伙巷街的大众照相馆，找到由刘铁铮单线领导以照相馆经理为身份掩护的地下党员康俊山。王文源、刘铁铮二人要康俊山尽快将该图拍成照片冲洗出来。康俊山连夜将此用大张硫酸纸绘制的图纸分解成4片，各缩拍成8英寸照片，又经过化学处理，消失了表面的图像，裱糊在两张12英寸大小农村老年夫妇照片的后面。查看时只需先将裱在一起的像片，用清水浸泡，轻轻地将每张照片剥离，然后用显影液浸泡照片，图像就可以清楚地再现。

康俊山的工作完成后，王文源把照片送到在小刘庄以开设自行车修理铺作掩护的地下交通员赵岩手中，要他立即送往解放区。送两张农村夫妇的照片到解放区？赵岩很奇怪，但工作的特殊性告诉他绝对不能多嘴，只知道这两张照片很重要。他一路奔波，虽然路上遇见国民党军队的盘查、土匪的拦劫，但都有惊无险，最终将照片交给了城工部天津负责人杨英，顺利完成送图任务。

1949年1月14日10时，天津城市攻坚战打响。平津战役天津前线总指挥刘亚楼率领5个纵队22个师共34万人，从东、西、南三个方向发起总攻，仅用29个小时激战便解放天津。刘亚楼在回忆这场战役时写道："华北党组织特别是天津市地下党的同志，供给了详尽的天津敌情资料，连每一座碉堡的位置、形状、守备兵力都有具体交代。这就使我军迅速掌握了情况，因而下决心、订作战计划、部署兵力，都有了确实可靠的基础。"

1991年，天津党史办的陈德仁将王文源、麦璇琨等五人聚集一起，五人中竟有三人是初次见面。五人将他们各自工作的片段串联起来，连接成了一段"五老共话城防图"的传奇佳话。（主要参考文献：麦璇琨提供资料；河北大学档案）

**唐立民**（1924—2013），广东中山县人，固体力学家。1946年毕业于天津工商学院土木工程系，工学学士。毕业后赴唐山工学院任教。1948年赴美国密西根大学土木系就读，1949年获结构力学硕士学位。1950年又获数学系（数理统计）硕士学位。1951年抗美援朝时，毅然回国，在政务院财政经济委员会计划局重工业计划处任职。1952年调往上海航务学院，1953年调大连海运学院（今大连理工大学）。1977年晋升为教授。1981年为计算力学学科首批博士生导师，长期致力于弹性理论和计算力学数值方法的研究。20世纪50年代末，他提出的平面多连域问题和空间问题的复变函数方法，解决了当时弹性力学领域中的经典难题，对于克服弹性理论的复变函数方法发展中的障碍具有重要意义。20世纪60年代初，在计算力学方面提出了拟协调元法，被广泛应用于板、壳、断裂力学等方面，其中拟协调元的提出仍比当时欧美部分有限元学学者开展的"假设应变"（Assumedstrain）方法早了5年多，且比老的方法更加系统、完整。这项成果于1982年获国家自然科学奖四等奖，1986年获国家教委科技进步一等奖，1988年获国家自然科学奖三等奖，这是他在计算机数值方法中最重要的贡献。唐立民还潜心于数学物理方程反问题及有关哈密顿（Hamilton）系统的理论与算法的研究，并已取得可喜的成果。他的代表作有：《弹性平面上相邻几个圆孔的应力分析》《连续体力学问题》《三维弹性问题的复变函数方法》。唐立民曾任大连工学院数理力学系副主任、工程力学系主任、工程力学研究所副所长，大连理工大学研究生院院长、工程力学研究所名誉所长和工程力学系名誉主任等职位，并兼任国家科学规划重点课题"弹塑性力学基础理论及应用"组组长，十五年（1986—

唐立民

2000年）科技发展规划中的教育部力学规划组副组长，中国力学学会第三届常务理事、第二届国务院学位委员会力学评议组成员，国家自然科学基金第一、二届力学评议组成员，国家教委工程力学教材委员会第一届副主任，辽宁省力学学会和复合材料学会理事长等职。唐立民一生的功绩已收入《中国科学技术专家传略》。（主要参考文献：中国科学技术学会编《中国科学技术专家传略·工程技术编·力学卷》，中国科学技术出版社1993年版；http://www.cpst.net.cn/kxj/zgkxjszj/cx/gxb/pe/1x21049001.htm；河北大学档案）

**刘济舟**（1926—2011），河北滦县人，中国共产党员，土木和水运工程专家，中国工程院院士。1937年至1943年，在天津工商学院读初中和高中并毕业；1943年9月考入天津工商学院土木工程系，1947年毕业，获工学学士学位，同年，到天津新港工程局防波堤工区实习。中华人民共和国成立后，主要在交通部工作，曾任交通部基建局局长，交通部基建局总工程师，1990年10月开始享受国务院政府特殊津贴。1995年当选为中国工程院院士。

刘济舟出国援建、考察30余次，到过30个国家，还曾前往国内24个省市进行建设和考察。他曾任《水运工程》杂志编委会主任、国家计委国家重点建设项目联络员、中国国际工程咨询公司专家委员会委员、中国土木工程学会常务理事、港口工程学会理事长、交通部专家委员会委员、河北省科技发展顾问、土木工程学会詹天佑大奖评委。刘济舟曾荣获河北省院士特殊贡献奖，还曾多次荣获交通部机关优秀共产党员、先进工作者和中共中央国家机关优秀共产党员称号，全国交通系统优秀科技人员称号，还获越南二级劳动勋章、中交援外特等奖。他在国内外主持建设多项重大工程项目，主要有：主持建设厦门海堤工程；主持领导援助越南海防造船厂滑道、造船台和修船码头水工工程；主持日照港一期工程（10万吨级煤码头）的建设，采用了开敞式（无防波堤）方案和3300吨沉箱座底浮坞下水新工艺；组织协调秦皇岛港煤码头三期工程的设备制造、安装与调试工作，获国家优质工程银奖；主持连云港散粮码头7万吨筒仓设备安装与调试；组织领导"六五""七五"技术攻关，其中真空预压软基加固、预应力钢筋混凝土大管桩和爆炸法施工等成果被广泛应用，取得了重大经济效益和社会效益。刘济舟还主编出版了《水运工程技术四十年》一书。（主要参考文献：刘济舟提供资料；河北大学档案）

**蔡孝箴**（1929—2014），江苏泰兴人，经济学家。1951年毕业于天津津沽大学企业管理系，商学学士。毕业后留校任该系助教兼系秘书，讲授政治经济学。1952年7月加入中国共产党，同年院系调整，随津沽大学商学院并入南开大学经济系。1952年夏赴中国人民大学马列主义研究班政治经济学分班进修。1953年初由人民大学选送至中共中央马列学院进修政治经济学。1955年夏毕业后回南开大学经济系任教，后一直任南开大学经济系教授、博士生导师。

蔡孝箴

蔡孝箴先后兼任经济系党支部书记、经济系副主任、经济学院副院长、经济系主任、校务委员会委员、校学位委员会委员、经济学第一分学位委员会主席、校学术顾问等职位，在校外主要兼任全国哲学社会科学学科规划经济理论学科评审组专家，中国城市经济学会常务理事、顾问，天津市人民政府咨询委员会委员，天津市城市经济学会副会长、顾问，天津市环渤海经济研究会副理事长、顾问，天津市社联常委等职位。1992年开始享受国务院政府特殊津贴，是我国城市经济学研究领域主要开拓者之一，南开大学城市经济学科的创建者和学术带头人。蔡孝箴对城市经济学科的建立和发展作出了突出贡献，在其学术团队共同努力下，1990年创立了全国第一个城市经济学硕士学位授权点，1994年创立了全国第一个也是当时唯一的城市经济学博士学位授权点，他也成为全国城市经济学科第一位博士生导师。由他本人主持申报的《南开大学城市经济学科硕士点博士点的系统建设》，获国家优秀教学成果二等奖、天津市优秀教学成果一等奖。蔡孝箴出版著作多部，主要有《政治经济学（社会主义部分）》（主编）、《社会主义经济理论与经济体制改革研究》（主编之一）、《当前政治经济学教学的若干理论问题》（主编之一）、《科技进步与经济发展》（主编）、《城市经济学》（修订本，主编）等。1990年由他主持完成《社会主义城市经济学》一书"成为国内城市经济学科最有影响，最具权威性的基础教材"，曾获中国城市经济学会和中国城市经济、社会发展研究会优秀学术著作奖、全国"光明杯"优秀学术著作奖、天津市哲学社会科学优秀成果二等奖、国家教委优秀教材一等奖。蔡孝箴发表学术论文多篇，如《略论经济中心的含义》《天津经济中心的形成》《中国城市土地市场的若干理论问题》等，获部委级以上奖励的著作和论文共7项。（主要参考文献：蔡孝箴提供资料；李玉峰《蔡孝箴与南开城市经济学》，载刘景泉、梁吉生主编《南开的脚步》，黑龙江少年儿童出版社1999年版；河北大学档案）

# 十四、校友会

天津工商大学校友会的创立，始于1930年。《天津工商大学1930班毕业纪念册》开宗明义称："这个册子不仅是纪念本班，最重要的使命，是促进同学间的感情，而形成校友会的基本组织。"[1] 这本纪念册刊有《天津工商大学校友会简章》及历届毕业同学和在校生同学录，新任学监狄守仁拟定校友会组织大纲，但一直未得到实施。

1935年3月1日，天津工商学院校友会正式成立。制定了《天津工商学院校友会章程》12条、附则5条以及校友会第一届执行委员会名单：名誉会长尚建勋（院务长）；执委兼会长郭士钧；执委兼副会长邓华光；执委兼文书谭宪澄；执委兼交际刘家骏；执委兼会计张翰翔；执委兼庶务黄汝湘（骆长松代）。[2] 天津工商学院校友会旨在维系离校校友间的情感，方便校友与在校同学、校友与母校的联络，并辅助母校之发展。《章程》规定："凡曾在母校毕业或肄业之同学皆得为本会会员，凡母校现任或曾任之董事，教职员及热心赞助本会者均得为本会名誉会员。"校友会执委会由在天津工商学院的全体会员产生，常委会由6人组成，设正副会长、文书、会计、交际和总务各一人。总会址设于天津工商学院，

---

[1] 《天津工商大学1930班毕业纪念册》，《临别的话》。
[2] 见《私立天津工商学院一览》1935年。

另设唐山、北京、上海、云南等分会。校友会主要活动是发行会刊；为新毕业同学介绍职业；在母校每年举行一次"校友全体大会"，讨论并审定常委会工作报告及经济状况报告；改选执行委员，表决执行委员提案；考察母校情况等。1938年11月12日，于天津工商学院举行校友全体大会改选委员，并起草本会章程。同年12月10日，于天津工商学院举行第二次全体大会，通过本会章程。1939年，第二次世界大战欧洲战场战争爆发，学校经费拮据，校友会发起补充基金募捐运动，受到社会各界人士的涌跃赞助。1939年刊印校友录。1939年10月25日于学校举行执委会议，选举校友会第二届全体职员：名誉会长尚建勋（院务长）；顾问刘迺仁司铎；顾问邵德基司铎；会长邓华光；副会长谭宪澄；文书姚家贵；交际顾礼、刘家骏；庶务张俊德、吕文府；会计李宝震、李振东。此外，校友会还设奖学金以奖励后学及培植优秀人才。[①]抗日战争胜利后，校友们立即筹备恢复校友会工作，并设法取得各校友间的联络。1945年11月4日，在天津工商学院大礼堂举行校友全体大会，到会200余人，

校友会成立大会合影

（选自《天津工商学院一览》1935）

---

① 《一九四〇年工商向导》及《天津工商学院校友录》1939年。

会上推选出执委 15 人，名次按得票数排列：邓华光、李宝震、张准、陈本洪、邹铮、刘家骏、苗达魁、牛东海、谭宪澄、李建名、郝慎铭、许屺生、萧瞻岚、周炳炎、杨福才。候补委员：王桂秋、陈濯、范恩锟、李宝铎。常务委员：会长邓华光；副会长谭宪澄；文书许屺生；会计李宝震；总务张准；交际陈本洪；出版刘家骏。委员：沈理源、郝慎铭、许屹生，因故不能执行任务由王桂秋、范恩锟递补。

**基金募捐委员会全体留影**
（选自《天津工商学院一览》1941）

执委会第一次常务会议决定聘请徐世章董事长、尚建勋会长及刘迺仁院长为本会名誉会长，并聘请邵德基、高镜莹、阎子亨、孙家琦、孙家玉、欧阳推、张华伦、侯仁之、祖吴椿、陈戈平诸先生为本会顾问。[①]

---

① 《天津工商学院校友录》1947 年。

大会通过了校友会章程,共 12 条,附则 4 条,刊印了《天津工商学院校友录》。院长刘迺仁及多数校友给予经济援助和支持。

教务长邵德基(1892—1946 年),西班牙籍,是工商大学校友会创办人、顾问。在校友会萌芽时期,邵德基多方扶植,奠定了校友会的基础。邵德基于 1946 年 12 月 15 日病逝于范家圪垯,校友会为追怀邵德基,特于 1947 年 1 月 4 日在天津工商学院举行追悼仪式,参加者 100 余人。

天津工商学院校友会第一届全体执委合影
(选自《天津工商学院一览》1935)

1946年5月天津工商学院成立了工科同学会，成员为工学院同学。旨在加强在校工科同学的交流联络，推进其学业和生活，加强毕业工科同学之联系。

1985年8月4日，"工商学院—津沽大学天津校友会"正式成立。大会通过了校友会章程，选举了第一届理事会。顾问：王金鼎；理事长：虞福京；常务副理事长：吴健生；副理事长：王大瑢、孙延龄、吴健生、李宝震、张准、张肇康、金永清、赵涌。常务理事：王大瑢、韦力、孙延龄、刘宇骧、齐树华、关学诚、吴健生、李宝震、宋世海、杨思慎、张准、张肇康、金永清、赵涌、虞福京、穆鸿飞、魏埙；理事：于家骅、王大瑢、韦力、孔荣璋、边嘉珏、孙延龄、孙家英、刘宇骧、刘蓉君（女）、齐树华、关学成、邢纪昌、吴健生、李宝震、李绍脋、李子雅、李维颐、李惠兰（女）、宋世海、宋秉泽、宋秉润、杨士勋、杨思慎、杨宏远、杨学义、杨婕姜（女）、沈大年、邱澄一、何汉孙、苏健、张准、张肇康、张春泽、张士元、张亦审、金永清、林锡恩、赵涌、赵元平、柴寿安（女）、翁开庆、徐尚文、章世清、梁至凤（女）、虞福京、

1985年天津校友会成立全体合影纪念
（校友徐尚文先生提供）

雷懋乾、蔡孝箴、穆鸿飞、魏埙；秘书长：徐尚文；副秘书长：刘蓉君（女）、李惠兰（女）、杨婕姜（女）、苏健、林锡恩、梁至凤（女）。①

  理事会主要负责人虞福京、王金鼎讲话。天津市姚峻副市长到会祝贺，表示支持校友会工作。到会校友约500人，校友会筹办了"津沽社会大学"，对在职人员进行知识更新与继续教育，并举办了培训班。校友会编印了《工商学院——津沽大学天津校友通讯录》，内中刊有该会章程8条。第二届理事会于1989年3月12日选举通过，顾问：王金鼎；理事长：虞福京；常务副理事长：吴健生；副理事长：王大瑸、孙延龄、吴健生、李宝震、李惠兰、金永清、张肇康、张准、张士元、赵涌、徐尚文；常务理事：韦力、王大瑸、刘宇骧、齐树华、关学成、孙延龄、安家实、吴健生、李宝震、李惠兰、李维颐、宋世海、金永清、张肇康、张准、张士元、杨思慎、杨士勋、张伯林、赵涌、赵元平、徐尚文、贾平、傅金茹、童恒昌、虞福京、穆鸿飞、魏埙；名誉理事：张俊德、郑汉钧；理事：韦力、王大瑸、王春瑞、王振鸣、王浐春、王佐治、孔荣璋、尹炳文、尹起渭、田佩瑾、田盛华、冯宝琛、边嘉珏、孙家英、孙延龄、刘宇骧、刘蓉君、刘家起、刘鸿玲、齐树华、关学成、安春英、安家实、阎光华、吴健生、吴乔治、李宝震、李惠兰、李维颐、李绍膺、李萃桐、李子雅、李梦林、李循美、宋秉泽、宋秉润、宋世海、苏健、沈大年、何汉孙、祁铁铮、陈有光、狄少华、邢纪昌、金永清、金铁生、金其伟、张肇康、张准、张士元、张春泽、张鼒、张亦沛、张树茂、张伯林、杨思慎、杨士勋、杨婕姜、杨鸿远、杨学义、林锡恩、邱澄一、范书昌、赵涌、赵元平、柴寿安、祝润业、徐尚文、徐如贞、徐绪玲、贾平、贾秀岩、翁开庆、栾全训、高寿铭、郝同安、章世清、梁至凤、傅金茹、童恒昌、虞福京、蔡蓉生、蔡孝箴、翟雅文、

---

① 《工商学院——津沽大学天津校友通讯录》1985年。

穆鸿飞、魏埙；秘书长：徐尚文；常务副秘书长：杨婕姜；副秘书长：刘蓉君、李惠兰、苏健、杨婕姜、林锡恩、梁至凤。①

1994年10月出版了第3版校友通讯录，内中刊印了1992年3月新修订的校友会章程共8条及校友会第三届理事会名单：顾问：王金鼎；理事长：虞福京；常务副理事长：吴健生、王大瑽；副理事长：吴健生、王大瑽、张肇康、齐树华、赵元平、张士元、李惠兰；常务理事：虞福京、吴健生、王大瑽、金永清、张肇康、齐树华、关学成、章士清、赵元平、徐尚文、杨士勋、张士元、李惠兰、李维颐、宋世海、傅金茹、孙家英、童恒昌、陈有光、祝润业；名誉理事：张俊德、郑汉钧；理事：李宝震、韦力、柴寿安、吴健生、张准、张肇康、金永清、赵涌、吴乔治、沈大年、杨鸿远、孔荣璋、孙金霖、徐尚文、王春瑞、虞福京、刘宇骧、章士清、穆鸿飞、李萃酮、杨婕姜、关学诚、孙家英、冯宝琛、齐树华、王大瑽、宋世海、王振鸣、苏健、梁至凤、徐如贞、王泰生、张士元、贾平、徐绪玲、陈有光、金铁生、蔡蓉生、田佩瑾、杨士勋、王子谦、赵元平、翟雅文、李元芬、李维颐、刘家起、金其伟、李惠兰、狄少华、何汉孙、傅金茹、祝润业、安家实、童恒昌、张伯林；秘书长：徐尚文；秘书：杨婕姜、王春瑞、蔡蓉生。（1992年12月26日选举通过）

2000年10月29日，河北大学校长王洪瑞、常务副校长孙汉文、副校长李双印在天津南开大学以天津工商学院、津沽大学为主的老校友座谈会上，与老校友们回顾了学校的历史，并展望了未来，老校友们对河北大学未来发展充满信心并表示支持。11月，校长王洪瑞、常务副校长孙汉文在香港会见工商学院时期老校友郑汉钧等人。

---

① 《工商学院——津沽大学天津校友通讯录》1990.11。

# 十五、革命组织和爱国革命斗争

## （一）革命组织

1.早期共产党员和革命青年组织的建立

1936年夏，根据中共中央北方局指示，在北平领导一二·九运动暴露身份的姚依林到天津进行党的地下活动，他先在党的刊物《长城》担任编辑，后来担任中共天津市委宣传部长、市委书记。姚依林到天津后，考入天津工商学院会财系二年级，注册学名姚克广，化名老徐、徐文信和许志庸，以此掩护身份。

1936年寒假期间，南开大学地下党支部在学生宿舍举办了一个为期四五个半天的新党员学习班，由姚依林亲自主持并担任辅导。他先把中国革命的基本问题拟成讨论提纲，让大家逐条讨论，深刻领会，并解答疑问。1937年2月，姚依林到南开大学指示刚入党不久的经济研究所职员李文定（李鳌）创办党内

姚依林

刊物《世界》，内容有形势分析和工作指导专论、时事短评、救亡运动报道，辩证唯物论和政治经济学讲座以及翻译的有关共运文章，其中专论、理论讲座和翻译文章大都由姚依林供稿，多数是他撰写和翻译的。《世界》为旬刊，每期8页，约1.2万字，全部横排。阅读对象主要是平津及华北地区"民先"①队员。1937年7月，南开大学的共产党员和"民先"队员奉命撤离学校。中共天津市委决定《世界》停刊②。

1937年七七事变后，华北形势一时陷于混乱，天津的一些"民先"队员处于失去联络的状态。1937年8月初，姚依林亲自领导，在天津重新组建"民先"地方队部，他指出：天津各国租界是可以利用之地，天津"民先"还有许多人没有走，我们在敌人心脏中还要工作。③9月"民先"创办队刊《灯塔》，出版初期，姚依林经常亲自参加，并决定社论及重要文章的编写内容，写出后姚依林还要亲自审定。也正是因内容严格要求，所以队刊对宣传党的政策、宣传抗日思想及加强对队员的教育发挥了很大作用。在队委的共同努力下，不出一年时间，天津"民先"组织基本恢复和稳定下来。

1937年10月末，经姚依林、郝诒纯等人介绍，陈本坚加入中国共产党。陈本坚原在北平崇实中学读书，一二·九运动后加入"民先"。1937年夏，陈本坚中学毕业，准备考大学，正值七七事变爆发，他立即深入群众和二十九军中开展抗日宣传活动。北平沦陷前夕来到天津，进入耀华中学"特班"补习，此时陈本坚领导"特班"的"民先"工作，他帮助班里的"民先"队员赵恩沐（桑平）把同班的进步同学吸收为

---

① 全称为"中华民族解放先锋队"。这是在中国共产党领导下抗日先进青年的群众性组织。它要求每个成员在抗日救亡斗争中发挥先锋作用，不怕牺牲，联系群众，促进民众自卫运动。1936年2月建立。
② 李鳌：《姚依林教我办党刊》，载《南开逸事》，辽海出版社1998年版。
③ 岳亭：《抗战后天津"民先"坚持战斗在敌占区》，《一二·九运动在天津》，南开大学出版社1985年版。

陈本坚

"民先"队员。1938年,陈本坚与郝诒纯负责天津"民先"的领导工作,暑假后耀华中学"特班"解散,赵恩沐考入天津工商学院附中,9月,陈本坚考入天津工商学院国际贸易系。陈本坚于1938年下半年发展了赵恩沐入党,陈本坚与赵恩沐分别负责领导几个学校的革命工作,陈本坚还在天津工商学院及天津工商学院附中建立了校内的"民先"组织,并任队长。当时仅在天津工商学院大学部的"民先"队员就有7人。1939年3月,天津工商学院附中赵恩沐的"民先"关系转到陈本坚处;3月末,陈本坚离开天津工商学院,前往平西抗日根据地,改名陈平舟至今。①

1941年8月,王金鼎受中共中央"城市工作委员会"的派遣,经晋察冀分局秘密抵达天津,从事隐蔽工作和上层统战工作。他从1943年1月开始,先后在天津达仁学院、天津工商学院进行党的地下活动。1945年王金鼎在达仁学院毕业并留校任教。1946年任天津工商学院讲师,中共中央青年委员会秘书处处长。9月根据天津城工部指示,天津耀华中学共产党员金永清考入天津工商学院土木工程系,天津女一中共产党员容健琪考

王金鼎

---

① 当时,冀热察区党委和萧克领导的挺进司令部驻平西。

入天津工商学院国贸系。当时，这三个人之间没有横向联系，校内尚未建立党组织。

2.党支部的建立

1947年9月中共党员薛鉴铎（郭华）根据党组织指示，考入天津工商学院企业管理系，根据上级指令，创建天津工商学院地下党组织，金永清、容健琪组织关系转入天津工商学院，由薛鉴铎、金永清、容健琪3人组建学院第一个党支部，薛鉴铎任支部书记，党员4人。此时王金鼎仍保持与上级单线联系，没有与学校党支部发生横向联系。

1948年8月20日由于反动派告密，在国民党大逮捕中，天津工商学院党支部

金永清

书记薛鉴铎与其他进步分子共8人被捕，学校党组织受到破坏。1948年底，容健琪与上级党组织取得联系重建支部，容健琪为支部书记，此时校内党员7人。1949年1月15日天津解放，6月容健琪调出津沽大学，校内地下党员陆续调离，只剩下金永清一人，其组织关系转入女一中。

1949年3月，天津军管会文教部正式派王金鼎任河北女子师范学院教务主任，并于4月在河北女子师范学院建立了秘密支部，王金鼎为首任支部书记。8月31日，天津市委发布《关于公开党的支部的决定》，9月津沽大学与附中建立联合党支部，支部书记金永清，副书记李意天（附中高二学生），党员15名。1950年上半年津沽大学党组织公开，大学与附中分别

郭华

建立支部，大学支部书记金永清，支部副书记韦力，党员 24 人。

3."民青"组织

土木系学生、民主青年联合会（简称"民青"）成员井润元于 1945 年发展同班同学杨学堃、麦璇琨和赵金修加入"民青"组织。1948 年 8 月初津沽大学建立了"民青"组织，不久发展到 10 余人。1949 年 9 月，"民青"成员在自愿的基础上全部转为新民主主义青年团团员。学校公开创建了团组织，最初负责团组织工作的是王度斌，旋即由孙延龄任团总支书记，王宗源任副书记。

孙延龄

## （二）爱国革命斗争

1.反帝爱国斗争

1951 年 7 月 14 日，津沽大学"圣母军分会"也被取缔。

天津解放之前，学校地下党组织采取了较为隐蔽的形式，领导师生的革命斗争。教师中有王金鼎领导，学生中有金永清和孙延龄领导，主要是帮助阅读一些进步书籍，在课堂上（如文学课）增加一些爱国的内容。1948 年春，在党的组织下，学生赴北大参加了北京、天津学生大联欢，内容是反饥饿、反内战，要求自由民主。天津解放前夕，学校地下党组织成立了一所义务中学，旨在培养优秀的进步青年，组织他们参加学生爱国运动。还主办了一些社团活动，如合唱团等，作为学生的民主组织，以便团结和教育广大学生，并以种种形式与外校联络。学校广大爱国师生已秘密地团结在党的周围。① 学校各派力量联合成立了护校委员会，迎接天津解放。

自1950年11月开始，天津市广大天主教徒掀起了声势浩大的自立革新运动。1951年4月7日，"天津市天主教革新运动促进会"正式成立，津沽大学讲师聂国屏被选为委员，津沽大学广大爱国教徒带头签名支持天主教革新运动。早年曾就学于献县张庄总堂公学的津沽大学张羽时教授②，在天津市天主教自立革新促进会主办的《广场》杂志第1期

工商学生俱乐部

（选自《天津工商学院1942班毕业纪念册》）

---

① 《天津师大校史》（手写稿）第6—8页。
② 张羽时（1909—1968）：又名张俊才、张敬、张镜、张俊茹、张声九，河北深县人。1919年入献县张庄总堂公学，1925年入公学修生班，曾任公学圣母会会长。1929年考入天津工商大学。1931年赴北京，在中法大学旁听，后考入北京大学。1932年1月加入中国共产党，后以传教士身份在献县地区开展革命工作，发展党员30余名。1938年任中共献县县委书记。1948年在津沽大学任教授。1949年秋被推荐任天津法汉学校董事长。1951年1月参与发起天津市天主教自立革新运动被选为天津市天主教自立革新促进会筹备会副主任，后任中共天津市十一区委员会书记，天津市文史馆馆员等职。见《献县天主教志》第87、88、120页及《献县志》，中国和平出版社1995年版，第326页。

发表《和天主教教友们谈怎样爱教》的文章，并在《天津日报》连续发表了《爱国的天主教徒彻底肃清帝国主义影响》的文章，揭露帝国主义分子不仅利用天主教作为侵害中华民族的工具，而且还侵害与玷污了天主教，指出革新的对象是帝国主义，而不是天主教和罗马教宗，天主教教友为了爱国爱教，必须清除害国害教的帝国主义分子。他的文章引起了社会强烈的反响。

2. 学生爱国民主运动

1925年5月30日，英国巡捕开枪杀伤上海爱国群众数十人，制造了震惊中外的五卅惨案。6月7日晚9时左右，几名工商大学学生代表来见校长，说明他们不能继续上课，欲参加天津学生的反帝斗争，被学校当局阻止。

五卅运动后，在全国掀起了反奉倒段新潮流。冯玉祥部国民军倾向革命，12月与奉军在天津郊区交战，后进驻天津。此间，天津工商大学一些思想激进的学生声援支持国民军，并自行组织起来，同其他学校爱国师生一道，为配合国民军的战斗做了一些工作，如救护伤员、赈灾等，为此，学校当局开除了3名学生。①

1935年的"一二·九"运动，天津不少大中学校也举行示威游行，而天津工商学院学生在校方阻止下，不能投入其中。学生心急如焚，有学生写道，"我们要知道这种机遇与环境，是含有可耻性的欣喜与庆幸"，"要念大厦之将倾，待我们扶持，请瞻未来之世界，正待我们开辟"。反映了当时广大天津工商学院学生的共同心声。

七七事变前，《工商学生》一刊曾大声疾呼："中华民族的生死存亡，'××帝国'主义的进攻，到现在阶段，已经充分，使整个中华民族变为奴隶了。无论什么'不抵抗论'、'准备论'、'安内攘外论'……在我

---

① 《天津工商学院简史》第21页。

们知识大众的眼前，都现出各自的狐狸尾巴，现在惟有发动民族革命战争！""因为我们是学生，我们是民族间的知识分子……其任务，是唤起三万万几千万的大众，教育大众，组织大众，和全国大众紧紧的联系起来，构成学生救亡的中心任务。"① 在纪念五四运动18周年时，《工商学生》号召，"我们今天纪念五四"，是要"学习五四的精神，继续为中国的自由光荣而奋斗"。还尖锐地指出，现在"国难的深入已经超过了五四运动的时候无数倍。从前我们所要丧失的只是铁路海港的租借权，而现在我们丧失了四省的领土，敌人在我们的土地上建立了'特殊化'的政权。因此，负在我们肩上的任务，是比五四时代的学生青年更加繁重了"。他们还呼吁，国内的统一，"应该用和平的方式来实现。因为在这外侮日极的时候，任何内战的行为，都在危害国家的实力，推迟中华民族复兴的时间"②。

1936年底绥远抗战爆发，天津工商学院学生即组织了援绥会，他们先是在校内向学生、教职员募捐，得洋500元，全数购买棉袜手套寄往前线；后又趁本校校庆之机，向来宾劝捐洋数十元汇往前方；得知将士急需医药用品，又有百余名同学不怕严寒，上街募捐，三天即募得洋600余元，购买了2000余份卫生药包（每份计药膏1盒，绷带2卷，药棉花3两）和1200条毛巾送往绥远。他们在这些慰劳品上附言道："天津工商学院援绥会敬献给绥远前线的英勇将士们：我们谨以共有的爱国热忱，帮助诸君抗战的雄心，愿诸君裹上伤口，再上前线，杀退我们国家的仇敌。"③

1937年5月，天津工商学院学生响应学联抵私团号召，参加"积极抵私运动"，在教务长领导下，举行不用走私货的宣誓。商科同学还

---

① 《工商大学公教学生校刊》一卷三期，1937.5.5. 河北大学档案18号。
② 《工商大学公教学生校刊》一卷四期，1937.6.5. 河北大学档案18号。
③ 《工商学志》八卷二期，1936.12.25. 河北大学档案23号。

组织调查走私货，并举办走私货展览，以加深大家的认识。①

1947年5月21日，天津工商学院学生冲破校方阻挠，罢课上街游行，反对国民党发动内战。1948年6月，天津工商学院地下党组织选派30余名进步学生赴清华、燕京大学参加革命活动，并参加了华北学校组织的华北学生大联欢活动，外文系师生在天津北洋大学参加了进步学生的集会活动。7月31日教育部密令各大专院校，在暑假期间肃清各学校内中共党员和爱国师生，8月20日天津工商学院8名共产党员和爱国学生被捕，数十名学生被开除学籍。

天津工商学院学生的爱国民主运动在各个时期都有，但集中于抗日战争和解放战争两个时期。内容主要有二：一是强烈反对日本侵略，以各种方式投入抗日救国运动；二是反对国民政府的倒行逆施，提出反专制、要民主，反内战、要和平等。在近代中国的爱国民主运动史上写下了光辉的一笔。

---

① 《工商大学公教学生校刊》一卷三期，1937.5.5.河北大学档案18号。

# 十六、北疆博物院

## （一）桑志华与北疆博物院

桑志华（Licent Emile，1876—1952），中国第一座自然博物馆——北疆博物院的创建者。法国天主教耶稣会士，神甫。1876年12月16日出生于法国北方的Rombies。1895年12月12日加入耶稣会，之后在香槟省耶稣会神学院学习，获理学学士和文学学士学位。1909年任Enghien的神甫期间，攻读Gemert神学院课程。在南希由Cuenot教授指导，准备博士论文《论高级同翅目》。[①] 在伦敦完成毕业论文准备工作之后，于1912年提出了一项关于考察中国北部地区（黄河、白河两大流域）的人文、地理、地质、气象和动、植物等自然资源，并对考察所得资料展开系统研究的工作计划。他曾说，

桑志华

---

① 法国巴黎耶稣会档案馆资料。

在那些地区"不论从科学上，还是从经济学角度上看，它的地质、植物区系、动物区系，人们都还一无所知"。要做这件事就需要要在中国北方建立一个博物馆，这个计划得到直隶东南教区耶稣会、法国耶稣会省会、法国驻津领事馆和罗马总会负责人的支持。1913年6月，桑志华在南希大学通过了论文答辩，获得博士学位。1914年3月31日来到天津，开始实施这项计划。

1. 桑志华在中国的科学考察和研究

桑志华到达天津后，献县教区将坐落于法租界的圣路易路18号（今营口道20号）的崇德堂——教会财物管理处作为桑志华的活动基地。

桑志华的这项计划实际含盖了黄河、潮白河、海河、滦河、辽河水系及其流域地区，活动经费来源主要由献县教区、法国香槟省耶稣会和法国外交部提供。他通过天主教在中国北方的各耶稣会，为他提供食宿、交通、找向导及雇佣劳动力，考察方式主要以徒步方式进行。

桑志华来华后前7年主要对天津、河北、河南、山西、陕西、甘肃、宁夏、内蒙等地进行科学考察。1919在甘肃庆阳以北辛家沟发现了三趾马动物群，距今1000万年左右，属于完整的晚第三纪三趾马动物群，获得了丰富的古生物化石，采集到大量植物标本、一系列哺乳动物标本、大量昆虫标本，以及2000余件矿物标本等。1920年6月4日在甘肃庆阳辛家沟位于底砾石层发现一件石核，距今10万年左右。同年8月10日在庆阳赵家岔位于黄土层发现两件石片，属于旧石器晚期，距今1.8—1.5万年。这是在中国境内首批出土的旧石器，也是中国最早发现的旧石器标本，这次发现揭开了旧石器时代工具研究的序幕。1922年，桑志华在内蒙萨拉乌苏河发现了大量动物化石，并发现了河套人牙化石。经鉴定，确定为旧石器晚期人类，距今约4万年左右，定名为"河套人"。这是史前考古在中国首次发现的古人类化石。

（选自《桑志华对中国北方的考察与北疆博物院》英文版 1914—1935 年）

萨拉乌苏河动物群等大量化石属于晚更新世中期，与河套人牙同属一个地层。①

为了弄清这些化石的科学价值及其地质年代，桑志华将部分化石运回巴黎自然历史博物馆，并决定邀请法国著名地质古生物学家德日进来院进行合作研究。桑志华在中国北部的重大发现及部分化石标本送到法国之后，引起法国学术界的重视。1922年，法国自然历史博物馆、法国科学院和法国教育部提供资助，组建以桑志华、德日进为首的法国古生物考察团，在中国进行了为期两年的考察和发掘。②

1923年，考察团在宁夏灵武水洞沟进行考古发掘，发现多处人类居住遗址和旧石器，文化年代为距今约1.8万—1.5万年时的旧石器晚期。同年7月10日至8月31日，考察团在陕西榆林油房头、宁夏

---

① 孙景云、张丽黛、黄为龙：《德日进与桑志华在中国北方的科学考察》。载《科学与人类进步》，2003 北京德日进学术思想国际研讨会论文集。
② 孙景云、张丽黛、黄为龙：《德日进与桑志华在中国北方的科学考察》。载《科学与人类进步》，2003 北京德日进学术思想国际研讨会论文集。

1934年桑志华在山西榆社发掘现场
（资料来源于北疆博物院陈列历史照片）

甘肃庆阳发掘现场
（资料来源于北疆博物院陈列历史照片）

三圣宫、陕西靖边小桥畔等地发现了与宁夏灵武水洞沟同期石器200余件。①

对于诸如河套人牙，共生的大量哺乳类动物化石，以及宁夏灵武水洞沟和陕西榆林油房头发现的大量石器，桑志华和德日进在1924年《关于内蒙古和陕北第一次发现旧石器文化初步报告》中指出，它们代表中国北方旧石器晚期的"河套工业"或叫"鄂尔多斯工业"，出土河套人牙的地层对于研究人类体质形态和文化发展方面都有重大意义。1928年，布勒（M.Boule）、布日耶（H.Brenil）、桑志华、德日进共同对这些材料进行了研究，出版了《中国旧石器时代》专著。这是第一部介绍中国旧石器考古的专著，德日进、桑志华等人共同填补了对中国史前文明研究领域的空白，其成就为世人所瞩目。1924年9月13日，考察团赴河北阳原泥河湾考察，所发掘哺乳类动物化石极为丰富，距今240万年左右，属第四纪早更新世中、晚期，这些化石是桑志华、德日进于1924年至1926年采集的，起因是当年泥河湾村教堂的传教士将村民们捡到的古动物化石提供给桑志华神甫，这一发现使得泥河湾蜚声中外。1930年，德日进与皮维窦发表《泥河湾哺乳动物化石》一文，把这几年在这一地区采集到的化石定名为"泥河湾动物群"，可与欧洲维拉方期动物群相比。对于桑志华几次在泥河湾的考察，德日进认为，如果没有他坚持不懈的努力，世人对桑干河的动物群仍然一无所有。1925年10月桑志华回法国后，再次邀请德日进来华合作，1926年二人结伴来到中国，继续从事科学考察活动。②

1934—1935年，桑志华邀请天津工商学院生物学教授汤道平赴山

---

① 孙景云、张丽黛、黄为龙：《德日进与桑志华在中国北方的科学考察》。载《科学与人类进步》，2003北京德日进学术思想国际研讨会论文集。

② 孙景云、张丽黛、黄为龙：《德日进与桑志华在中国北方的科学考察》。载《科学与人类进步》，2003北京德日进学术思想国际研讨会论文集。

北疆博物院创始人泥河湾科学研究奠基者法国传教士桑志华（右），20 世纪 20 年代曾多次到泥河湾实地考察。

（选自河北省通信公司石家庄市分公司编印《泥河湾——人类生命的摇篮》）

西榆社、武乡、沁县一带采集了大量门类齐全、种类繁多的哺乳类化石标本。其中象是这里最丰富的一种。①

桑志华自 1914 年 3 月 31 日来到中国后，在近 24 年的时间里，对中国北部进行了多次科学考察，行程约 5 万公里，他和同事采集了大量地质生物标本。他撰写了《十年工作报告》（1914—1923），共 1692 页，附地图 1 册，154 幅图；《十一年工作报告》（1923—1933）共 1100 页，附地图 1 册，77 幅图，这两本书共有插图照片 4500 幅；《二十二年在中国北方的考察报告》（1914—1935）等，这些报告是他在中国北方科学旅行工作的总结，其中《十年工作报告》获巴黎地理学会颁发的斐利克斯付尔聂奖金。1927 年 1 月 14 日，桑志华也因此获法国授予的第五等

---

① 孙景云、张丽黛、黄为龙：《德日进与桑志华在中国北方的科学考察》。载《科学与人类进步》，2003 北京德日进学术思想国际研讨会论文集。

功勋奖章，路透社在各大报纸上报道了此条消息。①

桑志华在主持博物馆期间，写下了大量科学研究著述，大部分收入在已出版的《天津北疆博物馆丛书》，据不完全统计，至1934年，桑志华出版了33种著述。②1937年抗日战争全面爆发，桑志华不得不结束他在中国的科学旅行活动。1938年5月13日桑志华返回法国，定居巴黎，继续从事关于叶蝉科的研究工作，并把他对（Homoptcres）高级同翅目标本的收集存放在博物馆。他还是许多科研机构的成员，如法国昆虫学会会长。是他在中国发现了槌角蝗，被命名为黎氏（Licent）槌角蝗。③

泥河湾村的天主教堂
The catholic church of the Nihewan Villag
（选自河北省通信公司石家庄市分公司编印《泥河湾——人类生命的摇篮》）

桑志华是近代众多西方科学家第一次来华进行中西文化交流高潮中的佼佼者。他创立了享誉中外的北疆博物院，并通过他多年的实地考察和发掘，为我国留下了23万件极其珍贵的标本资料，为生物学研究提

---

① 王嘉川撰：《北疆博物院》，见2001年版《河北大学史》编纂委员会编：《河北大学史》第一编第八章。
② 王嘉川撰：《北疆博物院》，见2001年版《河北大学史》编纂委员会编：《河北大学史》第一编第八章。
③ 关于桑志华发现槌角蝗一事，由中国著名蝗虫分类学家河北大学印象初院士提供。

供了重要科学依据。桑志华和德日进等人在中国北方的科学考察和研究，奠定了中国古脊椎动物、古人类科学研究的基础，其严谨的科学态度和勇于探索的精神将永远激励后人。

2. 北疆博物院的创建与发展

桑志华自1914年在中国进行科学考察以来，所获各种标本日渐增多。起初，这些标本分批运回天津崇德堂，后来由于标本数量越来越多，崇德堂已不敷使用，于是建立一个专门以收藏、研究、展览于一体的博物馆，被提上了议事日程，此项工作得到献县天主教耶稣会及天津法租界行政当局的支持。1922年4月23日，于天津工商大学院内开始修建北疆博物院（因其专门以研究黄河流域、潮白河、海河流域农矿地质及动植物为其范围，所以用北疆名院，亦称黄河白河纪念馆），同年9月落成。

1923年冬，在北疆博物院西部又建房舍，1924年告竣。1925年在原址旁加大扩充，另建一公共博物院。1929年又新建南楼，至此，北

北疆博物院大楼

（选自《桑志华对中国北方的考察与北疆博物院》英文版1914—1935年）

疆博物院形成一工字型建筑。由于桑志华领导博物院卓有成效，初次开放以来各国政要参观者络绎不绝，社会反响强烈，1928年5月5日，北疆博物院向全社会开放。1930年，桑志华应邀赴日本皇宫大学做古生物学演讲。1932年，日本天皇命令陆军本部参谋长写信给桑志华，表示愿意出版他有关北疆博物院的所有著作。此后多次派皇亲国戚及学者参观北疆博物院。①

桑志华是北疆博物院的创建者，也是首任院长。先后在北疆博物院工作的有法国耶稣会士德日进、韩笃祐、罗学宾及盖斯杰等学者。1938年桑志华返回法国，宣布罗学宾任代院长。1938年9月，罗学宾、德日进及天津工商学院汤道平等人专程赴日访问，讲述有关北疆博物院的科学问题。1941—1945年，因第二次世界大战太平洋战场战争爆发，致使北疆博物院经济来源断绝，工作不能继续推进。1946年盖斯杰负责看守院区，后交给明兴礼负责看守直至

桑志华之试验情形
（选自《天津工商大学1931班毕业纪念册》）

1951年8月。1951年9月至1952年9月先后由津沽大学董绍良、董正芳负责。② 此时北疆博物院处于看守阶段。

1937年，北疆博物院在北京设立分院，又称北京地质生物研究所，地址在东交民巷台基厂三条，教内称耶稣君王院。1940—1941年度在

---

① 王嘉川撰：《北疆博物院》，见2001年版《河北大学史》编纂委员会编：《河北大学史》第一编第八章。
② 王嘉川撰：《北疆博物院》，见2001年版《河北大学史》编纂委员会编：《河北大学史》第一编第八章。

研究所工作的法国耶稣会士有罗学宾、德日进、王兴义、梅怀义等人。1940—1946年由罗学宾任所长（馆长）。

北疆博物院及北京地质生物研究所，直属法国巴黎自然历史博物馆领导，法国外交部、教育部、科学会、人类古生物学学院以及中国农商部等部门都给予了他们有力支持。博物院以及研究所的科研人员还同中国地质科学研究所的丁文江、翁文灏及美国人安德逊等合作考察。

1922年桑志华在鄂尔多斯与当地老乡合影
（资料来源于北疆博物院陈列历史照片）

北疆博物院藏品数量相当可观。1926年桑志华在法国地理学会演说中称，当时北疆博物院藏品有：8000多号头高等植物标本，2500个装置好的鸟皮，2立方米包装着的昆虫，2000具以上的人类学资料，6000多种矿岩和矿石，1.5万—1.8万公斤第三纪和第四纪化石，以及大批爬虫类、甲虫类、鱼类、甲壳类、软体动物类及海藻、苔藓标本。他还说，仅1920年的第一次考察所得就需83头骆驼组成的运输队运送。以外，还有相当多的标本被运送到国外。据桑志华披露，送往巴黎博物馆的有：一门4100种植物标本和数目可观的菌类标本（1922年），100

水洞沟发掘现场

（资料来源于北疆博物院陈列历史照片）

箱化石标本，其中有一架犀牛全身骨骼化石具有头等价值（1924年），1927年给英国皇家新花园和伦敦自然博物馆送了两组植物标本，给法国古代人类学院送了一批重要石刻标本，给美国ITHGOG送了蝗虫科标本。① 在大量的化石标本中，"特别有价值者，则留存于本博物院"。

德日进在北京分院工作期间，曾请专家为北疆博物院制作了猿人模型。

天津北疆博物院于1952年9月由天津市文化局接管，1957年更名为天津自然博物馆。1952年遵照"各按系统，自上而下，原封不动，

---

① 《献县天主教志》，献县民宗局编（打印本），1990年。

先接后管"的方针，对天津北疆博物院馆藏进行了初步清理。于12月1日造出标本清册，当时有化石12225件，动物标本145311件，植物标本61659件，共计219195件。另有图书15752册，"图书涉及地质学、古生物学、古人类学、考古学、动物学、植物学等20多个学科，其中80%为外文语种，相当一部分都是当时世界顶级学术研究成果的代表性著作和当时在国际上颇具影响力的连续性期刊"。[1]1962年，在清产核资基础上，对馆藏情况作了进一步核查，接收原北疆博物院藏品数量高达230000件。[2]

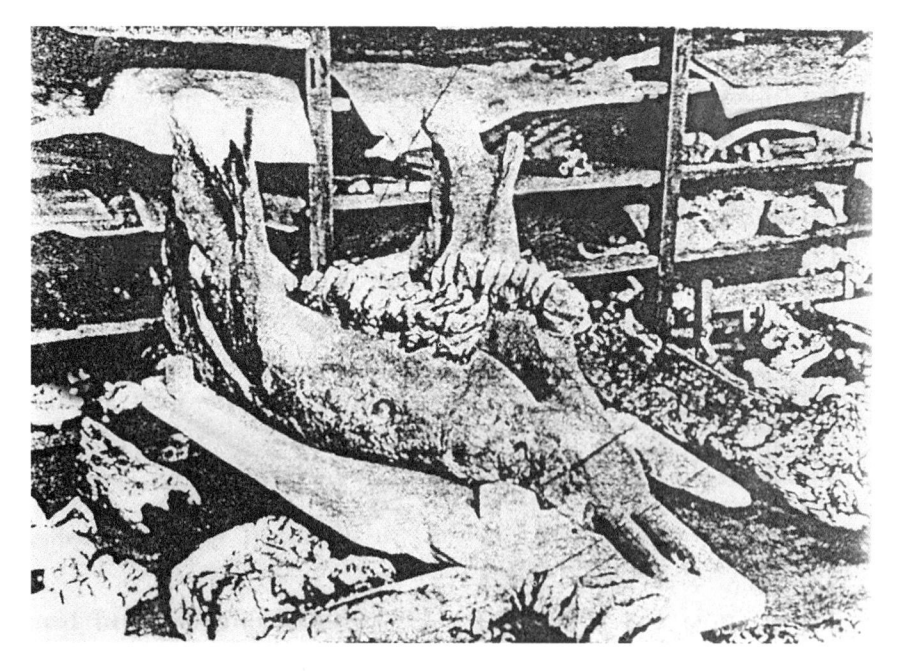

乳齿象的颌骨

（选自《桑志华对中国北方的考察与北疆博物院》英文版1914—1935年）

---

[1] 陈建强、刘茜：《天津北疆博物院南楼时隔七十多年重新开放》，载《光明日报》2018年10月29日第11版。

[2] 陈锡欣、郑宝芳、李国良：《栉风沐雨八十春》，载《天津自然博物馆80》，科学技术出版社1994年版。

## 十六、北疆博物院

北疆博物院的创建与发展，已闻名海内外，它同上海徐家汇藏书楼、北京北堂图书馆、上海徐家汇天文台、上海震旦博物院被誉为"天主教在中国的五大文化事业。"[①]

为了向社会公众展示完整的北疆博物院，天津市文广局在2016年完成北疆博物院北楼及陈列室的修缮展陈工作后，于2018年3月正式启动了北疆博物院南楼建筑修缮、功能复原和陈列设计工程，并于同年10月正式开放，结束了北疆博物院70多年尘封历史。

北疆博物院主要经费来源，兹据1935年统计：

（1）创办费：耶稣会负责置备房屋设备和一切动产，共计当时通用银币15万元；天津法租界当局捐助建筑费银9600两，折合银币

新石器时代的风沟（蒙古　1921）
（选自《桑志华对中国北方的考察与北疆博物院》英文版 1914—1935 年）

---

① 王嘉川撰：《北疆博物院》，见 2001 年版《河北大学史》编纂委员会编：《河北大学史》第一编第八章。

1.4万元，分8年付清；天津意大利租界当局捐助银500两，折合银币740元。

（2）每年预算费：献县教区津贴7800元；法国香槟省津贴1000元；法国政府外交部津贴初为5000法郎，后改为2万法郎，最后改为1万法郎，1935年折合中国银币1859元。从1930年起领取庚子赔款所余款，1931年为12500元，1932年为6090元，1933年为7110元，1934年为2955元，1935年为3273元。

北疆博物院内部一瞥

（选自《天津工商大学1931班毕业纪念册》）

（3）其他：1929—1931年天津法租界当局捐助银1.3万两；1931年天津法租界当局捐助银币3000元；每年所来捐款400—500元；1918年和1920年中国工业银行先后捐助4000元和5000元，而博物院应供给该行以经济方面的文件、报告、矿产标本和其他报告或说明；1926年法国外交部捐助1.3万法郎；1923—1924年和1926—1927年先后以法国古代生物学考察团名义领取法国巴黎自然历史博物馆、教育部古代人类学院和科学会补贴8万法郎；法国驻华使馆津贴4000元（1931年）和9700元（1932年）；徐步狄神甫（1926年11月—1927年4月任献县教区耶稣会观察员）捐献4万法郎；德日进神甫捐献4.5万法郎；法华银行经理捐赠一批家具什物价值2000元。①

## （二）德日进在中国的科学考察和研究

德日进（Pierre Teilhard de Chardin，1881—1955），出生于法国奥弗涅省撒而辛纳（Sarcenat），法国科学院院士，耶稣会士。父亲是一位酷爱博物学的半贵族式的庄园主，母亲是一位虔诚的天主教徒。德日进1889年获学士学位，后进入法国曼格勒耶稣会修院，1899年加入耶稣会。1901年，由于法兰西第三共和国的反宗教法迫使包括德日进在内的诸多年轻的耶稣会学生被放逐，被放逐的

德日进

---

① 《献县天主教志》，献县民宗局编（打印本），1990年。

德日进先后在英国泽西岛和布赖顿继续学习哲学。1905年,他在开罗圣教家族耶稣神学院任教授,讲授物理和生物学。1905—1908年,完成《埃及书信》一书,1963年在欧比尔出版。1908—1911年,在不列塔尼萨西克斯郡的哈斯丁斯研究神学,1911年晋升神甫后回国,进入巴黎博物馆实验室工作。工作后,德日进开始受到柏格森哲学的影响,不久后与大英博物馆古生物学家渥德华相遇,对古生物学产生兴趣。1912年,德日进在Marcellin Boule实验室研究古生物学,与亨利·布罗仪建立友谊,1913年参与了他在西班牙北部对史前图画洞穴的挖掘。1914年12月,德日进参加第一次世界大战,调至前线摩洛哥步兵团任担架员,表现出色,多次荣获嘉奖,还获得了拿破仑军人荣誉勋位和荣誉兵团奖。从这时起,他开始进行哲学和宗教思考,撰写了大量随笔,用大量论证展现原创作家和才华横溢思想家的才能和智慧。德日进在与堂妹玛格丽特通信中,思想进一步发展,其后,由他堂妹编成《思想的起源》一书。这本书收集了德日进1914—1918年间信件,于1961年由格拉塞编辑出版。一生中,无论遇到任何困难,德日进从未动摇过献身誓盟的初衷,1918年3月19—25日,撰写了《永恒的女性》一文。自1916—1919年,德日进完成了20余篇随笔,全部收集在《战争中的随笔》一书中,他尝试"将科学与神学同冶于一炉"。1919年德日进复员,回到巴黎大学。1920年应邀到巴黎天主教学院任教授,讲授地质学。1922年以名为《法国始新世的哺乳动物纲论》的论文获巴黎大学生物学博士学位。[1]

1923年德日进应北疆博物院院长桑志华邀请来到中国,到内蒙古、山西、宁夏、陕西、河北等地考察新生代地质以及古脊椎动物与古人类化石,并做出极富科学价值的贡献。他同桑志华等人共同发现了中国旧

---

[1] 《沧州宗教志》,沧州地区民宗局编印(打印本),1992年。

石器时代。

  1922年，由法国自然历史博物馆、法国科学院和法国教育部联合出资，组建以桑志华、德日进为首的法国生物考察团，在中国进行了为期两年的考察和发掘。1923年，考察团在宁夏灵武水洞沟和宁夏三圣宫再到陕西榆林一带考察，发现了大量石器。依据这些旧石器以及德日进来华以前桑志华在1919年发现的甘肃庆阳动物群，1920年在甘肃庆阳发现的大量石器，1922年在内蒙萨拉乌苏发现的动物群化石，在鄂尔多斯南部和西部边缘发现的河套人牙等化石，桑志华、德日进联手于1924年写出了《关于内蒙古和陕北第一次发现旧石器文化初步报告》，指出它们代表中国北方旧石器晚期的"河套工业"或称"鄂尔多斯工业"，出土河套人牙的地层对于研究人类体质形态和文化发展方面都具重大意义。1928年，布勒、布日耶、桑志华、德日进共同对这些材料进行了研究，出版了《中国旧石器时代》专著，揭开了中国关于旧石器时代研

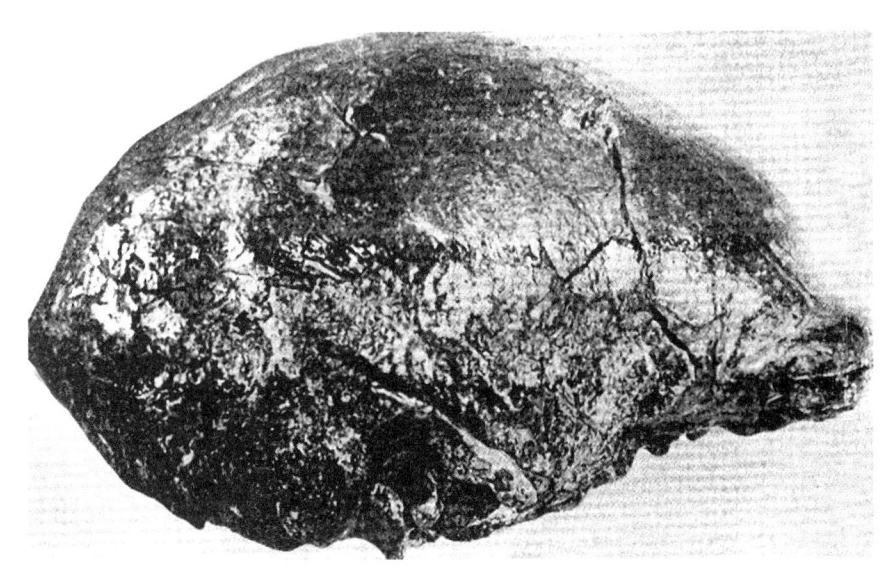

周口店发掘之头骨化石
（选自《天津工商大学1930班毕业纪念册》）

究的序幕，其所取得的成就，为世人所瞩目。

1924年和1926年，桑志华、德日进分别在河北阳原泥河湾考古发掘出大量动物群化石。1930年，德日进与皮维窦发表《泥河湾哺乳动物化石》一文，把这一地区采集到的化石定名为"泥河湾动物群"，它可以与欧洲维拉方期动物群相比肩。①

这些考察发掘研究成果，奠定了中国古脊椎动物、古人类科学研究的基础。德日进在中国的23年中，主要以古哺乳动物学及新生代地层学为其研究对象，通过他的勤奋、努力，在这方面已经取得了举世瞩目的成就：如生物地层学，哺乳动物群及相关地层的排序，古哺乳动物分类学，古哺乳动物化石的研究，哺乳动物的系统发育研究等。

1924年，德日进回到法国，任法国地质学会会长。1925年，因他在一篇给一位神学家的关于"原罪非史实而仅是一种解释罪恶存在"的学说被人误解，杨森会长命令他在罗马采取行动以前立即自动停止教书，最好远离法国。1926年4月，德日进在巴黎国立博物馆赞助下再次来到中国，先后在北疆博物院及北京地质生物研究所进行科学研究。1926—1927年，完成《神的氛围》一书手稿，这本书是他有关神学的代表作，1957年首次发行。1927年他还起草了主要作品《人的现象》前半部分。1929年，德日进在中国第一家专门为古人类学研究而建立的学术机构——北京中国地质调查所新生代研究室任顾问，同年开始参加周口店"北京猿人"的发掘。他是在中国出版的第一本关于古人类学专著《中国原人史要》的两位执笔人之一。自1929年在北京与露西相识，两人之间通信长达23年之久，《德日进与露西书信录》于1993年出版，

---

① 孙景云、张丽黛、黄为龙：《德日进与桑志华在中国北方的科学考察》，载《科学与人类进步》，2003北京德日进学术思想国际研讨会论文集。

书中流露出"爱就是能量"的理念，认为理性的创造力需要情感来孕育。1930年，德日进参与了与美国自然历史博物馆共同组织亚洲中部的远征。1931年，完成《大地的精神》一书。1931—1932年，以科学工作者身份加入中亚著名的黄色远征，他与同事在新疆乌鲁木齐被监禁数月。1934—1935年，在中国南部进行勘探。1935年，参加耶鲁—剑桥远征队远征印度，勘探印度中、北部。1936年，受Von Koenigsvald教授邀请短留爪哇，发掘出第二块更加完整的猿人头盖骨。1937年，在去往美国的轮船上完成《心灵迹象》一书，在继续其人类古生物学的研究勘测的同时，在费拉德尔菲亚大会上荣获孟德尔勋章，后因病暂留法国。在去北京的旅途中，完成《人类的力量》一书。1937—1938年，参加哈佛—卡内基远征缅甸之举。1938—1940年，完成《人的现象》一书手稿，这本书于1955年首次发行，是他有关科学的代表作。1939

化石头骨所自掘出之洞口
（选自《天津工商大学1930班毕业纪念册》）

年，到巴黎作短期访问并作多次公开演讲。

1946年，德日进返回法国，而后，他在巴黎和纽约两地往返居住。1947年，被法国外交部授予"地质学、古生物学领域法国科学荣誉奖"，并嘉奖为荣誉军官。1948年，暂居罗马。1949年，完成《自然界中人类的地位》。1950年，完成《我所想》和《物质的心》。尽管他于1950年被法国科学院选举为院士，法国政府任命他为国立科学研究中心研究部主任，但教会仍禁止他担任大学教授，其大量著作被教会禁止出版。此后，他完成了两项非洲史前课题的研究。

德日进与朋友合影，从左至右分别为裴文中、李四光、德日进、卞美年、杨钟健等
（资料来源于北疆博物院陈列历史照片）

1951年，德日进应温尼尔—格林基金会赞助前往南非考察。12月，由于身体原因，返程中定居美国纽约。1952年，在美国西部旅行，参观贝克莱大学的大型回旋加速器，返程中停留在蒙大拿州的冰园。1953年，再次应温尼尔—格林基金会赞助前往南非考察。1954年，在法国做最后一次逗留，为时两个月。再次回到故居后，德日进收集了他一生的主要思想并希望完成《行为、证据……》一书。1955年，完成了最后一部作品——《论基督维》，并于当年4月10日复活节当日因心脏病发作病逝于纽约朋友家，遗体安葬于纽约耶稣会公墓。[1]

德日进是首先提出对宇宙历史进行概括的大师之一，当今，科学界已把这部历史呈现于人们面前。他的观点体现于《人的现象》一书中，在其个人经历不断增长，其研究不断向更高更深层面推进的同时，他提出在自然进化现象中宇宙与人类寻找协调性的观点。通过他提出的"无边界"观点，预测并阐释了有人类参与的全球化现象。

《德日进全集》在他死后不久开始筹备出版，其著作书目超过1200种，学术界公认他是20世纪新托马斯主义的主要代表人物之一。在知识领域，德日进仍具有巨大的国际影响力，他的学术观点不仅被大学里许多硕、博士论文加以引据，还受到若干国家政府首脑和罗马教廷的重视。欧美各国先后成立了德日进研究会，中国考古学界的科学家们则把他当成自己的良师益友而永远缅怀，于2003年在北京成功举办了德日进学术思想国际研讨会。

吴新智认为："他（德日进）不仅在中国新生代地层和哺乳动物的研究上卓有建树，而且在旧石器考古和周口店的发掘工作方面都有不小的贡献；他是为中国广义的古人类学工作时间最长的外国专家，为之付

---

[1] 《德日进生平》，载《科学与人类进步》，2003北京德日进学术思想国际研讨会论文集。

德日进墓碑（纽约）
（天津自然博物馆黄为龙先生提供）

出了20余年的辛劳。"

刘东生、卢演俦认为："德日进是中国第四纪地质学，尤其是大陆地质学研究的先驱……在中国工作时期，形成了他关于人类演化和发展的科学思想，强烈地影响世界各地……探讨一下他的科学思想及形成在东方和西方的哲学思想方面的可能相互影响是一个有意义的课题。"

徐钦琦认为："德日进是世界著名的古生物学家。德日进之所以能在'古生物学'等研究领域中超过与他同时代的多位古生物学家，就是因为他的功夫在'古生物学'之外的缘故。"

高星认为："德日进是中国旧石器时代考古学的开拓者与奠基人之一。他与桑志华发现并发掘了水洞沟和萨拉乌苏遗址，参与了关于中国史前考古的第一本专著《中国旧石器时代》的写作。他作为中国地质调查所新生代研究室的顾问参与和指导了周口店的发掘和研究工作，对确认北京猿人石器的人工属性和用火遗迹起过重要作用，与裴文中一道对周口店的石器工业进行了系统研究，奠定了中国旧石器时代考古学的基础，并与杨钟健一起建立了周口店遗址的地层层序和地质时代框架。他对中国旧石器时代考古的第一代学人裴文中和贾兰坡有过多方面的指导帮助，进而对中国旧石器时代考古学的后续发展产生了深远的影响。"

德日进无愧是20世纪初期,众多西方科学家第一次来华进行中西文化交流高潮中的佼佼者。①

---

① 《献县天主教志》,献县民宗局编(打印本),1990年;吴新智:《德日进在中国古人类学的创建时期》;刘东生、卢演俦:《德日进对中西科学交流的贡献》;徐钦琦:《德日进与中国的古生物学研究》;高星:《德日进与中国旧器时代考古学的早期发展》;李传夔:《德日进与中国古哺乳动物学》;陆达诚:《德日进论爱是能量》;附录:《德日进生平》,载《科学与人类进步》,2003北京德日进学术思想国际研讨会论文集;河北大学档案。

# 附：附属中学

## （一）工商大学预科、工商大学附中、津沽大学附中史略

1923年夏，天津工商大学预科大楼（高中大楼）竣工于天津马场道141号院内，同时招考首批学生，有预科生51名。1927年8月，学校将授课语言从法语改为英语。1928年5月，学校当局购买学校附近空地近30亩，为未来中学部校址。1929年，中学部教员室建成。1930年，天津工商大学奉部令停办预科，同年8月改预科为天津工商大学附属高中，是为中学部之始。时任校长为裴百纳（法）博士，凌安澜（奥）为教务长，附属高中当时隶属于大学部。1931年，学校添设初中部，另立门户，刘斌为名誉校长，雍居敬（法）（Jung）任初中部首任校长，以蒲（BRKhadt）修士与贾（Quatember）修士执行中学训育事务，当时初中部共有学生90名。1932—1934年，初中部南楼和北楼先后建成。1933年5月，面向高中学生，渗透公教思想的《导光》半月刊创刊；1934年，改为周刊。1933年8月，学校高中部在天津工商学院名义下于教育部七九二三号训令正式立案，初三学生组织春光社编辑出版《春光》文艺专刊。1935年4月，奉国民政府命令派高中生赴保定军校军训。1936年，初中部正式立案。校长冀兹陵（比），齐振国、王克明二位修

士执行训育事宜。至此,高中部仍隶署在大学部之下,由暴安良(法)执行教务。自 1936 年以后,学校各种球队纷纷建立,田径比赛风靡一时,学校田径队经常在天津市运动会上取得优异的成绩。学习方面,学生学习成绩优秀,位居天津各校之首。1937 年,抗日战争全面爆发,学校克服困难,开学如常日。1937 年下半年,高中一、二年级,以及 1938 年 2 月,高中三年级先后由大学部迁入中学部,组成工商学院附属中学,自此,天津工商学院附中拥有完整的初中、高中年级。此时,附中校长由卫如多(奥)担任,冀兹陵为副主任。

校徽

(选自天津实验中学八十周年校庆丛书《津门名校 沽上之光》)

1939 年,冀兹陵于崇德堂任要职,以德树爱(奥)修士为附中副主任,黄树萱修士为体育主任,高修士襄理训育。1941 年,卫如多患病,由柯成林(奥)任校长,齐振国任副主任,兼训育主任;12 月 8 日,中学部举行成立十周年纪念大会,扩大庆祝,并举行作业展览,中学部于同年成立工中消费合作社。1942 年,柯成林离校回景县,卫如多病愈复任,齐振国仍为副主任,王峻德为训育主任。自 1942 年起,学校被强迫加设日语课,英语课由每周 6 课时减半,同年 3 月 15 日,附中校刊《中学生》创刊。1943 年,为完成神学课程,齐振国赴皖,副主任由王峻德兼任。1944 年,齐振国返校,仍任原职。后王峻德赴皖,训

校旗

（选自《工商附中1944班毕业纪念册》）

育主任由刘景福担任。1945年，卫如多被调离学校；7月，王峻德返回天津，任中学部第四任主任，是第一次由华人执掌天津工商学院附中校务。1946年，日语课撤销，英语课时增加。1946年12月8日，是天津工商学院附中成立15周年纪念日，全体师生，扩大庆祝，朔自昔日草创之基，学生仅百人，扩展为今日1300余人之规模。校领导仅有少数几人，工作处理井井有条。新生入学，全体教师一齐出动；学生有事需同校方接洽，很快可以解决。同仁相处，亲如一家。1948年，高中学生恢复军训；同年6月8日，高三学生演习实弹射击；9月，齐振国任中学部主任。1948年11月12日，校董会决定天津工商学院附中改称津沽中学，齐振国任校长。1949年1月15日，天津解放，学校实行校务委员会制度，党支部书记李寿晋，副书记高序堂；齐振国为主任，成员有高符龄、董绍康、刘浚璇、陈德仁等。8月14日—9月底，附中"民青"支部代理书记及校务委员会常委；9月底，附中"民青"成员全部转为新民主主义青年团员，公开创建团组织；11月29日，津沽大学校董事会决定：因大学校长即附中校长，附中只设主任，主任齐振国，并改组中学校董会。1950年2月，奉上级命令，附中取消校务委员会制度，改为校长制，齐振国代理津沽中学校长；6月，高符龄代理附中校长，副校长聂国藩，党支部书记李寿晋；7月，党支部书记由高序堂担任。1951年，附中代校长高符龄，副校长聂国藩。1952年，津沽附中代校长高符龄，副校长聂国藩，党支部书记潘强，副书记高序堂；9月，津沽大学改为公立，附中同样由国家接管，校名改为天津师范学院男子

附：附属中学 图志

| 裴百纳 | 凌安澜 | 刘　斌 |
| 雍居敬 | 冀兹陵 | 卫如多 |
| 柯成林 | 王峻德 | 齐振国 |

李寿晋 　　　　　高符龄 　　　　　潘　强

天津工商学院附中校歌

（选自《工商附中1944班毕业纪念册》）

附属中学（今天津实验中学前身），潘强任校长，党支部书记潘强，副书记高序堂。[1]

校训

实事求是

天津工商学院附中校训

（选自《工商附中1944班毕业纪念册》）

## （二）教学设施

1938年以前，天津工商学院预科和高中部隶属于大学部。1923年预科大楼（高中大楼）告竣并交付使用，1928年学校购买马场道附近空地为初中部校址。1929—1939年，先后完成了中学部教员室、中学部南楼中段（初中校舍）、南楼西段和学生饭厅，以及中学部北楼、中学部南楼东段的建设，此校舍长达51米，3层，顶上有宽大的圣堂，1938年，高中部迁至初中部所在地，天津工商学院附中的构架才完整。中学部有自己的图书室，学校曾购入大量丛书、类书、还有日文书及杂志多种，1943年藏书量近万册，由于大力开展各项体育运动，中学部体育设施比较齐备，部分体育场地与大学部共用，还有自己开辟的运动场地，并不断购置体育器材。中学部还逐渐建立起自己专用的物理、化

---

[1] 《津门名校，沽上之光》，实验中学八十周年校庆丛书。

天津工商学院附中大楼正面图

（选自《天津工商学院一览》1937）

学实验室，并逐渐与大学实验室剥离，形成自己的独立教学系统，中学生物课教学直接到校内北疆博物院生物标本室参观学习，颇为便利。

### （三）预科、附中招生、课程及考试

预科设置：天津工商大学设预科，主要是因为中学课程与大学课程不能衔接的缘故，尤其是像天津工商大学这样以工、商科为主的学校，专业化程度较高，其课程与普通中学差距大。并且普通中学以学英语为主，而天津工商大学初始采用法语授课，因此，在学生正式考入大学之前，必须先读预科，一方面补习专业课程，另一方面补习法语，将来升入本科后可直接听讲，参考原文书籍，所以设置预科是非常有必要的。

学制及编班：预科学一开始为制三年，后改为二年。以 1926 年为例，根据学生实际情况，分为三年级一个班；二年级甲、乙两个班；一年级一个班。

预科课程：约分三部分，主要课程有法文、数学；次要课程有图画、物理、化学、英文；普通课程有国文、地理、哲学、打字、运动。进入商科的特别注重英文、地理成绩；进入工科的特别注重数学、图画成绩。

初中部校门

（选自《天津工商学院 1937 班毕业纪念册》）

教材及教学：教材多购自法国或由教师编写。法文课本用 Dussouchet, Crouzet 和上海震旦大学编的本子；数学课本用 Cours d'algèbre 和 Elèments de Gèomètrie……；其余各门都是学校教师自己编写讲义或写笔记。预科一、二年级用中文教授，三年级除国文课程外，完全用法文授课。

考试：分为平时记分，星期考，月考和季考（即期考）四种考试。平时记分，法文每日背诵及讲解故事，法文作文（三年级），翻译（一、二年级），数学、物理、化学、英文，每周各作功课一次；星期考，数学、法文每星期六举行一次，分笔试、口试二种；月考，各门功课皆举行一次；期考与月考一样，法文、数学同时举行笔试和口试，分数结果寄给学生家长，以确定能否升级。设置预科的目的有三点，第一，淘汰懒惰愚钝及不遵守校规的学生；第二，养成自动用功的精神和习惯；第三，打下各种科学的基础。

首次招生：1923年7月2日，招考首批学生，9月15日开始正式上课，有预科生51人，其中一年级33人，二年级18人。9名教师中有3名是中国人，孟正秋、孙桂华教法文，另一位教国文。1927年8月，学校授课语言改法语为英语。

附属高中：1930年学校奉部令停办预科，同年8月改预科为附属高中。

添设初中：1931年学校添设初中部。

入学考试科目：初、高中，学制各3年。初中入学考试科目有国文、数学（笔试）、英文（或法文）、史地等。高中入学考试有第一年包括国文、公民、数学、英文、史地及英文（口试）、数学（口试）等；第二年包括国文、公民、数学、英文、中外史地、物理、化学、英文（口试）、数学（口试）等；第三年包括国文、公民、代数、英文、中外史地、几何、物理、化学、英文（口试）、数学（口试）等。初、高中入学必须体检，不合格者，不得入学。

中学部课程：根据国民政府教育部章程进行，开设国文、历史、地理、数学、物理、化学、自然、科学、外国语、公民、经济等，其中数学含代数、几何、三角、解析几何、高级代数等。中学各科,除限定英文讲授的课程外,其他全用中文讲授。考试分为星期考和学期试两种。初、高中修业期满,平均分数达到60分,即颁发毕业文凭。①

工商附中历年教师及学生人数统计表

| 学年 | 教师 | 开学时学生总数 | | 奉教 | 领洗 | 毕业生 | |
|---|---|---|---|---|---|---|---|
| | | 初中 | 高中 | | | 初中 | 高中 |
| 1923—1924 | 9 | | 51(预) | 8 | | | |
| 1924—1925 | 15 | | 80(预) | 20 | 1 | | |
| 1925—1926 | 18 | | 95(预) | 33 | | | |
| 1926—1927 | 29 | | 80(预) | | 1 | | |
| 1927—1928 | | | 65(预) | | | | |
| 1928—1929 | | | 56(预) | | 1 | | |
| 1929—1930 | | | 53(预) | 15 | | | |
| 1930—1931 | | | 60(预) | 12 | 1 | | |
| 1931—1932 | | 90 | 117 | | 32 | | |
| 1932—1933 | | 139 | 185 | 80 | 47 | | |
| 1933—1934 | | 221 | 224 | 106 | 61 | | |
| 1934—1935 | 30(高中) | 250 | 240 | 111 | 31 | | |
| 1935—1936 | | 194 | 220 | 112 | 13 | | |
| 1936—1937 | | 154 | 160 | 65 | 10 | | |
| 1937—1938 | 36 | 288 | 256 | 85 | 61 | 99 | 80 |
| 1938—1939 | | 369 | 329 | 114 | 117 | 96 | 89 |
| 1939—1940 | | 373 | 322 | 90 | 27 | 106 | 103 |
| 1940—1941 | | 420 | 319 | 103 | 34 | 103 | 69 |
| 1941—1942 | | 524 | 354 | 94 | 11 | 96 | 90 |
| 1942—1943 | 46 | 405 | 528 | 85 | 16 | 174 | 102 |
| 1943—1944 | 47 | 404 | 770 | 78 | 34 | 169 | 91 |

---

① 王嘉川撰《工商附中》第一、二节,见2001年版《河北大学史》编纂委员会编:《河北大学史》第1编第9章,本文有增改。

续表

| 学年 | 教师 | 开学时学生总数 | | 奉教 | 领洗 | 毕业生 | |
|---|---|---|---|---|---|---|---|
| | | 初中 | 高中 | | | 初中 | 高中 |
| 1944—1945 | 43 | 775 | 465 | 134 | 42 | 161 | 96 |
| 1945—1946 | 44 | 1331 | | 133 | 23 | 165 | 108 |
| 1946—1947 | | 701 | 439 | 178 | 60 | | |
| 1947—1948 | | 779 | 428 | 143 | 66 | | |
| 1948—1949 | | 848 | 447 | 124 | 77 | | |
| 1949—1950 | | 804 | 412 | 85 | 33 | | |
| 1950—1951 | 60 | 约 1300 | | | | | |

说明：1.除"毕业生人数"据《工商附中十五周年庆祝特刊》，1950—1951学年"教师及学生人数"据《私立津沽大学校董事会第五次会议记录》外，各项据《简史》和有关时期的《毕业纪念册》统计，不详者未列。

2.1945—1946学年、1950—1951学年数字为初、高中生总数。

3.该表取自王嘉川撰：《工商附中历年教师及学生人数统计表》。见《河北大学史》编纂委员会编：《河北大学史》，第121页。因资料欠缺，历年教师数及毕业生数尚不能全部统计出来。

## （四）教学与管理特色[①]

天津工商学院附中的教学与管理特色比较明显，在培养学生德、才、体等方面成绩突出，使学生养成了求实、严谨、作事认真、遵守纪律的好习惯，对学生未来的工作、生活是有积极意义的。

---

① 本节主要参考1952届津沽附中校友商志安：《学校管理的"三宗宝"》，1942届工商附中校友侯晋和：《工商附中的化学课和英语课》及王嘉川撰：《工商附中·教学与管理特色》等文。前二者见天津市实验中学八十五周年校庆纪念文集《天涯桃李报春晖》一书；后者见2001年版《河北大学史》编纂委员会编：《河北大学史》，第116—118页，并作了删改和补充。

附中时期，学校以管理严格闻名，当时甚至流传有"模范监狱"的说法。学校管得严，主要是对学生的学习要求高，这是天津工商学院附中之所以成为津门名校的主要原因之一。学校从每周一到周六，每天都是八节课，课程安排非常紧张。在教学管理上，天津工商学院附中有"三宗宝"之说，即"记过、得零、星期考"，这其中以星期考最有特色，而记过、得零都与考试有关。星期考是一项教学制度，附中学生每星期都要考试一门功课，初中三个年级，每周六上午，高中三个年级，每周一上午为考试时间，但是具体考哪门功课学生不知道，等到考卷发下来，才知道考什么科目，后来对高中学生放宽一些，每周六公布下周考文科还是理科，但具体考哪一门仍然保密。这种做法促成学生必然全面复习，否则就有不及格的风险。星期考在学习成绩中占相当大的比例，此外，还有期中考、期末大考等，而学业成绩直接决定升级、留级或被开除。据1948届校友何炳锐回忆："我进校的时候招10个班，升到初二只剩一半，一路往下淘汰，到高中毕业时只剩3个班，124人，淘汰得很厉害。"这种做法，客观上反映学生真正的学习成绩与学习能力。

天津工商学院附中的考场纪律十分严格，严格杜绝学生作弊行为。每逢考试，除监考老师之外，还有学校教务人员，每两三人一组，巡视考场，或突然进入考场检查，一旦发现作弊行为，立即张贴布告"某年某班某某某考试作弊，记过得零"。这样形成了考试作弊可耻的观念。

学校对学生课堂纪律要求也极为严格，每位任课教师和管理部门的职员，都有每个班的学生座次表，为了方便外籍教师掌握学生姓名座次，还专门搞了中文与英文拼写的姓名对照表。任何老师发现谁在课堂上违纪，直呼其名，或当面告诫，或做一符号，扣操行分；职员经常巡视，每个教室后面都有一扇带有透明玻璃的门，发现哪个同学违纪就按座次表查出其姓名，扣操行分，到期末，只要操行不及格就要留级，或被开除。因此，当时课堂纪律都很好。当然，老师水平高、教学方法好

是课堂纪律好的根本原因。

  天津工商学院附中学生有着浓厚的读书风气，凡是成绩拔尖的同学，都会受到师生的尊重，并冠以几大"金刚"的美称。高年级学生以用英文原版教材为荣，当时多门理科采用的是国外教材，如范氏大代数、三S平面几何、韦氏物理等，还有不少的教材由本校教师编写，如伍克潜老师编写的化学实验讲义，英语阅读课采用刘荣恩老师所编的《Senior English Readings》，内容艰深，文章多选自当代英语书刊、杂志和英语文摘等；语法除采用本校英语老师白克德（Boycoff）自编的《The English Sentence, Lts Grammay》外，还采用 Tanner 所著的原版《Correet English》等。此外，学校还自编有《Supplementary English Reading》等多种教材，包括英语散文、书信、会话等，供同学课外自行阅读。每年学校高中部还会举行英语背诵比赛，鼓励学生学好英语，高中各年级班组选出同学参加，聘请学院院长、教授等担任评委，选出优秀者给予奖励。这些都反映出学校对英语教学的重视。

附中团体操——1942年学校春运会
（选自《天津工商学院 1942 班毕业纪念册》）

天津工商学院附中还有自己的图书馆，除二十四史之外，装满万有文库、世界文库的书柜就占了一面墙，众多书柜上放满了各种图书。

学校日常生活的管理也订有多项制度，例如，何炳锐校友回忆到，学生到校后先在院子里等候到 7 点 50 分，即上课前 10 分钟，神甫才打开教室门，放学 10 分钟后，所有教室门都锁起来，不准逗留。一打上课铃，学校就关闭。迟到的学生，进校后先到训育科填写一张红色迟到上课证，持证才能进课堂听课，让学生感到迟到的严重性和教师授课的严肃性。训育科办公室设有多种颜色的卡片，有不同用途，学生的一些活动，要根据相关制度，领卡后才能去做，如住校生要会见到校探视的亲友，需持会客卡才能到一间专门房子里会面。

学校重视学生人格和品德的培养，对训育极为注重，而对初中学生管理尤为严格。根据《天津工商学院附属中学校章程》："最年长之高中学生，在管理方面将与工商学院之学生受到同样之待遇。至于初中之寄宿生，年纪既然甚青，未便任其自由出入，当工作或娱乐之际，在膳厅或寝室之时，均由本校干练人员，切实代替学生家长监督之。"学校对寄宿的初中生，生活管理极为严格，每个宿舍住 10 名同学，由一位教师看管。学生饭厅采取包月制度，由一位厨司管理。1940 年中学部设医药室和病房，由专人司诊。初中生如果在地板上吐痰要罚一角钱，打翻墨水瓶也要罚一角钱。这些举措当时对中学生人格道德培养大有裨益。

学校采取因材施教方针，切实按照每个同学各科成绩采取分组方式施教。例如，某学生算学和历史分在甲组，语文分在乙组，这种情况早在预科时期就已经按照学生考试成绩分为几个不同层次的班组上课了。这种方式很适合学生实际学习水平，便于提高，从而保证了教学质量。

天津工商学院附中的教师很敬业，授课各具特色，如有学生回忆 1934 年高一班国文课由桐城派范又博先生主讲，"真是'妙语解颐、惟真惟肖'……说到情深处真是屏息不动，说到滑稽处，更是笑不绝口，

曾记得有一次班上,最高纪录为声动屋瓦者九次!"高二时吴杰民先生任古文课,讲课时"手讲指画,诲教不倦,同学们也就兴趣盎然,于是造成了全班复古的习尚"。

学校非常重视体育教学。预科时期学生体育属大学系统,有专职体育教师授课,广泛开展各种体育活动。附中时期,体育课增多,特别是冀兹陵出任初中部主任后,大力弘扬体育运动,开辟体育场地,奖励课外活动,创办童子军等,体育运动形成风气。学校还积极组织学生参加天津市体育运动比赛,屡屡获胜,令学校声誉大为提升。崇尚体育运动的风气一直延续到初高中合并之后,以至津沽附中时期还一直延续。

学校同时重视校外参观学习,使课堂所学知识与实践紧密结合。如附中70多岁的老校长雍居敬经常担任总领队,每当星期天都会带领初三学生去旅行,"不是到东局子看飞机,就是去北仓看闸……"

由于学校治学和管理有方,附中学生学习成绩经常排在天津市各中学的前列。1944年天津市举办学生成绩竞赛活动,附中荣获冠军;1945年春,天津市举行中小学校学业竞赛考试,附中成绩最为优秀,获高中组第一名、第三名,初中组第一名、第二名,他们分别是申竹箓、田文伯、黄作宾、单云龙。

## (五)教师队伍

天津工商学院预科和天津工商学院附中、津沽附中时期师资力量雄厚,有来自国外各大学的传教士,有来自归国的留学生,有来自国内各大学或专门学校毕业生,还有相当数量是由学校自己培养的优秀大学毕业生。特别是初中部自创办以来,实行专任制,以确保教学质量。抗日战争全面爆发后的第二年,前来投奔天津工商学院的学子数量激增,学校发展迅猛，全校师生紧密团结，声誉在当时冠绝天津。中学师资数量发展迅速，教师由 1923 年的 9 名到 1951 年达 60 名之多。

附中师资主要由如下几部分组成：其一，由学校大学部教师兼任；此种情况在 1937 年以后有所转变，逐渐由中学专任教师执行教学任务。其二，长期执教于中学且教学成绩优秀的教师；如：巨景昌（数学教师）、刘宝华（地理教师）、余和贵（国文教师）、杨宝珊（英文教师）、萧瞻岚（物理教师）、张秉真（数学教师）、吕仰周（国文教师）、张锦光（历史教师）、张德真（秘书）、萧桂馨（数学教师）、范又博（语文教师）、

房慕唐 　　周炳章 　　巨景昌

李鹤鼎 　　梁文坛 　　刘宝华

天津工商大学——津沽大学时期（1921—1952）

刘惠民　　　　　刘垲辞　　　　　吕仰周

田景仙　　　　　王增勤　　　　　吴大勋

萧桂馨　　　　　萧瞻岚　　　　　杨宝珊

附：附属中学 图志

余和贵　　　　　张秉真　　　　　张德真

张锦光　　　　　张绍斌　　　　　黑延昌

王世濂　　　　　马恩本　　　　　祖吴椿

孙桂华 　　　　　　　　王则民

刘荣恩 　　　　　　　　靳家禔

吴杰民（语文教师）、刘惠民（数学教师）、房慕唐（英文教师）、田景仙（地理教师）、梁文坛（历史教师）、吴大勋（国文教师）、刘垲辞（数学教师）、王增勤（音乐教师）、张绍斌（生物教师）、黑延昌（生物教师）、王世濂（英文教师）、马恩本（英文教师）、祖吴椿（国文教师）等，都是教师中之佼佼者。

据天津工商学院附中 1947 届校友李夫回忆："工商附中给我印象最深的是，学校有一批德才兼备的、造诣极深的优秀师资队伍，其中有些老师在全市或全国颇有名望。直到现在我还记得六十多年前，英语老师刘荣恩（后来成为英国牛津大学著名教授）、王世濂，几何老师张秉真、生物学老师黑延昌、历史老师张锦光、国文老师余和贵、体育（球类）老师李鹤鼎、体育技巧老师靳家褆给我们上课的情形。这些才高八斗的老师授课，深入浅出，循循善诱，讲课有板有眼，清清楚楚，从来不说多余的话……那种学富五车、游刃有余的风采，迄今历历在目，令人佩服。可是他们从来不给学生们讲'要好好学习'那些大道理，也从来不要求学生去死记硬背，而是通过激发学生兴趣和求知欲的启发式教学，把书本上的死知识深入浅出的讲活了，让学生们自己用脑入脑，把知识学到手。"①

天津工商学院附中1948届校友张志全回忆："可以说工商附中的每一位老师都有自己的独到之处，而对我印象最深的要算是历史老师张锦光先生、几何老师刘惠民先生和物理老师萧瞻岚先生，听他们的课可以说是一种艺术享受。而对我的思想性格起着启蒙和指导作用的得说是三位国文老师，马恩本、吕仰周、吴大勋三位老师。马恩本老师教过我一年的英文，一年国文，他学贯中西，知识面很广，在授课中时常提到朱光潜先生的观点，使我感到很新颖，而乐于接受，以致后来我有意识的找朱光潜的著作来读，虽然当时自己一知半解，有时也可以追求超然脱俗，逐渐融入自己的性格……吕仰周老师是主张教活书的，他不赞成读死书，提倡充分发挥自己的想象力，有自己独特的见解，他说他出作文题决不出带倾向的题目来束缚你的思想，哪怕是公认的道理，也不在题目中体现出来。比如，当时比较公认的一个观点，读书能够救国，救国必须读书，但吕老师说如果让他就此内容出作文题，决不会出《读书救国论》，而会出《读书与救国》，任你来发挥……这对我启发很大……中

---

① 李夫：《我人生的一个转折点——为纪念工商附中建校八十五周年而作》，载《天涯桃李报春晖》，天津市实验中学八十五周年校庆文集。

学时代对我影响最深的是吴大勋老师……吴老师布置一篇作文,题目和我写的内容都记不清了,但他在文后给我的评语我却记得清清楚楚:'你得到了一支生了花的笔,希望你很好的把握它',显然这评价是过高了,或许他怕我经不起夸奖,在课外又语重心长地对我说'你的文笔比较流畅,但这只是表达的技巧,要想经常写出好文章,还得随时仔细观察和思考周围的一切,广泛阅读各种书籍,尤其是已被公认的名著,丰富自己的知识和见识,才能使文章充实,言之有物,总之,希望你多读、多想、多写。'他的这些话我一直铭记在心。"[1]

津沽大学附中 1948 届校友陈端树回忆:"初中时,音乐王增勤老师一次结合考试以古今中外名人大亨的事例为例,生动地讲述了人生成就的相对性,以及成败的辨证哲理,鼓励树立'胜不骄,败不馁'的精神。历史张锦光老师通过许多历史事例,阐述了不少有关做人精神,尤以越王勾践的卧薪尝胆为例,故事中体现的败不馁的顽强精神,令人留下终生的记忆。语文老师吕仰周讲述'屡战屡败'和'屡败屡战'的词序不同,反映出截然不同的对待胜败的态度。语文吴大勋老师在讲述成语'三思而后行'时,强调'一生中遇到大事即便来不及三思也必须再思而后行'。当年巧妙地运用抑扬顿挫的音调至今还记忆犹新。毕业前,最后一次语文课上,资深的祖吴椿老师语重心长地操着南方语调,谆谆叮嘱:'人生快乐极了,趁着青春年华务必争分夺秒……'"。[2]

津沽大学附中 1952 届校友商志安回忆:"我 1946 年考入工商附中上学。老师们给我留下了深刻的印象,所有老师们都各有特点,各有独特的教学风格……几何课张秉真先生,他讲的九点共圆近乎神奇,让我

---

[1] 张志全:《我的中学》,载《天涯桃李报春晖》,天津市实验中学八十五周年校庆文集。
[2] 陈端树:《母校培养了信心和毅力》,载《天涯桃李报春晖》,天津市实验中学八十五周年校庆文集。

们体会到解难题的快乐,教体育课的李鹤鼎先生,给我们印象最深的是,数九寒天在操场上课……他只穿单衣、单裤(顶多加件毛背心),身姿挺拔的站在寒风中,认真上课,动作一丝不苟,真正体现了体育精神……高一教我们语文的黄绮先生……他的专业水平很高,记得他讲《毛泽东的政协开幕词》一文时,专门对文章的语法作分析,那精准细致的讲解,使我茅塞顿开,明白了汉语语法的许多难点……我高中的数学老师是刘惠民先生,课讲的生动、准确,没有一句没用的话。他精通教材,教学经验丰富,他的绝活儿是上课不擦黑板,板书从左上角写起,到下课正写到黑板的右下角 X=0 准打下课铃……刘先生要求严,脾气大,最容不得学生抄袭作业,发现就狠批,火上来还可能撕本子,学生又怕他又敬他……我高中的另一位语文老师吴大勋先生……他讲《钱塘江观潮记》在讲台上跳跃起伏给我们描述'弄潮儿'的形象,真达到忘我境地……"①

天津工商学院附中 1947 届校友张济、童鼎昌、陈宝瑞回忆:"张秉真老师在课堂上向我们传授工程画(机械制图)和数学知识,有条不紊,逻辑性强,他边讲边写,使用着规范的仿宋字体书法和英文字母及阿拉伯数字的工整笔法;还有以熟练的技巧徒手画圆,或用木质圆规、直尺、三角板在黑板上给我们绘制出平面、立体和剖面等多样机械图形……他还带我们到工商学院的工厂去参观,印象就更深了……再看张秉真认真批改作业,都成为一种享受……"②

此外,天津工商学院附中、津沽大学附中诸多校友,在各自的回忆录中都提到了许多给他们留下深刻印象的老师们的名字。

---

① 商志安:《我记忆中的老师们》,载《天涯桃李报春晖》,天津市实验中学八十五周年校庆文集。
② 张济、童鼎昌、陈宝瑞:《水乳胶融,亲密无间》——记张秉真老师与 1947 届同学的真挚情意,载《天涯桃李报春晖》,天津市实验中学八十五周年校庆文集。

## （六）学生生活

### 1. 体育

天津工商学院中学部对体育运动十分重视，附中领导提倡开展学生体育运动。学校在不同时期皆配备体育主任一名，体育教员二名。20世纪30—40年代，体育主任大多由外籍教师担任，如暴安良、黄树萱、陶天经、德辅士等，也有华人做体育主任的，如靳家禔。华人体育教师有姚恩汉、靳家禔、张亦諴、李鹤鼎、张彬、刘世珍等，在天津教育界颇有名气。1936年冀兹陵任初中部主任后，各种球类、田径、体操等运动开展得轰轰烈烈。全校及各班分别组建了各种运动队，如篮球队、排球队、足球队、垒球队、乒乓球队、网球队和田径队等，甚至在一个班里还有私人运动队，如1937班有凯队、虎队等私人篮球队，并多次获得各种奖项、荣誉。此外，同学们还组织了国术研究会等组织，班级

天津工商学院附中1938班篮球队

（选自《工商附中1938班毕业纪念册》）

天津工商学院附中 1938 班排球队
（选自《工商附中 1938 班毕业纪念册》）

比赛是经常的，年例越野赛，通常有几个班同学集体参加。

1938 班在体育上成绩颇为突出。冀兹陵主任曾写道："提起本班的体育，真有'万能班'之称，在任何方面都有特殊的人才；苦干、硬干，尤为本班特长！运动起来真能咬牙拼命！实在不失作'老大哥'的好榜样，三点半下课，双杠、单杠前，运动场上，没有一处看不见本班同学的奔驰，加以本学期体育设施的充分增加，在技术上无不猛进！今春连夺乒乓及排球冠军，田径亦在掌握中，各球类校队本班同学几占全数之半，以技术论又为全校首指，真所谓'老当益壮'。"[①] 在他任职期间，还创办了童子军，并强化训练，首次出席天津童子军集会，以旗语获团体总分第一名。

---

① 《工商附中 1938 班毕业纪念册》。

## 2. 文艺

天津工商学院附中学生组织了多种社团活动。1932年底，初二学生自行组建了话剧团，"一切布景道具服装完全自备"。这是天津工商学院以及高初中部由学生上演话剧的起始。天津工商学院院长刘迺仁将大学部以前口琴队的全部口琴设备转给附中口琴队，组建了初高级口琴班；学校出面为学生们成立了国剧社、昆曲社、讲演社、美术研究会、宗教问题研究会和工中消费合作社等。1946年，学生们创设儿童义务补习班，为失学儿童补习功课。1941年工商附中成立十周年之际，学校举行了为期三日的游艺会，同时还举办了学生作业展览会，供来宾和全校师生阅览。绘画、雕刻等艺术形式都有展现，前来观展的观众赞誉有加；1939年附中毕业刊上载有应届毕业生马振远的炭画，周汝昌呕心之作《浣溪纱》词手书及其他词作5首。1941年附中毕业刊上载有应届毕业生毕基初散文诗《祝福》及散文《花环》等多篇文字，充分显示

春光社全体合影

（选自《工商附中1937班毕业纪念册》）

了他们年轻出众的才华。当时在天津工商学院附中执教的朱星先生对1941年工商附中毕业生有几句话令人深思："你们这一级人才是相当的多，并且有特出的，例如毕基初的新文艺，在华北的文坛上已经获得相当的美誉。又如吴同宝的古文辞，亦有很好的根底，不是时下一般青年所能及。此外如郝慎铭、王达人、甘玉歧、王之模、滕鸿康、杨学智、吴伟德、赵瑞年等都是杰出的人才，给我留下很深的印象。"

创办刊物是附中学生生活的重要内容之一。1931年，刚入学的初一年级几位同学"偷偷摸摸"地出版了一本《文星》不定期刊，内容是新文艺，确实给"老八股"一种反动。当时，有一位同学作了一篇写实的文字，不料触犯了国文先生，以致停课一星期，这种冲突一直到李嘉惠先生讲授新文学，才平息下去。初三时，这个班郭兆和等7位同学组建了一个纯文学团体——春光社，从事讨论一些新文学理论和技术问题，他们编辑出版了《春光》月刊，被大家看作"工商文艺的代表刊物"。这个刊物出了两期，因考试关系而停刊。到了高二时，这个刊物又重新出版了，成为半月刊。1942年，初二丙丁组国文教师白峰提倡文艺写作，一时校中刊物盛行，尤其以丙丁组编辑的《小风》《以文会友》等内容最为丰富。19世纪40年代中期，较有特色的壁报如《晨曦》《青年》等，学生们又办了《读书青年》《课余生活》等蜡纸刊物。1942年3月15日，附中校刊《中

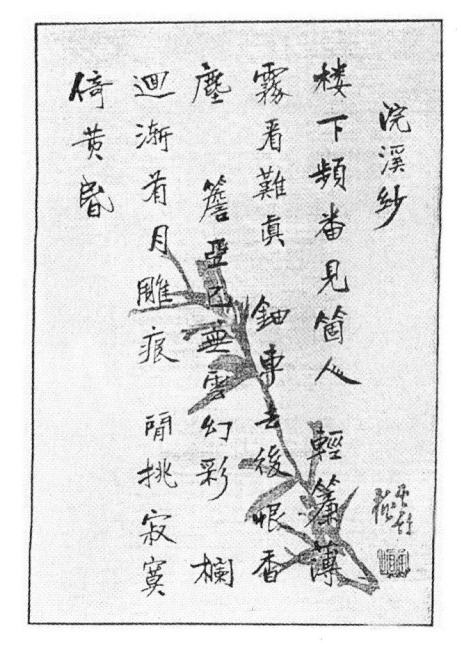

周汝昌手书自作《浣溪沙》词
（选自《工商附中1939班毕业纪念册》）

学生》创刊,由学生撰稿并编辑出版,并由特约教师、校友以及成名作家供稿,旨在联系中学生之间的感情,携手共进,借此获得精神食粮。《中学生》一刊曾一度中断,直到1946年复刊。①

1951年津沽附中高中部同学成立美工团(曾称美术队),导师是学校美术教师王林先生,成员有张锡尧、张阜生、李士熙、孟肇咏、姜永瀛等。1951年春节过后,张阜生、李士熙参加了团市委举办的"天津市青年文艺学习团",边学边在校内开展工作。当时美工团不仅是以提高绘画技艺为主,而是按照党的工作重点进行宣传,如"抗美援朝,保家卫国""参军、参干"等。学校工作任务是开展"国际主义、爱国主义"教育和国防教育宣传。美工团配合这些工作搞宣传画,布置会场,节日门楼装饰,配合戏剧队搞布景、道具绘制等。虽然工作繁重,但成绩斐然可观,吸引了校内许多美术爱好者加入。他们请到了"泥人张"传人张越,来校表演泥塑工艺全过程,学生们受益匪浅,而后还为各位老师制作课堂范图,小模型、运动会章等。美工团从1951—1958年活动坚持了八年之久。②

1949年3月,津沽大学附中同学在校党团地下组织关怀下,高三班先后出现了两个以"热风"命名的社团:一是由地下民青张世良组织的热风歌咏队;另一个是由进步学生朱瘦宝、陈维纲组织的热风口琴队。这两个热风组织组成"热风音乐团",团长由津沽大学附中团支部宣传委员陈德仁担任,歌咏队有130余人,口琴队30余人,实力雄厚,每周排练两次,演出了《黄河大合唱》《淮海战役组歌》以及《蓝色多瑙河》等名曲。他们还参加了市学联组织的全市歌咏比赛,到天津人

---

① 王嘉川撰:《工商附中·学生生活》一文,见2001年版《河北大学史》编纂委员会编:《河北大学史》第118—120页。本文有增删。
② 张阜生:《忆美工团在母校的锻炼成长》,载《天涯桃李报春晖》,天津市实验中学八十五周年校庆文集。

民广播电台表演歌咏、口琴等。1949年10月9日下午,"热风音乐团"在津沽大学附中北三桥礼堂举办了庆贺新中国成立的公开演奏会,大获成功。"热风音乐团"自创建后,规模不断发展壮大,截至2008年,共有300余人,形成了一个包括交响乐队、民族管弦乐队、民族舞蹈队、芭蕾舞蹈队、话剧社、合唱队、键盘乐队、艺术体操队、美术组、摄影组、陶艺组等综合性艺术团体,多次参加全国和天津市、区演出,受到社会广泛好评,获奖甚多。该团先后应邀出访德、日、泰、新西兰、韩等十几个国家,为国际文化艺术交流做出了贡献。①

## (七)附中革命组织和爱国革命斗争

1. 革命组织

(1) 早期共产党员和革命青年组织的建立

1937年7月7日,日本军国主义发动对中国的全面侵略,国难当头,学校不能正常开课。天津爱国人士、耀华中学校长赵君达在学校开办"特班",接纳北京、天津等地失学学生。9月,中国共产党地下组织领导的外围组织——中华民族解放先锋队(简称"民先")领导骨干郝诒纯、郝诒谋姐弟、黄元镇、陈肇

赵恩沐

---

① 《我们共有的热风情结》,载《天涯桃李报春晖》,天津市实验中学八十五周年校庆文集。

源、吴克宇、陈本坚人等由北平先后来到天津进入耀华"特班"学习，并在校内发展"民先"队员，建立读书会。1937年10月，由陈肇源发展进步同学赵恩沐加入"民先"，"民先"工作开始由陈肇源负责。1938年陈肇源奉命去延安，改由"民先"天津队委陈本坚负责。1938年暑假后耀华"特班"解散，赵恩沐考入天津工商学院附中高中部，9月，陈本坚考入天津工商学院国际贸易系，并于下半年发展年仅16岁的天津工商学院附中学生赵恩沐加入中国共产党，赵恩沐是天津工商学院附中第一名中共党员。

赵恩沐在天津工商学院附中，介绍同桌张大中（张墟）及戚天庆、王德华、段兆麟、王凯、丁敬等十余人先后加入"民先"，并组成"民先"小组，发起"读书会"。参加"读书会"的人有"民先"成员，也有不是的。赵恩沐同王德华一起创办了"读书会"公开刊物《幽林》，会员们每隔几日交一篇文章，当时附中进步的公教学生郝慎铭就是主要撰稿人之一。"读书会"以学习革命进步书籍和文艺作品为主，如《铁流》《表》《西行漫记》《中国的西北角》以及河上肇的《经济学大纲》，艾思奇的《大众哲学》《唯物史观》等著作。这些书籍都是当时最受进步青年欢迎的，因而"读书会"也培养了一

郝慎铭

些外围组织骨干，如郝慎铭、毕基初等人，他们还不定期出刊一份铅印文艺刊物《文青》。当时附中校长冀兹陵得知"读书会"阅读的书目之后，指出这些书籍皆属禁书之列。后来，张大中把这些书秘密保存起来，在进步同学中传阅。赵恩沐还经常刊印抗日传单，1940年，他奉命赴上海编印进步报刊，被国民党当局发觉后押回天津，1943年他离开了正

在患重病的母亲，奔赴延安。①1942 年 9 月，陈振寰（现名白津）考入天津工商学院附中高中。1944 年下半年，陈振寰加入"抗联"后，随即加入中国共产党。陈振寰在校内继续组织"读书会"，发展进步力量。1945 年春，陈振寰奉命离校。1943 年暑期，地下党员秦良（原名穆曾勤）考入天津工商学院附中高中三年级插班，1944 年毕业离校。与此同时，进步学生吴木（原名孙会诚）考入天津工商学院附中初一班，与马士铨、刘捧印、刘培基、马维基等人自发组成"读书会"。进步学生刘增祚（现名甄建民）以小学毕业考试第一名成绩被保送天津工商学院附中初中一年级。当时他带着"抗联"成员、地下党员郭华（原名薛鉴铎）交办的任务到校。1945 年 8 月由郭华介绍加入"民青"组织，成为附中学生第一位"民青"会员。他联系同班辛隆、刘士权、孙振棠和高一班韩海泉（现名柳向日），高二班张福顺（现名黎炜）、倪孟雄、梁宝根等人组织"读书会"，出版《读书生活》。刘增祚发展辛隆、张福顺加入"民青"。1946 年 2 月，郭华介绍刘增祚入党。

1944 年底，吴木、马士铨在城工部入党，吴木受上级党领导指示返回学校，

---

① 参见《河北大学史》编纂委员会编：《河北大学史》，河北大学出版社 2001 年版，第 20—21 页。

任务是动员"读书会"人员前往革命根据地。吴木返津回校开展党的工作，先后有26人奔赴根据地，分别到华北联大或城工部训练班学习。1946年吴木转学至木斋中学。1944年底，初三甲班张椿、方康、金荣光、张世良、张毓林、张绍槐、张宝光、陈德仁等十余人，自发组织课余活动，一些同学在陈德仁家秘密印发油印刊物《课余杂谈》。1945年暑期，共产党员冯炳昆、梁有根考入天津工商学院附中，但组织关系不在校内。1945年10月，天津工商学院附中成立"青年携进社"，当时成员有年景和、龚慰鹤、刘绍全、李希文等人，后来发展了韩海泉、毕平初、卞学强、宋天鹏（宋堃）等同学。1946年，刘增祚等人在多伦道办了一个"七七出版社"门市部，专售进步期刊，代销《解放三日刊》，引起当局注意，后被查封。[①]1946年冬，由冯炳昆、冯宝增、梁有根、李天相等同学倡议，成立"利群读书会"。读书会秘密地在冯炳昆家里成立，参加者还有卞沛新、张仁惠、何炳尧、卢受采等人。由冯炳昆首先宣读他起草的读书会章程，然后进行讨论，讨论焦点之一是读书会宗旨是只读功课还是要关心国家大事的问题。冯炳昆从多方面论证了不能死读书的道理，动员大家关心政治，他的发言使与会者取得了共识。[②]

（2）附中党支部的建立及"民青"组织的发展

1947年5月，中国共产党地下组织学委决定，在天津工商学院附中组建党支部，刘增祚任支部书记。其他党员有冯炳昆、冯宝增、解崇谦等人。1948年9月，第三届地下学委决定，由学委委员吴木直接领导附中党团工作，吴木指定联雁（原名邹德文）与校内高三甲班地下党

---

① 略据赵子声、张红主编：《中国共产党地下组织在工商附中、津沽附中活动纪实》，天津实验中学八十周年校庆丛书。
② 略据卢受采：《共忆青鬐忧国是，同随赤帜灭王侯——回忆1947年的反内战、反饥饿、反迫害运动》，见天津工商附中——天津实验中学八十周年校庆，1948届同学名录第70页。

员张椿（1948年1月入党）接头。自此，津沽大学附中恢复了党的工作，他们广泛交友，联系群众，组织"读书会"和各种文体活动，在此基础上建立"民青"。张椿发展方康、金荣光、窦文光、张毓林先后加入"民青"，窦文光发展了詹铁刚和张铣，方康发展了张世良和贾朝兴，金荣光发展了陈德仁、杨次森，党员王嘉禾发展了王仲庠，陈德仁发展了赵庆旺、张鹏益等，1948年11月，窦文光入党；12月，方康、金荣光入党。原附中初中学生李意天毕业后考入北平汇文学校，后在根据地入党，此时插入附中高二乙班学习。1948年11月，附中党支部书记为张椿，有党员6名，地下"民青"10人。1948年12月，附中地下党员和"民青"成员，根据上级指示，分别对校内财产进行清点，对全校师生情况造册登记，组织护校纠察队，印发《入城约法八章》及元旦社论等。至1949年初，附中地下"民青"达30余人。1949年夏，附中党支部书记张椿高中毕业离校；9月，奉上级指示，附中党支部与津沽大学党支部联合。大学学生党员金永清为支部书记，附中高二学生党员李意天为副书记。1950年，津沽大学党组织公开，大学与附中分别建立支部；6月，附中党支部书记为李寿晋，有党员16人。[①]

2. 爱国革命斗争

1935年5月14日，天津工商学院奉国民政府命令，组织高一、高二学生赴保定军校军训，同学们积极参训以"挽救危亡"。同年7月，受"何梅协定"影响，军训停止，同学们义愤填膺。有同学在军训生活笔记上写道："归矣！上午未上操场，同学们就知道有变动，果然下午黄副总队长招集训话，只一句话，便使全场2000多学生和教官放声痛哭，那时每个人都决定了誓死杀敌以挽救危亡的心志。某国的侦察机在

---

[①] 略据赵子声、张红主编：《中国共产党地下组织在工商附中、津沽附中活动纪实》，天津实验中学八十周年校庆丛书。

工商附中高二学生赴保定军校军训

(河北大学档案馆资料)

空中盘旋着。唉！我们的集中军事训练终因外力的压迫而解散了！回队后没有一人能咽下饭去……"

当时还有天津工商学院附中部分学生（如1937届武其祥、吴兴民等）南下参加了抗日斗争，为民族解放运动作出了积极贡献。[①]

1938年10月15日和27日，距天津工商学院校园不远，日本人储存的棉花堆两次失火。原因是附中理化教师伍克潜配制火药，附中学生徐鸿烈和段昭麟用气枪射过去而爆炸起火。16日，日本派40名卫兵同法国副领事到校搜查学生宿舍没有发现可疑痕迹。28日，两个日本人由特别裁判所来视察，仍未发现可疑现象。

1939年7月，"民先"天津队部印发了《告天津人民书》（由天津"民

---

① 参见《河北大学史》编纂委员会编：《河北大学史》，河北大学出版社2001年版，第26、28页。

吴兴民　　　　　　武其祥

先"大队长郝诒谋拟稿，附中学生王德华刻印），号召全市人民节衣缩食支援抗战。队部要求以英、法、意租界和特一区为中心，将传单送到千家万户，计划于7月6日晚10点以前全市统一行动。赵恩沐将传单藏在鞋盒里，沿英、法租界几条街道将传单塞入住户门内。

1944年3月20日，日军以天津工商学院附中教员有抗日行为为由，派宪兵逮捕了附中教师12人，引起学校广大师生的强烈反对，停课达十余日。在附中师生严正交涉下，被押教师部分获释，体育教师靳家禔死在狱中。

1945年9月27日，国民党当局颁发通令，要以国文、英文和三民主义为必试科目对收复区中等以上学生进行甄审，并对教师进行甄审。这项举措引发各地师生和家长的反对，中国共产党天津工委通过市内学委负责领导了这一斗争。

伍克潜

· 291 ·

天津工商学院附中当时尚无党支部，由郭华通过刘增祚出面宣传组织。他们发动学校进步同学对初中、高中广大同学进行宣传，在统一认识的基础上成立了全校反甄审班级联合会。刘增祚、冯炳昆、张福顺分别担任初三、高一、高二班联主席，此外各班又推选出8名代表，共同参加全市学生反甄审联合会工作。他们曾两次向市教育局局长黄钰生（子坚）请愿，要求免于甄审，在第二次请愿的代表中，直面局长的5位代表里有刘增祚。当时附中学生代表韩海泉分工把守局长电话机，附中高一班主席张福顺负责内外联络，附中学生代表辛隆组织请愿队伍（全市6000人中，工商附中占500人）。经说理斗争，最终迫使局长允诺免除甄审，使得天津成为全国第一个免于甄审城市。为此，天津工商学院院长刘迺仁对张福顺说："我坐美军飞机去南京没办下来的事，倒叫你们这帮学生给实现了！"

地下学委根据形势发展决定在反甄审联合会基础上成立了天津市学联。设主席团5人，下设4个办事部门，其中3个部门中有天津工商学院附中学生任职，他们是：组织部张福顺、宣传部刘增祚、联络部韩海泉。当时他们去学联任职受到附中领导齐振国、王峻德的强烈反对，并对他们说，"学联受赤色影响，我校学生不能参加"，同时，附中高中二年级、三年级代表也表示不去参加，而刘增祚等态度坚决，商定要巩固学联，坚决参加学联。经过班联大会辩论，除高三甲、乙、丙班宣布退出班联外，其他各班级一致通过参加市学联，并选出刘增祚、张福顺、韩海泉、郭继英、辛隆为附中代表前往市学联工作。学联主席团张蓝代表市学联欢迎工商附中参加市学联，还表扬附中学生在反甄审运动中所表现的骨干先锋作用。后来刘增祚入党时，为纪念反甄审胜利，改名为甄建民。

1945年10月1日，美国海军陆战队第三军团第一师4000人由塘沽抢先进驻天津，国民党天津市政府组织群众欢迎盟军进市。天津工商学院附中学生被指定在万国桥（今解放桥）桥头欢迎。当日，附中学生刘增祚奉"抗联"郭华之命，拿着郭华事先准备好的揭露美蒋合流的传单，爬上万国桥梁顶栏杆上，向人群及美军队伍中散发，造成不小影响。

1946年1月25日，天津市学联组织全市学生声援"昆明惨案"大游行。天津工商学院附中学生刘增祚、张福顺、韩海泉分别发动学生，张福顺动员校内军乐队参加了全市学生的"一·二五"和平大会和游行。附中军乐队作为仪仗队走在队伍最前列。参加游行大会的全市学生有1.2万人，附中大部分学生参加了。当时附中主任齐振国用种种手段对学生参加游行大会进行阻挠，但没有奏效。游行结束后，学校当局借口韩海泉没有办理注册手续，开除了他的学籍。

1946年春天，国民党当局镇压学生运动愈演愈烈，地下党指派天津工商学院附中学生刘增祚、杭天申散发揭露蒋介石发动内战，镇压人民为内容的传单上千张。他们登上"津百戏院"电梯，在瞬息间将传单从楼窗全部抛出，传单借风力飘落于多伦道和罗斯福路（今和平路）并机智地躲过了军警的搜查。

1946年12月，北平发生了美军强奸北大女生沈崇事件，激起全国人民极大愤慨，掀起了"反政府，反内战"的潮流。1947年5月12日，附中党支部发动"利群读书会"的学生以及高中二年级三个班多数学生和其他年级部分同学来到乙班教室商议罢课，参加反内战、反饥饿、反迫害运动。这一举动受到学校当局的阻挠，他们把部分同学赶出学校，并蛮横地阻止开会。尽管校方百般阻挠但仍有100余名学生参加会议，会议由刘增祚、冯炳昆、李天相等同学主持。会议选举产生了工商附中学生反内战、反饥饿、反迫害委员会，刘增祚、冯炳昆、冯宝增、李天相、梁有根、张仁惠、卢受采以及其他年级十来名同学均被选为委员。同学们于5月20日到南开大学东院集合，参加了天津市学生反内战、

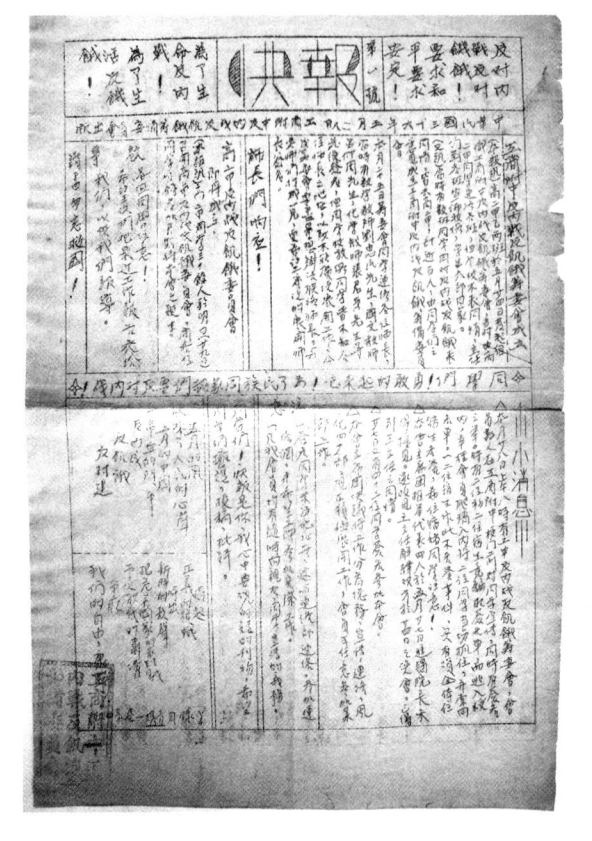

天津工商大学——津沽大学时期（1921—1952）

1947年工商附中同学反内战、反饥饿、反迫害而自编油印快报
（校友张志全先生提供）

反饥饿、反迫害大游行。天津工商学院附中学生参加游行约20人。游行队伍在反动军警和美国宪兵监视下，毫不畏惧，大家高举标语、高呼口号，一些大学同学还在街头发表演讲。大游行历时约5个小时胜利结束。1947年暑假，学校当局以"操行成绩不及格（59分）"为由，开除了带头参加运动的甄健民（刘增祚）、冯炳昆、梁有根、冯宝增及进步学生吴恩义、梁宝根、倪孟雄等7人，附中党的活动曾一度中断。

1948年10月，附中党支部再次组建，张椿任支部书记，在学生和进步教师中开展思想工作。解放天津的炮火打响后，学校停课。附中部分党员，"民青"成员坚持护校、防火、防盗、防破坏，党员李意天负责组织此项工作。附中学生党员窦文光带领解放军从复兴门攻打耀华中学的国民党驻军据点，有力地配合了天津解放。天津解放当日，附中党员和"民青"成员踊跃接受党支部任务，宣传党的城市政策，

张 椿

准备复校复课等事宜。

1949年3月至7月间,附中学生为响应党中央和军委号召,积极报名参加南下工作团,支援全国解放。党支部指定党员带头报名,有12名学生报名参军被批准,还有的赴华大、革大、中央团校、市委党校学习。

陈德仁

1949年8月14日至9月底,附中"民青"支部代理书记、校务委员会常委、学生会主席陈德仁,奉党团组织及市教育局之命,组织推动全校师生与当时北疆博物院院长盖斯杰进行斗争,以维护师生的人身权力。盖斯杰无理囚禁附中住宿生陈振海、李凤禄和教务主任董绍康,蔑视人民警察王勇健,引起全校师生极大愤慨。经校委会讨论向市人民法院起诉,以判决盖斯杰七天劳役而斗争胜利结束。1949年8月21日《人民日报》刊登了北平学联为法侨盖斯杰非法囚禁津沽附中同学事件昨(20日)致天津学联信。[1]

## (八)知名校友简介

张大中(1920—2007),原名张塽,河北省景县人。中国共产党北京市委常委、宣传部部长。1938年9月在天津工商学院附属中学,由同班同学、共产党员、"中华民族解放先锋队"(简称"民先")队员赵恩沐(桑平)介绍加入"民先"。此后,二人合作发展了戚天庆、王德华、

---

[1] 略据赵子声、张红主编:《中国共产党地下组织在工商附中、津沽附中活动纪实》,天津实验中学八十周年校庆丛书。

张大中

段昭麟、丁敬等同学加入"民先",组成"民先"小组,发起了"读书会",创办了公开刊物《幽林》,与工商附中进步同学郝慎铭、毕基初等共同从事革命活动。1939年转入北平育英中学,1940年加入中国共产党,并任育英中学党支部书记。1941年考入燕京大学新闻系,不久后去中共中央晋察冀分局城工部。1942年在城工部派驻保定地区满城县的秘密交通站工作。1945年回北平,1946年到北平燕京大学复学,任燕京大学党支部书记,北平地下党学生工作委员会委员兼大学工作委员会书记。1949年任共青团北京市委组织部部长。中华人民共和国成立后,张大中历任共青团北京市委第一书记,中共北京市委委员,共青团中央委员。1956年任中共北京市委宣传部副部长。"文化大革命"期间受到迫害,1977年恢复工作,任《北京日报》副总编辑、社长,中华全国新闻工作者协会书记。1982年任中共北京市委常委、市委宣传部部长、市委秘书长、市委党校校长,北京市"五讲、四美、三热爱"活动委员会主任。1985年任北京市第八届人大常委会副主任。1987年12月—1992年12月任中共北京市委顾问委员会常委,中国科学社会主义学会副会长,《当代中国的北京》主编,北京市党建研究会会长,北京社会科学联合会主席,当代中国北京史研究会会长,中国企业文化研究会常务副理事长。是第五届全国人大代表、第二届全国政协委员。

张大中1983年开始学术研究,他主编的著作有:《当代中国丛书·北京卷》《当代中国的北京》《没有硝烟的战场》(中国共产党领导的北平地下抗日斗争纪实)《解放战争时期北平学生运动史》《我经历的北平地下党》《党的基本知识》《走向企业文化管理之路》《企业文化论》《市场经济与企业文化》,撰写论文数十篇。

张大中是北平地下党的杰出工作者,为中国人民的解放事业和新中国的诞生作出了重要贡献。他长期从事党的宣传工作,是北京市宣传战线的优秀领导干部。(主要参考文献:百度网;《河北大学史》编纂委员会编:《河北大学史》,河北大学出版社2001年版)

**周汝昌**(1918—2012),天津市人,红楼梦学研究专家。初中在天津觉民中学就读,1935年考入南开大学读高中,开始学术活动。1938年秋考入天津工商学院附中高三插班。据周汝昌回忆,工商附中高中部教师水平高,绝不逊于南开,或有过之。1939届工商附中高中毕业纪念册上刊有周汝昌手书《浣溪纱》词一首,另刊有他所填的词5首。1939年周汝昌考入燕京大学西语系。1941年冬,燕大被查封,周汝昌失学。1947年,以插班生资格重新考入燕

周汝昌

大西语系,1950年毕业。后考入燕大中文系研究院,1952年毕业,毕业后先后在华西大学、四川大学任教,后调至人民文学出版社任古典部编辑。1979年调入中国艺术研究院,任研究员兼顾问。周汝昌平生学术根底深厚,以语言诗词理论、中外文翻译为主,又是诗词大家。他对红楼梦研究尤为突出,曾获美国鲁斯基金。《红楼梦新证》是他研究红学的代著作,他的其他著作《范成大诗选》《白居易诗选》(合作)《杨万里选集》等皆为学界所推重。周汝昌长期致力于中国书法理论研究和书法实践,学书王右军,书法遒劲,写出了自己的特色,出版《书法艺术问答》等。周汝昌累计出版著作已达30余部,论文多篇,是五、六、七、八届全国政协委员,中国和平统一促进会理事。(主要参考文献:

周汝昌提供资料；河北大学档案）

**沈　湘**（1921—1993），天津市人，歌唱家、声乐家。1933年考入南开学校，1937年转入天津工商学院附中高中部学习，1939年毕业。沈湘受家庭影响，自幼喜爱西文古典音乐，在工商附中时，有"歌王"雅号。1940年考入燕京大学英文系，副系音乐。1941年，沈湘回到天津，参加了天津工商学院管弦乐队莫扎特作品慈善音乐会，在歌剧《唐其欧丸尼之歌》担任独唱，崭露头角。1942年转入上海圣约翰大学英文系，同时考入上海国立音专。1944年，在上海兰心大戏院举行独唱音乐会，大获成功，中外媒体誉之为"中国的卡鲁索"。1947年秋，在北京师范大学任教授。中华人民共和国成立后，多次应赴国事和外事演出活动。曾在中南海，演唱《黄河颂》，使中外宾客为之倾倒。1950年，沈湘在天津音乐学院声乐系任教，在歌剧《黑桃皇后》中，成功地扮演男主角格尔曼，再次引起轰动，他以雄厚实力，确立了他在中国歌坛男高音首席地位。后来他担任中央音乐学院声乐系主任，由他指导的学生，许多成为国内外声乐之佼佼者。他还曾连续6年去芬兰，为国际"声乐大师班"讲学，被当地媒体称"沈湘是世界一流声乐教授"，是将中国声乐教学推出国门的第一人。沈湘逝世后，由他的学生邹本初整理出版了《歌唱家——沈湘歌唱学体系研究》专著。2001年，"沈湘国际声乐比赛"在北京举行。2003年，为纪念沈湘逝世十周年，在天津举行了沈湘艺术学术研讨会。2004年，我国第一尊声乐家塑像——沈湘塑像在他的母校天津实验中学（即天津工商学院附中的延伸）落成揭幕。(主要参考文献：王跃《永远的沈湘》，《人民日报》（海

外版）2001年5月9日；刘恒岳《他将中国声乐教学推向世界》，《今晚报》2004年5月19日）

**楼乾贵**（1923—2014），浙江宁波人，男高音歌唱家。1937年秋由南开中学转入天津工商学院附中初中部，1939年毕业。他曾回忆说："虽然年纪小，不懂得什么，但在工商初中那两年的回忆是很难忘的。"1949年，楼乾贵毕业于上海震旦大学医学院，获医学博士学位。在上大学期间，他考取上海音乐专门学校兼读声乐。1949年初，楼乾贵参加上海市政府交响乐团（今上海乐团）音乐会，他演出的独唱节目，大获成功。20世纪50年代，多次随团出国演出，在苏联录制独唱唱片。1955年，调入中央歌舞团，任演员、声乐教员、声乐指导。在北京、天津、上海、青岛等地多次举办个人独唱音乐会，出版独唱专辑录音带。还曾多次在美国、芬兰等国家举办独唱音乐会。1982年，楼乾贵与法国艺术家合作将《卡门》推上舞台。1989年退休，离开舞台后的楼乾贵曾应聘担任中央音乐学院声乐系兼任教授，他和中央歌剧院的几位艺术家一道演唱的《请允许》《春雨》分获文化部国庆三十周年优秀歌曲一等奖和三等奖。1979年，他创办"首都歌唱培训中心"，为中国声乐艺术发展贡献余热。曾任北京市政协委员，民盟中央文化委员，北京高校校友会、北京海外联盟会副会长，中国中外文化交流协会、中国国际友人研究会理事等职位。（主要参考文献：楼乾贵提供资料；河北大学档案）

**顾方舟**（1926—2019），出生于上海市，浙江宁波人，第三世界科学院院士，医学科学家、病毒学专家，中国医学科学院北京协和医学院

顾方舟

原院长、一级教授。

1944年，毕业于天津工商学院附属中学。1944年9月至1950年9月，顾方舟就读于北京大学医学院医学系本科，1951年8月至1955年9月，顾方舟就读于苏联医学科学院病毒学研究所病毒学，获博士学位。1984年，顾方舟加入中国共产党。1985年11月至1993年12月，任中国医学科学院院长，中国协和医科大学校长、研究员等职。1987年，顾方舟当选英国伦敦皇家内科医学院院士；1990年，当选欧洲科学、艺术、文学科学院院士。1992年，当选第三世界科学院院士；1993年12月，被聘为中国医学科学院、中国协和医科大学顾问。2019年1月2日，顾方舟在北京逝世，享年92岁。

截至2019年1月，顾方舟发表期刊、会议论文共49篇。2018年5月，商务印书馆出版了顾方舟的口述史《一生一事》。

论著主要有：《上海市脊髓灰白质炎病毒的分离与定型》《七岁以下小儿口服脊髓灰白质炎三型混合减毒活疫苗的血清学反应》《国产脊髓灰白质炎口服活疫苗的病毒学、血清学及流行病学的一些研究资料》《A Large-Scale Trial with Live Poliomyelitis Vaccine (Sabin's Strain) Prepared in China》《脊髓灰质炎糖丸活疫苗的效力保存试验》《Poliomyelitis in China—Special Report》《脊髓灰质炎》。

2019年，在庆祝中华人民共和国成立70周年之际，国家主席习近平签署主席令，授予顾方舟人民科学家国家荣誉光荣称号。该称号有如下文字："他是我国脊髓灰质炎疫苗研发生产的拓荒者、科技攻关的先驱者。他研发的脊髓灰质炎疫苗'糖丸'护佑了几代中国人的生命健康，使中国进入无脊髓灰质炎时代。荣获全国科学大会成果奖和'全国消灭脊髓灰质炎工作先进个人'等称号。"(主要参考文献：略据百度百科网，有改动；《光明日报》，2019年9月18日；河北大学档案)

**李　夫**（1927—　），原名曹立夫，山东德平县（今属德州市）人，天津《今晚报》社总编辑，高级记者，中国共产党员。幼年时曾在家乡城中读私塾，1937年7月7日抗日战争全面爆发不久，挺进敌后的八路军来到德平县，受到当地老百姓欢迎，李夫的母亲为八路军战士烧火做饭，年仅10岁的李夫，被母亲和老百姓支援抗日的热情所感动。同年，正在日本东京帝国大学深造的父亲曹振东回国，在自己家乡组建了一支抗日游击队，同其他抗日武装一道，打击日本侵略军，保卫自己的家乡。这些经历在李夫心底里埋下了报效祖国的远大志向。

李　夫

1938年，曹振东领导的抗日游击队加入了肖华司令员组建的东进抗日挺进纵队，被编为第七支队，曹振东任队长。李夫此时也成为一名抗日小战士。

1940年，李夫回到天津，化名赵少坡，考入天津志达小学，读小学六年级。1941年，考入天津工商学院附属中学，1943年离开天津。李夫对工商附中的教育管理之严格，课程考试之紧张深有感触。每星期都有"星期考"，至于考哪门功课，学生事先不知道，无疑增加了学习的难度，然而这样的方式使学习成绩更为扎实。李夫和在校的大多数同学一样，都有一股子爱国热情，对日本侵略者强迫学生学日语非常反感，因此，他对日语课根本不感兴趣，也自然反感教日语课的老师。天津工商学院附中的体育很有名，李夫爱好体育运动，喜欢踢足球，当守门员。他还和同学们共同发起成立一个专攻篮球和双杠的技巧组，又与同学们共同成立摄影社,在校内非常活跃。毕业后,李夫进入华北联合大学,并于1948年毕业。1949年1月,在解放天津战役中,他随军进城参与创建新华社天津分社、天津日报等工作。历任新华社天津分社记者,《天津日报》记者、部主任、编委、高级记者;《天津老年时报》总编辑。由他采写发表的有关政治、市政、文教新闻与撰写的时评、社论等对推动天津工作产生过深远影响。李夫在《天津日报》上发表过许多重要评论,是天津解放后,半个世纪以来的历史见证人。他还有十余篇长篇通讯和报告文学由多家出版社出版,如《周恩来青年时代在天津》,由人民出版社、青年出版社等12家出版社分别出版,其他如《难忘的夜晚——毛泽东1957年在天津》《团泊洼的青春之歌》《侯隽落户农村记》等也都是由多家出版社分别出版。由李夫采写发表的大量优秀通讯和重要新闻曾被新华社总社和中央人民广播电台播发,如长篇通信《烈火红心》被改编为戏剧上演,《黄瓜王》被改编为科技影片上映,《团泊洼的青春之歌》被天津美术出版社改编为连环画出版。

李夫曾参加《天津日报》的创建工作,并先后创建了《天津日报》(农村版),复刊创办《天津青年报》,创办《今晚报》,任总编辑,创办《天津老年时报》,兼任总编辑。其中,《天津日报》(农村版)期发行量达30余万份,《今晚报》日发行量高达70余万份。1996年,李夫策划并主持建成当时天津最高(168米)的《今晚报》大厦,李夫自言:"我把前半生给了《天津日报》,把后半生给了《今晚报》。"

在李夫的记者生涯中,多次受到党和国家领导人的接见。1978年4月2日,在北京人民大会堂接受华国锋、邓小平、李先念、汪东兴的接见;1996年10月24日,在北京人民大会堂接受江泽民、李鹏、胡锦涛的接见。

自1979—2003年,李夫兼任天津市新闻工作者协会副主席、天津市新闻学会会长、全国晚报工作者协会会长等职,曾主编《晚报文萃》

杂志，现任《今晚报》社顾问，中国晚报工作者协会名誉会长。（主要参考文献：《天涯桃李报春晖》天津市实验中学八十五周年校庆纪念文集，《读者灯下客——记天津报界名人李夫》；李夫：《我人生的一个转折点——为纪念工商附中建校八十五周年而作》；www.baidu.com）

李天相（1928—2005），北京市人，石化工业技术及管理专家。1948年，毕业于天津工商大学附中高中，同年考入北洋大学机械系。毕业后主要在西北石油管理局、石油管理总局、石油工业部、五七油田会战指挥部、石化部等部门做技术工作。1978年，任石油工业部副部长。1988年任中国石油天然气总公司副总经理，科技委员会主任。1989年，评为教授级高级工程师，同年被人事部授予"国家有突出贡献的中青年专家"称号。历任石油学会副理事长、理事长，中国工业经济协会常务理事，第八届全国政协委员。（主要参考文献：《天津工商附中1948届同学录》；河北大学档案）

李天相

李汉亭（1928—2004），山东掖县（今莱州市）人，国家级篮球教练。1948年，毕业于天津工商学院附中，被选入天津市篮球队，参加上海第七届全国运动会。1950—1956年，代表中国参加篮球国际比赛，曾任副队长、队长等职。1956年任国家三队及女子青年队教练。多次迎、访国际重大赛事。1957年，先后转为天津市、河北省女子篮球队教练，曾获全

李汉亭

国亚军4次、第3名3次，为国家队培养输送队员11名，被国家体委评为国家级教练。1999年，被评为建国50年来体育界50名突出贡献者之一。李汉亭任职期间，多次受到国家领导人刘少奇、周恩来、贺龙等接见和关怀。（主要参考文献：《天津工商附中1948届同学名录》，河北大学档案）

宋　堃（1929—2008），原名宋天鹏，回族，河北河间人，自幼生长于天津，中共中央统战部副部长。1942—1945年在天津工商学院附中读初中。自1948—2003年，在中共中央统战部工作长达55年之久。历任研究室处长、党派工作局局长、中央统战部副部长，兼任中央社会主义学院党组书记，第八、九届全国政协委员。（主要参考文献：《天津工商附中1948届同学回忆录》及电话采访；河北大学档案）

宋　堃

何炳锐（1929—　），江苏淮安人，出生于北平，早年先后在北平惠我、树德小学就读，后随家辗转天津入广东及新业小学就读，小学毕业后，考入天津工商学院附中，1948年高中毕业。据他的回忆，附中教学管理极为严格，从礼拜一到礼拜六，每天都是8堂课，每个礼拜的第一堂课，全校都要考试，考什么事先不知道，哪个老师进来就考哪一科，国、英、数等主要科目要考两到三次，音乐和历

何炳锐

史考一次就不会再考了，这个分数占学期总成绩的70%。进入该校时，招了十班，升到初二只剩一半，一路往下淘汰，到高中毕业时只剩三班，124人，淘汰得很厉害，这所学校与其他学校不同，一般学校到初中毕业后，寒暑假就没有家庭作业了，但工商附中高中生的寒暑假还得做家庭作业，放假也不得休息，不管物理、化学、数学，有一门算一门，都必须把该科的中、英文专有名词写出来，开学后交出。这对他后来考进海军军官学校，读英文原版课本大有助益。他认为，工商附中是抗日学校，体育也是最好的，每年运动会，全校总分都是第一。

1948年秋，何炳锐考入海军军官学校，先后辗转青岛、厦门、左营和台湾。1952年毕业，服务于台湾军方，一直干了41年，1989年退休。1980年3月回天津探亲，特为91岁的老母举行生日寿宴。此后经常往来于台湾、大陆之间，走亲访友，与工商老同学晤面。（主要参考文献：何炳锐《从小学到入海军》，载《工商附中1948届同学回忆录》；《工商附中1948届同学名录》）

**冬俊瑞**（1930—1999），河北丰南县人，教授，水力学专家。1948年毕业于天津工商学院附中。1952年，毕业于清华大学土木系，毕业后留系任教，讲授水力学、水工模型试验、高等水工水利学等课程。曾任中国水利学会专业委员会秘书长、水利水电科学基金委员会评委。20世纪50年代主持水力实验室建设，在前苏联专家指导下，将实验室改建为当时国内最先进的实验室。他讲授的水力学课为清华大学一类课，连续四次荣获奖励，并获北京市优秀教学奖。冬俊瑞参与编写的《水力学》教材，从1959—1996年共出4版，其中第三版

冬俊瑞

（1980年）获国家教委优秀教材一等奖。他还主编《水力学实验》，并参与《中国水利百科全书》《辞天》等著作的编写。冬俊瑞发表有关学术论文30篇，曾参加和负责永定河三家店引水工程、三峡大坝、密云水库、潘家口水利枢纽等十余个水电工程的水工模型实验和水利学专题研究，负责国家自然科学基金2项、国家教委及水利水电基金各1项，以及负责国家七五及八五科学攻关项目——三峡与小湾等3项研究。冬俊瑞曾任国际水力学研究协会（IAHR）会员，中国水利学会水力专业委员会顾问委员等职。（主要参考文献：《天津工商附中1948年同学名录》；河北大学档案）

**程世春**（1930— ），河北省冀州市人，国家篮球队员、教练。

程世春

1949年，毕业于天津津沽大学附中，在中学时期由于参加多项体育锻炼，为后期篮球技术的掌握与发展打下良好基础。程世春在参加校内运动会上曾先后获得跳高、跳远、三级跳、标枪、铅球、铁饼、马拉松项目的冠亚军。他还是垒球、排球、足球班队成员。

1949年，程世春入选全国大学生代表队，参加在匈牙利举行的世界青年联欢节运动会的篮球比赛。1952年，入选国家队，参加在芬兰赫尔辛基举行的第十五届奥运会。1954—1956年，任中国女篮助理教练。1956—1965年，任北京队篮球教练，副总教练。1965年援外，任中巴国家队教练。1966—1980年，又任国家女篮、男篮教练及总教练。程世春在任男篮教练时曾获第七届国际公安系统篮球比赛冠军，在任北京队教练时获1956年全国联赛冠军。1959年，获第一届全运会冠军；1979年，获国家级教练员称号。

在多年的教练工作中,程世春对篮球这项运动有了明确的认识。篮球运动是一项智慧的游戏,双方竞赛的对立面是有战略战术的战斗集体。因此,对篮球运动员意识的培养应放在全面训练的每一个细小环节进行,在训练中不仅要全身出汗,更应注重让运动员头脑出汗。同时,训练中要着眼于篮球运动的特点,着眼于中国运动员的特点,着眼于篮球运动的发展。因此基础训练是攀登世界尖端的关键问题,只有根深才能叶茂。

在工作中,程世春曾撰写《青少年篮球运动员的身体训练》《高大中锋的训练》《篮球快速技术战术的训练》等文章,1985年,与多人合作编拍了《篮球基础训练》录像片集,曾获中国篮球协会科研一等奖。曾任中国篮协副主席,现任中国篮协技术顾问。(主要参考文献:程世春提供资料;天津实验中学提供部分资料;河北大学档案)

**卢受采**(1930— ),广东顺德人,中国共产党员。1946—1948年在天津工商学院附中读高中时受到进步同学的影响,开始阅读了一些马克思主义的书籍,参加了"反内战、反饥饿、反迫害"的进步学生运动,逐步树立起为共产主义奋斗终生的信念,也确立了毕生献身党的经济科学研究工作的目标。1952年,卢受采毕业于南开大学贸易系。历任商业部调研处处长,国务院港澳研究所研究员、金融研究室主任等职,并被选聘为中国国际金融学会、全国港澳经济研究会、北京决策咨询中心理事,南开大学、对外经贸大学兼职教授,顺德职业技术学院讲座教授,首都钢铁公司客座研究员等。卢受采从事经济理论研究和实际工作50余年,除起草了大量文件和内部资料

卢受采

外，已发表的专著、论文、教材和文学作品共 300 多万字。特别是在粮食经济和香港经济等两个领域做出了开创性的贡献。党的十一届三中全会后，率先提出改革我国粮食购销体制的具体意见，得到党中央国务院主管部门的肯定，并迅速组织实施。20 世纪 70 年代末 80 年代初，发表专著《各国粮食政策简论》和《论当代世界粮食问题》等一批论文，开创了我国学者研究世界粮食问题的先河。19 世纪 80 年代中期转向香港经济研究，提出了一系列新的观点和主张，1998 年香港回归一周年出版的专著《香港之未来》和论文集《筚路蓝缕启山林——香港经济论文选》，被香港学术界认为是适时、开拓和创新之作；亚洲金融危机爆发后，提出进一步健全香港的金融体制，发展高新科技，密切与内地的经济合作和恢复卖地等一系列建议，对加速香港经济的复苏与转型起到一定作用；分别于 2002、2003 年出版的国家社科基金项目研究成果《香港经济史》《论新世纪香港经济》两部专著，更受到香港各界人士的高度重视，认为前者是古今中外第一部香港经济通史专著，而后者则第一次用数量经济学的方法对香港经济进行中长期前景预测。卢受采有些著作曾被国内外多家报刊转载和多所院校编入教材，并多次获奖，如《香港之未来》获 1998 年度国家图书奖提名，《正视和解决香港的失业问题》获 1997 年首届当代领导者管理艺术优秀论文二等奖。（主要参考文献：《天津工商附中 1948 年同学回忆录》）

**林　放**（1930—2012），浙江宁波人，高级记者，新闻学专家。1942 年，考入天津工商学院附中初中；1948 年，高中毕业。曾在校内田径运动会上，获百米、二百米和跳高三项冠军，个人总分为全校第一。1948 年秋，考入燕京大学新闻系，1952 年毕业。1953 年，分配到文化部电影局工作，创办中国第一本《电影放映》杂志。1957 年春，作为全国电影先进工作者会议代表在中南海受到毛主席、周总理等党和国家领导人接见。1961 年，作为工作组成员赴甘肃省参加整党，曾任武山县洛门区工作组长、武山县郭槐公社副主任。1979年，归队到天津市出版局，分配到天津科技出版社，创办改革开放后第一本科普杂志《科学与生活》，发行量突破100万份。1980年，被选为中国科普作协报刊委员会理事、天津市科普作协常委、副秘书长。被中国科普作协授予"有突出贡献的科普编辑家"称号，他曾同时撰写科普作品数十篇。后调入天津市政协文史委员会编写史料。林放曾与海外出版公司合作编写《华夏科学家、企业家》一书，还曾任天津最知名的外向型企业集团的国际经济研究所研究员。在此期间，他撰写了多篇关于经济课题的文稿，其中《对外贸易的航空母舰》《转轨三部曲》等文，分获全国和天津市报刊征文优秀作品奖。他先后授聘为《环渤海经济瞭望》杂志社特约高级记者、美国华商总会天津首席代表、世贸中心天津分会高级顾问、天津市台湾研究会理事、香港《大公报》驻天津记者站特约撰稿人等职。1996年退休后，被聘为市政协文史委员会特约征集撰稿人。而后，他主要参加了"近代名人丛书"系列的编写工作，主编《天津十大买办》《天津九大银行家》和《天津十二大名医》等书。2001年林放受聘为天津市政府文史研究馆馆员。（主要参考文献：《天津工商附中1948年同学回忆录》《天津工商附中1948年同学名录》；河北大学档案）

　　**郭应禄**（1930— ），山西定襄人，中国工程院院士。父亲是一位毕业于北京大学医学院的优秀医生。郭应禄幼年时代，正值战乱，亲人离散，消息中断，他与母亲在家相依为命，艰难度日。1942年，几经周折，他终于与失散多年在天津第二医院做外科主任的父亲取得联系，

郭应禄

同母亲一道与父亲团聚。1943年,他进入天津市第29小学,高中一年级考入现在的天津三中读书。1949年秋,郭应禄转入津沽大学附中,完成了他高中二、三年级的学习。津沽附中的管理制度相当严格,郭应禄深有体会,据他回忆:"课堂秩序很好,老师教课水平也很高,学习环境非常好……"津沽附中给他留下了深刻而美好的印象。他仅用了9年时间就读完了从小学到中学12年的课程。1951年,郭应禄考入北京大学医学院医学系本科,1956年毕业。1963年,在北京医学院泌尿科外科专业研究生毕业,自1956年至今在北京大学第一医院工作,曾先后任泌尿外科主任、医院副院长、北京大学泌尿外科研究所所长等职。1983年4月—10月,赴加拿大麦吉尔大学医院移植科研修。1999年,当选为中国工程院医药卫生学部院士。郭应禄现任北京大学第一临床医学院名誉院长,北京大学泌尿外科研究所名誉所长,北京大学第一医院男科防治中心主任,北京大学泌尿外科医师培训学院院长,主任医师,教授,博士生导师。他是我国泌尿外科和男科学新一代学科带头人,又是我国肾移植、体外冲击波碎石及腔内泌尿外科的开创者和奠基人,中华泌尿外科杂志名誉总编辑,中国医师协会泌尿外科医师分会会长,中华泌尿外科协会和男科学会名誉主任委员,中央保健委员会专家组成员,卫生部医师资格考试委员会委员。他还参与组建国内第一个泌尿外科研究所、腔内泌尿外科和体外冲击波碎石学组、中华学医学会男科学会、中国医师协会泌尿外科医师分会、北京大学泌尿外科专科医师培训学院,北京大学男科防治中心起动泌尿外科"人才工程"和"将才工程",为全国培养了一大批泌尿外科骨干。

1982年，郭应禄主持研制成功国内ESWL样机，1984年用于临床治疗肾结石；1987年，首创俯卧位治疗输尿管结石，是国内ESWL领域的开拓者。20世纪80年代，他率先开展经尿道手术，输尿管镜、经皮肾镜和腹腔镜的微创手术；1995年，提出腔内治疗三个温度段的观点，澄清了国际上的模糊概念。1991年，他创建腔内泌尿外科和ESWL学组。

郭应禄科研成果显著，著述等身。他主编《肾移植》《腔内泌尿外科学》等32部专著，发表文章300余篇，获得成果20项，曾获第一届"吴阶平——杨森医学研究奖"一等奖，《腔内泌尿外科的应用与推广》获2005年中华医学科学进步二等奖，《体外冲击波碎石系列研究》获2000年北京市科技进步二等奖，多次被评为北京医科大学优秀共产党员。

郭应禄领导的泌尿外科研究所，是我国集医、教、研为一体的专业基地，是我国泌尿外科领域唯一国家级重点学科点。他还是第八、九届全国政协委员，并担任教科文卫专业委员会委员。现任北京军区总医院泌尿外科专家组组长。（主要参考文献：《天涯桃李报春晖》天津市实验中学八十五周年校庆纪念文集，《上善若水，大美不言——记郭应禄院士》；www.baidu.com）

**鲍乃健**（1936—1998）天津市人，体操运动健将，国家级体操教练。津沽大学附中1952届初中毕业生。在校期间，鲍乃健是学校技巧队队员，对体操极有兴趣，他训练刻苦，虽然个头不高，但很有精神。胆子大是他的突出特点，有一次学校体育教师刘宝树在单杠上做了一个"正反大车轮"的高难动作，鲍乃健于次日清晨独自一人来到操场单杠上练习这一动作，由于没有人保护他，致使鲍乃健肩部受伤。刘老师得知此事后，狠狠地批评他说："为什么不等我来陪你练？"

20世纪50年代初期，苏联国家体操队来天津访问，一位苏联健将运动员在吊环上做了一个"十字悬垂"动作，说是世界上最高难度的体操动作。鲍乃健看到后，认为这个动作并不难做，他在学校吊环上轻而易举地顺利完成了这一动作。

鲍乃健

鲍乃健在1951年就被选入天津市学联体操队，1953年被选入国家体操集训队，是当时国内第一个在吊环上做"直臂直体慢翻上成直角十字支撑压上成直角支撑"的运动员。1954年，他在全国13城市中等以上学校运动会体操比赛中，由前一年双杠亚军一跃成为体操全能、吊环冠军。1956年，在全国体操单项冠军赛中，荣获双杠、吊环、自由体操三项冠军；在全国体操锦标赛中，荣获全能、单杠、吊环冠军。在苏联俄罗斯体操队访华友谊赛中，鲍乃健荣获全能铜牌、双杠金牌——这是中国体操运动员首次在国际比赛中取得金牌。随后访问民主德国，荣获个人全能铜牌，单杠、吊环金牌，自由体操、双杠银牌。鲍乃健是中国20世纪50年代最有影响的男子体操运动员之一。他曾在1959年全国健将级体操锦标赛上，完成了独创的双杠动作"后上直接向前分腿摆越成高角支撑"。1956年，荣获体操运动健将称号，他是当之无愧的中国一号体操运动健将。鲍乃健于1962年，任国家体操教练员，先后培养出以冯代俊、廖化育为代表的一些有影响的运动员。1964年以后，曾多次赴印尼、伊位克、冰岛、英国等国家任国家队体操教练员。1981年，荣获高级教练员称号。（主要参考文献：《从"学校吊环王"到"中国健将第一号"》，载《天涯桃李报春晖》天津市实验中学八十五周年校庆纪念文集；www.baidu.com）

策划编辑：孙兴民
责任编辑：孙兴民　孙　逸　罗　玄
封面设计：徐　晖
责任校对：张　彦

**图书在版编目（CIP）数据**

河北大学图志：天津工商大学至津沽大学时期：1921–1952 ／ 吕志毅主编；
　张秋山，张桂琴，刘少坤副主编 . — 北京：人民出版社，2023.3
ISBN 978 – 7 – 01 – 024457 – 0

I.①河… II.①吕…②张…③张…④刘… III.①河北大学 – 校史 –1921-
　1952　IV.① G649.282.23

中国版本图书馆 CIP 数据核字（2022）第 013000 号

河北大学图志
HEBEI DAXUE TU ZHI
——天津工商大学至津沽大学时期（1921–1952）

吕志毅　主编　张秋山　张桂琴　刘少坤　副主编

人民出版社 出版发行
（100706　北京市东城区隆福寺街 99 号）

保定市北方胶印有限公司印刷　新华书店经销

2023 年 3 月第 1 版　2023 年 3 月北京第 1 次印刷
开本：710 毫米 × 1000 毫米 1/16　印张：20.5
字数：262 千字　插页：5

ISBN 978 – 7 – 01 – 024457 – 0　定价：98.00 元

邮购地址 100706　北京市东城区隆福寺街 99 号
人民东方图书销售中心　电话（010）65250042　65289539

版权所有·侵权必究
凡购买本社图书，如有印制质量问题，我社负责调换。
服务电话：（010）65250042